ANDREAS GAUGER

ICH GEH DANN MAL MEINEN EIGENEN WEG

Wie die Erwartungen
unserer Eltern unser Leben
bestimmen und wie
wir uns davon befreien

INHALT

VORWORT

Herzlich willkommen auf deiner Reise zum inneren Erwachsenwerden. Lasse mich dir eines gleich vorweg sagen: Es wird keine leichte Reise. Wir werden nicht die Touristenroute nehmen. Wir gehen dorthin, wo es schwierig ist. In einigen Abschnitten sogar verdammt schwierig. Denn der Schatz, den wir bergen wollen, hat einen Preis. Es gibt ihn nicht umsonst. Du wirst dich Dingen stellen müssen, denen du vielleicht lieber ausweichen würdest. Du musst dir die Wahrheit über manche Dinge sagen, auch wenn du diese lieber mit einer angenehmeren Geschichte kaschieren möchtest.

WIR ALLE HABEN EINE OPFERSTORY

Und wo wir gerade bei Geschichten sind: Niemand ist je innerlich erwachsen geworden, solange er an seiner Opferstory festhält. Das ist hart, ich weiß. Es gibt auf unserer Route einen Abgrund, den du überqueren musst. Er trennt das kindliche Bewusstsein in dir vom erwachsenen Bewusstsein, das auf der anderen Seite auf dich wartet und mit einem emotional selbstbestimmten Leben lockt.

Was es braucht, um diesen Abgrund zu überqueren? Nichts weiter als den Verzicht auf deine Story, die besagt, deine Eltern hätten dir etwas vorenthalten oder angetan. Und zwar unabhängig davon, ob deine Eltern dir etwas vorenthalten oder angetan haben. Das ist die Hürde, an der die meisten scheitern. Wir ziehen einfach zu viel aus unserer eigenen Opferstory, als dass wir sie leichtfertig aufgeben wollten. Und wir sind gut darin, diese Tatsache vor uns selbst zu verbergen.

Die Opferstory ist fester Bestandteil unserer eigenen Identität, wir sind geradezu mit ihr verwachsen. Darauf zu verzichten, haben die wenigsten den Mut.

Wenn du das Buch jetzt empört aus der Hand legen möchtest, solltest du erst recht weiterlesen. Sofern es auch nur einen Bruchteil dazu beiträgt, dir zu zeigen, dass ein Weg auf die andere Seite dieses Abgrunds führt, und sofern es bei dir die Selbstsicherheit, das Vertrauen und den Mut fördert, dass du den Sprung schaffen kannst – wann auch immer der richtige Zeitpunkt für dich gekommen ist –, hat es alles erfüllt, was ich mir für dich wünsche.

ES GEHT HIER NICHT UM DIE SCHULDFRAGE

Aus den genannten Gründen ist dieses Buch auch kein Buch gegen Eltern. Es ist ein Buch für Kinder, die Eltern haben – oder hatten. Und zwar unabhängig davon, ob diese Kinder heute 30, 60 oder 90 Jahre alt sind. Natürlich richtet es sich an erwachsene Kinder, aber das versteht sich wohl von selbst.

Vieles, was du auf den folgenden Seiten lesen wirst, ist aus der Perspektive der erwachsenen Kinder geschrieben.

Doch es geht hier eben gerade nicht darum, dass den Eltern die Schuld gegeben wird und sie verantwortlich gemacht werden für die Probleme der Kinder. Wann immer bei dir solche Gedanken aufkommen sollten, erinnere dich daran, dass du gerade dabei bist, diese Worte aus deiner eigenen Opferstory heraus zu lesen.

Ich möchte dir genau die Dynamiken aufzeigen, denen bestimmte Verhaltensweisen der Eltern und bestimmte Eltern-Kind-Konstellationen in der Regel folgen. Bleibe nicht darin stecken, sonst bist du zu schwer beladen, um den Sprung zu schaffen. Erkenne und reflektiere, was abläuft, und dann: Gehe darüber hinaus. Werde größer als das, was geschehen ist, denn du bist größer. Der Grund, warum du das bisher noch nicht erfahren hast, ist der, dass du dir die Gegenwart und deine mögliche Zukunft immer noch aus deiner Vergangenheit als Kind heraus erklärst. Zu sehen, was ist, und gleichzeitig auf eine Bewertung zu verzichten, ist der Weg, der dich weiterbringt.

Danke für dein Vertrauen, dass ich dich auf diesem Weg ein Stück begleiten darf.

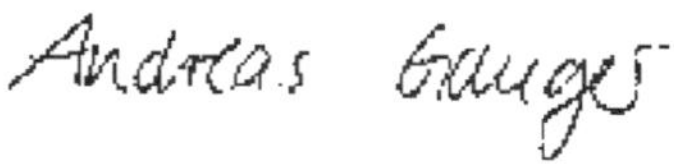

Wie uns frühe Erfahrungen prägen

Je jünger wir sind, desto mehr sind wir auf die Liebe und Fürsorge von Mutter und Vater angewiesen. In der Kindheit sind die Eltern die Götter unseres kleinen Universums. Bekommen wir in dieser prägenden Zeit nicht ausreichend Zuwendung in der zu unserem Charakter und unserer Entwicklungsphase passenden Form, hat das großen Einfluss auf die weitere Entfaltung.

WANN SIND WIR EIGENTLICH ERWACHSEN?

»Wenn du dich für so erleuchtet hältst,
gehe und verbringe eine Woche mit deinen Eltern.«

RAM DASS

Bevor man sich auf eine Wanderung begibt, sollte man den Standort kennen, an dem die Reise beginnt. Man sollte wissen, wo man ankommen möchte, welche Route man nehmen will und wie das Gelände unterwegs beschaffen sein wird. Man tut gut daran, Gefahren des Weges zu kennen und zu beachten, welche gefährlichen Tiere einem unterwegs begegnen könnten oder wie sich das Wetter verändern kann. Dazu ist dieses Kapitel da. Ich möchte dir helfen, deinen momentanen Standort und Ausgangspunkt bestimmen zu können, dich mit der Route und der Umgebung vertraut machen, die dich erwartet.

Hier legen wir die Grundlagen, damit unsere gemeinsame Reise gelingt und wir uns jederzeit orientieren können.

Lasse uns diese Reise mit einer scheinbar harmlosen Frage beginnen: Wann sind wir wirklich erwachsen? Mit 18? Wenn wir von zu Hause ausziehen? Finanziell auf eigenen Beinen stehen? Heiraten? Eine eigene Familie gründen? All das sind Merkmale, die unser äußeres Erwachsenwerden betreffen. Sie beziehen sich auf die Lebensphase, nicht auf die Reife der Persönlichkeit. Es gibt unzählige Menschen, auf die all das zutrifft und die sich dennoch in vielen Situationen unreifer verhalten als manch Achtjähriger. Woran liegt das?

Erwachsensein beschreibt einen inneren Zustand, in dem wir »unser eigener Mensch« geworden sind. Wir haben uns selbst und unser Leben in Besitz genommen und gestalten es nach den eigenen Maßstäben. Wir sehen die Eltern nicht mehr aus einer kindlich verklärten Perspektive. Schwanken nicht mehr zwischen den beiden Polen, es ihnen recht machen zu wollen oder gegen sie aufzubegehren. Wir sind uns bewusst, dass wir äußerlich nicht mehr von ihnen abhängig sind, und wir sind bereit, sie dadurch zu entlasten, dass wir auch innerlich unseren ganz eigenen Weg gehen.

Erwachsenwerden verläuft nicht parallel zu den Ereignissen auf dem Zeitstrahl unseres Lebens.

Erwachsensein – das ist eine Haltung der Dankbarkeit für alles, was die Eltern uns gegeben haben, egal, wie viel oder wenig es gewesen sein mag, und die Bereitschaft und den Entschluss, alles Weitere im Leben selbst zu erreichen, mit anderen Worten: die volle Verantwortung für unser Leben zu übernehmen.

DAS LANGE WIRKEN ELTERLICHER PRÄGUNGEN

Doch mal Hand aufs Herz: Wie viele Menschen kennst du wirklich, die ihr Leben nach diesen Maßstäben erwachsen leben? Die es gut aushalten, dass ihre Eltern oder Mitmenschen anderer Meinung sind, und die trotzdem nach eigenen Vorgaben entscheiden, ohne dabei in Stress zu geraten? Die aufhören konnten, ihre Eltern verantwortlich zu machen oder auch als Erwachsene immer noch Anerkennung und Zustimmung von ihnen zu brauchen? Die bewusst auf Vorwürfe den Eltern gegenüber verzichten, und seien es unausgesprochene? Selbst wenn es äußerlich betrachtet gute Gründe für diese Vorwürfe gäbe.

Wer wiederholt nicht immer mal wieder die alten Dramen seiner Kindheit, nur mit anderen Darstellern? Dabei geht es gar nicht allein um unser Verhalten den Eltern gegenüber. Die elterlichen Prägungen und vor allem das, was wir daraus gemacht haben, beeinflussen auch heute noch bei den meisten von uns ganz wesentlich die Richtung, in die unser Leben verläuft und welche Regeln und Normen für uns gelten. Womit wir uns wohlfühlen und womit nicht. Dazu müssen unsere Eltern nicht körperlich anwesend sein. Ja selbst wenn sie verstorben sind, können sie unser Leben intensiv beeinflussen. Bei vielen Menschen erhalten die Eltern nach deren Tod sogar noch mehr Einfluss.

Eltern und Kinder: eine tiefe Bindung

Als Säuglinge und Kleinkinder sind wir zu 100 Prozent auf die Fürsorge von Mutter und Vater angewiesen. Würden sich diese aus irgendeinem Grund von uns abwenden und beschließen, sich nicht mehr um uns zu kümmern, so käme das einem Todesurteil gleich.

Doch auch in späteren Jahren, wenn wir zunehmend selbst für unsere Bedürfnisse sorgen können, bleiben wir an das Wohlwollen und die Zustimmung der Eltern gebunden.

Da zu Beginn unser physisches und später vor allem unser emotionales Überleben so stark von der Zuneigung der Eltern abhängt, lernen wir als Kinder schnell, wie wir uns verhalten müssen, um in unserer individuellen Familie klarzukommen. Wir »lesen« vor allem unsere Mutter und später zunehmend auch unseren Vater und lernen, was bei ihnen ankommt und für welche Verhaltensweisen wir mit Ablehnung, Liebesentzug oder anderen Sanktionen rechnen müssen. Wir verinnerlichen ihr Wertesystem. Egal, ob wir es 1:1 übernehmen oder uns später entscheiden, in einem Akt jugendlicher Rebellion genau das Gegenteil zu leben.

Wen wundert es da, wenn wir große Anteile unserer Selbstbestimmung schon früh an die Eltern abgeben?

In der Kindheit entwickelt sich somit eine Art emotionaler Standleitung, die unseren eigenen emotionalen Zustand fest mit dem der Eltern, besonders der Mutter, verbindet. Wir werden immer sensibler für das, was beide in ihren Herzen bewegt. So bekommen wir auch viel von den unaufgearbeiteten Themen der Eltern mit. Selbst dann, wenn diese uns gegenüber nie direkt ausgesprochen werden oder sonst wie in Erscheinung treten. Kinder spüren stets deutlich, wenn »etwas nicht stimmt«.

Mit den Jahren vervollständigen wir unseren Werkzeugkasten und fügen immer neue Verhaltensweisen hinzu, die den emotionalen Zustand der Eltern zu unseren Gunsten beeinflussen sollen. Es spielt dabei kaum eine Rolle, ob wir uns gerade angepasst verhalten oder trotzig auf die Eltern reagieren. In beiden Fällen sind wir gleichermaßen unfrei, denn der Orientierungspunkt für unser Handeln und Fühlen liegt weiterhin außerhalb von uns. Wir orientieren uns an den Eltern beziehungsweise an dem Teil von ihnen, auf den wir uns gerade beziehen, und nicht an uns selbst.

Doch gerade Letzteres enthält einen zentralen Baustein, damit eine gesunde innere Abnabelung von den Eltern gelingt, und ist wesentlich für den Ansatz, den ich in diesem Buch aufzeigen möchte.

ZU DEN FALLGESCHICHTEN

In diesem Buch sind zahlreiche Geschichten eingestreut, damit du ein möglichst lebensnahes Bild der dargestellten Zusammenhänge bekommst.

Selbstverständlich sind alle Beispiele zum Schutz meiner Klienten und Bekannten so weit anonymisiert, dass selbst jemand, der die Person kennt, sie in dem Beispiel nicht wiedererkennen würde. In allen Fällen liegt das Einverständnis desjenigen zur anonymisierten Veröffentlichung vor.

ABNABELUNG – ÄUSSERLICH UND INNERLICH

Bei »Abnabelung von den Eltern« denken viele, man müsse sich von den Eltern äußerlich abwenden, um innerlich erwachsen zu werden. Das ist jedoch meist nicht erforderlich. Allenfalls vorübergehend. Aber natürlich gibt es Fälle, in denen das der einzige Weg ist. Da muss dann aber Schlimmes vorgefallen sein, ohne Hoffnung, dass sich je etwas ändert, oder es besteht echte Gefahr, wenn man den Kontakt aufrechterhalten würde.

Abnabelung ist ein innerer Prozess. Du kannst danach rein quantitativ genauso viel Kontakt mit deinen Eltern haben wie zuvor. Doch wird diese gemeinsame Zeit qualitativ anders sein. Tiefer. Authentischer. Ehrlicher. Freier und erfüllender. Manche haben nach der Abnabelung weniger Kontakt, einfach weil sie auch äußere Abhängigkeiten hinter sich lassen können. Andere haben den Wunsch, nach dem Abnabelungsprozess mehr Kontakt zu haben, weil dieser jetzt unbelasteter möglich ist. Viele machen die Erfahrung, dass die Eltern nach ihrer Veränderung anders auf sie reagieren. In den meisten Fällen positiver, zumindest nach einer Zeit des Einschwingens auf die neuen Begebenheiten. Wie sollte es auch anders sein?! Eltern und Kinder beeinflussen sich immer gegenseitig. Meist die Eltern die Kinder mehr in deren erster Lebenshälfte und die Kinder die Eltern mehr in ihrer zweiten Lebenshälfte. Das ist kein Naturgesetz, aber ein natürlicher Verlauf. Denn eine Veränderung bei den Kindern beschäftigt die Eltern und führt häufig zu einer Neubewertung von dem, was sie früher für selbstverständlich hielten. Wenn Kinder mehr bei sich selbst ankommen, führt dies bei vielen Eltern zu einer Öffnung. Ich wünsche dir von Herzen, dass es bei euch ebenso ist. Falls nicht, wird dir deine neue innere Unabhängigkeit helfen, auch damit besser zurechtzukommen.

Eine Begegnung bekommt oft eine andere Dimension, wenn die alten Themen und Filter aus dem Weg geräumt sind.

ERWACHSENE KLEINKINDER

Solange wir aus der Perspektive des kleinen Kindes, das wir einmal waren, emotional auf unsere Eltern reagieren, sind wir nicht erwachsen. Aus kindlicher Sicht wirken die Eltern häufig überlebensgroß – selbst dann, wenn wir mittlerweile einen guten Kopf größer sind und die Eltern sich kaum noch aus eigener Kraft fortbewegen können.

Auch das Emotions- und Verhaltensrepertoire, mit dem wir auf unsere Eltern reagieren, befindet sich nicht selten auf dem Niveau von (Klein-)Kindern. Da viele Menschen auch als Erwachsene noch aus dem kindlichen Ichanteil heraus reagieren, sind sie in ihren Möglichkeiten stark eingeschränkt. Da ist es dann nicht besonders weit her mit souveränen Verhaltensweisen. Wir werden bockig wie Sechsjährige, erzittern unter den strengen Blicken unseres 78-jährigen klapprigen Vaters, als könnte er uns jeden Moment zerquetschen, reagieren wütend auf die Einladung zum Kaffee, weil wir schon wieder das Gefühl haben, unsere Eltern wollten über unsere Zeit bestimmen und uns Vorschriften machen, oder wir meinen immer noch, uns rechtfertigen zu müssen, wenn wir mal eine Einladung der Eltern ablehnen.

Natürlich gibt es jede Menge Eltern, deren eigenes kindliches Verhalten genügend Anlass gibt, um ebenfalls weiterhin mit kindlichen Gefühlen auf sie zu reagieren. Nur erwachsen können wir uns dann nicht nennen.

Tatsächlich besteht die Kunst manchmal darin, erwachsen zu werden, obwohl es die eigenen Eltern noch nicht sind. Zumindest nicht in jedem Kontext.

Gleichzeitig stehen wir abseits davon im »normalen« Leben unsere Frau oder unseren Mann. Viele machen die Erfahrung, dass sie durchaus gelassen selbst mit noch so schwierigen Mitmenschen umgehen können, wohingegen manchmal schon ein zuckender Mundwinkel eines Elternteils ausreicht, um sie innerlich aus der Fassung zu bringen.

Als kleines Kind haben wir uns oft ohnmächtig gefühlt

Wenn wir weiterhin aus unserem kindlichen Ichanteil heraus auf die Eltern reagieren, dann erleben wir sie so, wie sie uns damals erschienen sind. Unser inneres Kind ist gewissermaßen heute noch gefangen in den alten Dramen der Kindheit, in denen es die Eltern als groß und übermächtig erlebt hat.

Auch unsere Eltern agierten und reagierten damals aus ihrem inneren Kind-Ich-Anteil heraus und sie tun es, wie gesagt, in zahlreichen Fällen auch heute noch. Uns kamen sie zu jeder Zeit als vollreife Erwachsene vor, was zu allen möglichen Missverständnissen führt.

Wenn wir übersehen, dass auch unsere Eltern in vielen Situationen eben nicht so erwachsen waren, wie wir meinten, neigen wir eher dazu, ihnen böse Absichten für ihr Verhalten zu unterstellen.

WAS DIR DIESES BUCH BRINGT

Mithilfe dieses Buches kannst du lernen, im Umgang mit deinen Eltern immer mehr in deinen Erwachsenen-Ich-Anteil zu kommen und zugleich das verletzte, hilflose Kind im Verhalten deiner Eltern zu sehen, sodass du gelassener und mit mehr Verständnis mit ihnen umgehen kannst.

Das soll jedoch nicht deinen Eltern die Absolution erteilen oder auch nur in irgendeiner Weise abschwächen, was sie dir möglicherweise angetan haben oder auch heute noch antun, sofern das denn objektiv betrachtet überhaupt der Fall ist. Es soll die Dinge nur in ein richtiges Verhältnis rücken.

VERZEIHEN ODER NICHT?

Das verletzte Kind im Verhalten deiner Eltern zu sehen, macht echtes Verzeihen leichter, sofern es deinem Wunsch entspricht. Aber es verpflichtet dich zu nichts. Du wirst merken, dass du – vor allem emotional – gelassener auf ihr Verhalten reagierst. Mit einiger Sicherheit wirst du auch eure gemeinsame Vergangenheit anders bewerten und gewichten. Das bedeutet jedoch nicht, dass du ihnen etwas verzeihen musst.

Ein leichtfertiges Verzeihen kann wie Selbstverrat wirken. So, als wäre es nicht so schlimm gewesen, was uns angetan wurde. Manchmal war es das wirklich nicht. In anderen Fällen schon. Hier ist es wichtig, genau zu unterscheiden.

Verzeihen, besonders, wenn es leichtfertig geschieht und nur, weil wir irgendwo gelesen oder gehört haben, dass es befreiend wirken soll, richtet manchmal mehr Schaden an, als es nützt. Vor allem, wenn wir innerlich noch nicht da sind, wo wir äußerlich hinwollen.

UNSERE FESTPLATTE: RANDVOLL MIT KINDHEITSGEFÜHLEN

Spätestens durch die Arbeit des Neurologen Wilder Penfield wissen wir, dass in unseren Gehirnzellen komplette Episoden aus der Vergangenheit mit allen dazugehörigen Details gespeichert sind, selbst mit solchen, die wir für gewöhnlich nicht ohne Weiteres abrufen können. Im Trancezustand erinnern sich Menschen jedoch immer wieder an eine Fülle von Details, die unserem Tagesbewusstsein entgehen, nicht jedoch dem Unbewussten.

Penfield fand in seinen Experimenten heraus, dass er bei seinen Probanden durch Stimulation bestimmter Hirnareale ganze Gedächtnisepisoden wachrufen konnte, die vollständig in den entsprechenden Nervenzellen gespeichert waren, und zwar so, wie sie sich damals (oft Jahrzehnte zuvor) real abgespielt hatten.

Eng verbunden mit diesen Erkenntnissen ist auch das, was der kanadische Psychologe Endel Tulving als das Episodengedächtnis bezeichnet, in dem die Erfahrungen unseres Lebens als sogenannte Komplex-Episoden abgespeichert sind.

EIN KOMPLEX – WAS IST DAS?

Komplexe sind Kernthemen, die uns geprägt haben. Dabei bilden wir nicht direkt die einzelne Erfahrung ab, sondern das dahinterstehende Grundmuster und die zugehörigen Emotionen. Diese werden – vereinfacht dargestellt – in unserem Episodengedächtnis abgespeichert. Haben wir beispielsweise wiederholt Schelte für schlechte Leistungen erhalten, so bildet sich mit einiger Sicherheit ein Komplex um dieses Thema herum aus. Als Erwachsene aktivieren ähnliche Auslösereize den zugehörigen Komplex und die ganze Schallplatte läuft als gespeicherte Reiz-Reaktions-Kette ganz von selbst ab. Damit werden wir den berühmten pawlowschen Hunden ähnlich, die gelernt haben, immer dann mit erhöhtem Speichelfluss zu reagieren, wenn eine kleine Glocke läutet. Diese hatte früher einmal die Fütterung signalisiert, wurde schließlich jedoch einfach nur noch so geläutet.

Bei der Reiz-Reaktions-Kette verlieren wir den Kontakt mit dem Hier und Jetzt und reagieren aus den Sichtweisen und Filtern der Vergangenheit heraus. Da nicht unbedingt die einzelnen Erlebnisse der Vergangenheit im Episodengedächtnis abgelegt werden, sondern vielmehr ihr Destillat (das Kernthema des Komplexes), ist es äußerst selten, dass sich schon aus einer einzigen traumatischen Erfahrung ein Komplex bildet.

Was haben schlechte Noten mit Versagensängsten im Bett zu tun?

Steter Tropfen höhlt den Stein. Gab es bei einer Mathe-Sechs in der Schule regelmäßig einen Satz heiße Ohren oder, häufig noch schlimmer, drohte Liebesentzug, so kann trotz hervorragender Leistungen heute das bevorstehende Bewerbungsgespräch oder jede andere Situation, in der wir »liefern« müssen oder in der man uns einfach nur beobachtet und bewertet, den alten Komplex aktivieren.

Das geschieht nicht selten auch in Situationen, die so gut wie nichts mehr mit der Ursprungssituation zu tun haben. Beispielsweise die – meist hauptsächlich von einem selbst – erwartete Performance im Schlafzimmer. Ein Thema, bei dem sich besonders viele Männer erfahrungsgemäß selbst die mentale Hölle heißmachen. Man muss schon ein bisschen tiefer graben, um Versagensängste im Ehebett mit Liebesentzug der Eltern für schlechte Schulnoten in Zusammenhang zu bringen. Aber die Angst aus Kindertagen, zu versagen und für ungenügende Leistungen bloßgestellt zu werden, kann durchaus die ferne Ursache sein.

Selbstverständlich ist damit aber nicht gesagt, dass es sich immer so verhält. Es gibt jede Menge Menschen, die für schlechte schulische Leistungen getadelt wurden und dennoch mit ihrer Sexualität im Reinen sind. Umgekehrt wäre es nicht sinnvoll, sexuelle Versagensängste generell mit Situationen der Leistungsbewertung in der Kindheit zusammenzubringen. Es ist einfach ein möglicher Hintergrund unter vielen. Ich führe ihn hier an, damit du eine Idee bekommst, wie weitreichend manchmal die Konsequenzen selbst scheinbar harmloser Begebenheiten sind.

Kinderzeit ist Prägezeit!

Natürlich können Komplexe jederzeit im Laufe unseres Lebens entstehen. Aus verständlichen Gründen sind wir jedoch als Kinder besonders empfänglich dafür.

Und es gibt auch nicht nur Elternkomplexe, sondern ebenso Geschwisterkomplexe und so weiter. Im Grunde handelt es sich bei Komplexen um die von uns erlebten (!) Beziehungserfahrungen mit unseren Mitmenschen – also das, was wirklich geschah, gefiltert dadurch, wie es uns vorkam, und ergänzt durch Fantasien, die wir selbst hinzugefügt haben, versehen mit den Bedeutungen, die wir den Erlebnissen zugeschrieben haben.

Ein besseres Leben ist möglich

Geht man nun daran und löst die entsprechenden Komplexe zumindest teilweise auf, so wird das Lebensgefühl reicher, unser Selbstbild echter, die Welt farbenfroher. Ballast fällt von uns ab. Es ist ein großer Schritt hin zu einem Leben als emotional reifer Erwachsener, der seine Entscheidungen auf der Basis seiner eigenen Werte trifft, anstatt aufgrund uralter, in der Vergangenheit übernommener Prägungen.

Dabei kann es durchaus sein, dass wir auch nach der Auflösung von Komplexen viele Entscheidungen weiterhin ganz ähnlich wie vorher treffen. Doch dann tun wir es als freier Mensch, der die Hoheit über seine Beweggründe und die Führung in seinem Leben übernommen hat. Komplexe der Vergangenheit aufzulösen bedeutet also immer auch, eine bessere und fähigere Führungskraft im eigenen Leben und im Haus unseres Geistes zu werden, damit wir unser Lebensschiff dorthin steuern können, wo es unser Herz verlangt zu sein. Es ändert sich dadurch neben dem Selbstwertgefühl, dem Selbstvertrauen und der emotionalen Grundstimmung nicht nur, wie wir die Vergangenheit bewerten und auf bestimmte komplexhafte Themen emotional reagieren. Viel wichtiger: Die Erwartungen an die Zukunft werden mit jedem überwundenen Komplex weiter, offener und freier.

Wer Komplexe hinter sich lässt, segelt einem Horizont voller neuer Möglichkeiten entgegen, um wirklich sein eigenes Leben zu führen.

DIE DREI ICH-ZUSTÄNDE

Die Transaktionsanalyse unterscheidet drei grundlegende Ich-Zustände: das »Eltern-Ich«, das »Kind-Ich« und das »Erwachsenen-Ich«. Wenn wir bedenken, dass auf unsere Eltern dieselbe Unterteilung zutrifft, dann können an jeder Interaktion mehrere unterschiedliche Ich-Zustände beteiligt sein. Als Kinder und oft noch als Erwachsene gehen wir davon aus, dass unsere Eltern sich in ihrem Verhalten uns gegenüber in ihrem Erwachsenen-Ich-Zustand befinden, während wir, zumindest als Kinder, uns im Kind-Ich-Zustand befinden. In der Praxis handeln jedoch häufig sowohl die Kinder als auch die Eltern aus einem Kind-Ich-Zustand heraus, sodass letztlich zwei Kind-Ich-Zustände miteinander interagieren.

Im Grunde, so kann man es vereinfacht sagen, versuchen Kinder Kinder großzuziehen.

Da Eltern auch nur Menschen sind und die Tatsache, dass man ein Kind bekommt, einen nicht automatisch zum reifen Erwachsenen werden lässt, ist es also nicht verwunderlich, dass viele Eltern in ihren kindlichen ungelösten Themen stecken geblieben sind, die sie später auf den Umgang mit ihren Kindern übertragen. Selbstverständlich nicht absichtlich und oft nicht mal bewusst. Dann können Eltern nicht wirklich Eltern sein, da sie emotional zu bedürftig sind und ihre Kinder brauchen, um die eigenen Bedürfnisse zu erfüllen.

Schauen wir uns zunächst kurz an, welche Eigenschaften sich mit den verschiedenen Ich-Zuständen verbinden lassen.

Der Kind-Ich-Zustand

Was wir als Kinder erlebt haben, hat heute meist ein anderes Gewicht. Wurden wir beispielsweise bei einem Fehler von den Eltern geschlagen, so haben wir heute etwa dann, wenn der Chef uns wegen eines Fauxpas bei der letzten Präsentation in sein

Büro zitiert, nicht mit körperlicher Gewalt zu rechnen. Gleichwohl kann unsere emotionale Reaktion ähnlich heftig ausfallen wie damals, als es für schlechte Zensuren vom Vater regelmäßig kräftige Ohrfeigen oder fürs unaufgeräumte Zimmer von der Mutter Liebesentzug gab. Geblieben sind unsere mittlerweile konditionierten Reaktionen angesichts ähnlicher äußerer Reize.

Unser Kind-Ich-Zustand setzt sich zusammen aus all den alten Gefühlen, Gedanken, Handlungsmustern, Einstellungen etc., die sich in der Kindheit gebildet und bis heute kaum oder gar nicht verändert haben. Wir sind und bleiben emotional bedürftig. Agieren wir aus diesem Zustand heraus, passen unsere Gefühle und Reaktionen nicht zur aktuellen Situation, sondern speisen sich aus der Vergangenheit. Außenstehende empfinden unser Verhalten dann häufig als überzogen. Wir sind nicht in Kontakt mit unseren Ressourcen, die wir als Erwachsene haben und als Kinder nicht hatten.

Sind wir mit dem Kind-Ich-Zustand assoziiert, erleben wir uns auch als Erwachsene in der Interaktion mit anderen wie die Kinder, die wir einst waren.

DER ZUSTAND »LEIDEN«

Die Autoren Rogoll und Rautenberg unterteilen den Kind-Ich-Zustand in die Funktionen »Leiden«, »Spielen« und »Genießen«. Für das Thema dieses Buches ist es besonders Ersteres, Leiden, das den Großteil des Kummers im Umgang mit unseren Eltern – und nicht selten der restlichen Welt – verursacht. Damit verbunden sind den beiden Autoren zufolge beispielsweise Ängstlichkeit, Traurigkeit, Schüchternheit, Wut, Trotz und Eigensinn. Aber auch wenn man eifersüchtig oder neidisch ist oder von Schuldgefühlen geplagt wird, befindet man sich im Zustand Leiden.

Kommt dir das bekannt vor? Verhalten sich deine Eltern manchmal so? Oder du selbst? Da kann ich dich beruhigen: Das tun wir alle von Zeit zu Zeit. Doch wir können lernen, die Dynamik dieses Verhaltens mehr und mehr zu durchschauen und zunehmend aus dem Erwachsenen-Ich heraus zu agieren.

Der Eltern-Ich-Zustand

Wenn unser Eltern-Ich-Zustand aktiv ist, denken, verhalten, fühlen und reden wir, wie wir es von unseren Eltern kennen. Das Eltern-Ich ist vergleichbar mit Freuds Über-Ich, das die Ge- und Verbote, die Verhaltensregeln und Normen, Haltungen und Meinungen und all das andere mentale Zeug beinhaltet, das wir – unhinterfragt und ungeachtet der Tatsache, ob uns das nun gefiel oder nicht – von unseren Eltern, anderen Autoritätspersonen und überhaupt von der Gesellschaft übernommen haben. Daher verhalten wir uns möglicherweise in besonders belasteten Momenten ganz ähnlich wie unsere Eltern, selbst wenn wir deren Verhalten schon immer zutiefst abgelehnt haben. So geriet ein Klient von mir einmal in eine echte Krise und schämte sich zutiefst, nachdem er seinen Sohn in Grund und Boden geschrien hatte, weil dieser das neue Auto aus Unachtsamkeit zerkratzt hatte. Er hatte selbst sein halbes Leben unter dem Jähzorn und den Wutausbrüchen des eigenen Vaters gelitten und sich geschworen, er werde sich seinem Sohn gegenüber niemals so verhalten.

Auch der Eltern-Ich-Zustand kann eine Menge Probleme bereiten.

Wenn unsere Eltern sich aus ihrem eigenen Eltern-Ich-Zustand heraus verhalten haben – woher kamen dann diese Inhalte? Ganz klar: aus dem Eltern-Ich ihrer eigenen Eltern. In diese Regeln und Normen, Ge- und Verbote fließen auch Familiennormen mit ein (»In unserer Familie macht man das so«), der kulturelle Zeitgeist und Einflüsse der Gesellschaftsschicht, der man angehört (»Gib dich nicht mit Arbeiterkindern ab«).

DAS VERLETZTE KIND IN DEN ELTERN SEHEN

Für die bewusste Abnabelung von unseren Eltern und – soweit dies möglich und gewünscht ist – auch für die Aussöhnung mit ihnen und der gemeinsamen Vergangenheit hat es sich bewährt, den Fokus stets auf das verletzte Kind beziehungsweise den Zustand »Leiden« in unseren Eltern zu richten (Seite 22). Auch dann, wenn sie sich aus ihrem Eltern-Ich heraus verhalten. Es ist entlastend und versöhnend, dahinter das kleine Kind zu sehen, das sie einst waren und dem man all das selbst eingeschärft hat, was sie heute und in der Vergangenheit aus ihrem eigenen Eltern-Ich heraus an uns weitergegeben haben.

Wenn unsere Eltern sich aus ihrem Eltern-Ich heraus verhalten (haben), so geben sie weiter, was man ihnen selbst als richtig verkauft hat und was sie am Modell ihrer eigenen Eltern gelernt haben. Vielleicht haben sie früher selbst zumindest innerlich gegen die Verhaltensweisen und Ansichten ihrer eigenen Eltern, deiner Großeltern, rebelliert und doch hat ein Teil von ihnen – eben ihr Eltern-Ich – auch das, wogegen sie aufbegehrt haben, aufgesogen und verinnerlicht. So schließt sich ein Kreis.

Der Erwachsenen-Ich-Zustand

Dieser Zustand ist geprägt von rationalen und eher nüchternen Entscheidungen. Hier gibt es weniger Emotionalität und dafür mehr kühles Abwägen. Eine solche, eher emotional ausgewogene und rationale Sichtweise des Lebens ist eine unerlässliche Fähigkeit, wenn wir unser Leben auf eine solide Basis stellen und zum

Funktionieren bringen wollen. Wir reagieren hier im besten Fall gelassen auf die Anforderungen der Situationen, mit denen wir konfrontiert sind. Für den Umgang mit den Eltern kann es sehr entlastend sein, wenn wir ihnen öfter mal in unserem gelassenen und im Hier und Jetzt verankerten Erwachsenen-Ich-Zustand begegnen.

Ein weiteres Merkmal des Erwachsenen-Ich-Zustands ist eine gewisse Neutralität oder »Allparteilichkeit«, die die Wünsche und Bedürfnisse aller Beteiligten im Blick hat. Das führt nicht selten zu ganzheitlicheren Lösungen, mit denen alle halbwegs leben können, da sich niemand direkt benachteiligt oder in den Schatten gestellt fühlt.

ANPASSUNG ODER REBELLION: EINE GRUNDSATZENTSCHEIDUNG

Aus Sicht des Kindes, das wir waren und das immer noch in uns lebt, gab und gibt es im Grunde nur zwei alternative Verhaltensweisen, zwischen denen es sich bei seiner Reaktion auf das als destruktiv erlebte Verhalten der Eltern entscheiden kann: Anpassung oder Rebellion.

Anpassung

Diese kann auf unterschiedliche Art geschehen. Vielleicht verhalten wir uns nur äußerlich in Übereinstimmung mit den Eltern und bewahren uns im Inneren die Opposition. Dann ist das äußerlich angepasste Verhalten rein taktisch. Hätten wir wirklich die Chance zu rebellieren und würden uns das auch zutrauen, würden wir es auch lieber tun.

Aber da die Eltern uns übermächtig erscheinen, gehen wir nach außen den Weg des geringsten Widerstands, leiden aber stark unter der Lücke zwischen dem Verhalten, das wir zeigen, und dem, wie wir eigentlich lieber wären. In diesem Fall schaffen wir uns häufig kleine, uns ungefährlich erscheinende Nischen der Rebellion, die wir vor den Eltern geheim halten. Vielleicht rauchen wir als Teenager heimlich oder treffen uns hinter dem Rücken der Eltern mit Kindern, die sie für verbotene Personen erklärt haben. Diese Form der Anpassung ist im Grunde eine verdeckte Rebellion.

Echte Anpassung bezieht sich sowohl auf unser äußerliches Verhalten als auch auf die damit einhergehenden inneren Einstellungen. Hier übernehmen wir die elterlichen Sichtweisen nahezu ungefiltert. Wir identifizieren uns mit den Haltungen und Einstellungen der Eltern und glauben, was diese von und für uns wollen, sei auch das, was wir uns selbst wünschen. Wir verinnerlichen ihre Regeln und Normen, und sogar wenn wir Gelegenheiten zur Rebellion, zum Ausbruch, zur Befreiung hin zu mehr Autonomie und Selbstbestimmung hätten, würden wir sie nicht nutzen. Und das nicht nur, weil wir glauben, unsere Eltern hätten recht, sondern auch, weil es uns ein Gefühl der Sicherheit und Orientierung gibt, ihrem vorgegebenen Korsett aus Regeln, Geboten und Verboten zu folgen. Nicht selten bekommen wir auch Anerkennung für unser braves Verhalten, und diese Schmeicheleien sind verführerisch, sie können sogar abhängig machen.

Der Weg des inneren Erwachsenwerdens führt in diesem Fall über eine Haltung, in der man sagen kann: »Mama, Papa, ich kann euch lieben, ohne es genauso zu sehen oder zu machen wie ihr.«

Rebellion

Hier sind wir ähnlich unfrei wie in der Anpassung, weil wir geradezu zwanghaft entweder etwas anderes oder sogar genau das Gegenteil von dem wollen und tun, wofür die Eltern stehen. Hat der Vater, den wir ablehnen, Karriere als Arzt gemacht, können wir es uns nicht leisten, ebenfalls die Arztlaufbahn einzuschlagen, selbst wenn wir ein großes Interesse für Medizin hegen. Sollten wir es doch tun, geht dies selten ohne hochgradige Ambivalenz und gemischte Gefühle. Hier hilft höchstens eine Einstellung, die Raum für die eigenen Wünsche und die Rebellion lässt, diese Ambivalenz ein wenig abzuschwächen (»Ich lass mir von dir doch nicht auch noch den Spaß an der Medizin nehmen!«). Andere lösen solch einen inneren Zwiespalt dadurch, dass sie in Konkurrenz zu ihrem Vater treten und das Spiel »Ich bin der bessere Arzt!« spielen.

Wer rebelliert, kommt nicht dann am meisten in Stress, wenn die Eltern das Gegenteil von dem wollen, was er will, sondern wenn sie genau das Gleiche wollen. Wenn die Eltern sagen: »Zieh eine Mütze an, es ist kalt draußen!«, dann bin ich im Verhaltensmuster der Rebellion geradezu gezwungen, mir die Ohren abzufrieren, auch wenn ich eigentlich vorhatte, eine Mütze mitzunehmen. Würde ich mir jetzt eine Mütze aufsetzen, wäre das, als würde ich den Eltern zustimmen. Und gefühlt nicht nur in der Mützenangelegenheit, sondern als ganze Person mit ihrem Verhalten. Unmöglich!

Bezugspunkt für das eigene Wünschen und Handeln sind bei der Anpassung wie bei der Rebellion die Wünsche, Vorstellungen, Meinungen und Aussagen der Eltern, nicht jedoch ein Punkt im Zentrum unserer Persönlichkeit.

Je höher der Grad der äußeren Rebellion, desto mehr Provokation ist darin enthalten. Jemand, der sich aus taktischen Gründen äußerlich angepasst verhält, würde in solch einer Situation die Mütze vielleicht aufsetzen und sie dann draußen, sobald die Eltern außer Sichtweite sind, in die Jackentasche stecken. Jemand, der äußerlich rebelliert, würde sie hingegen womöglich demonstrativ im Beisein der Eltern mit theatralischer Geste und voller Verachtung auf den Boden werfen und die elterliche Wohnung ohne Mütze verlassen. Eine Erkältung holen sich vermutlich beide.

WIE REAGIEREN DIE ELTERN?

Wenn du dieses Buch liest, tust du es mit einiger Sicherheit als die oder der Erwachsene, der du heute bist. Während in deiner Kindheit deine Eltern einen Erziehungsauftrag hatten – egal, ob und wie gut sie ihn erfüllt haben –, müsst ihr eure Rollen heute wahrscheinlich neu finden und dem Umstand anpassen, dass du mittlerweile ein erwachsener, eigenständiger Mensch bist. Eltern tun sich häufig schwer, das anzuerkennen, denn für sie bleiben ihre Kinder emotional immer ihre Kinder, und das unabhängig vom Alter.

Die Auswirkungen davon können vollkommen harmlos und irgendwie niedlich-liebevoll sein, sie können aber auch nerven oder sich schlimmstenfalls ausgesprochen destruktiv auswirken. Sollten deine Eltern dich immer noch wie das Kind behandeln, das du einmal warst, bist du heute immerhin in der Position, sie im Umgang mit dir ein wenig »nachzuschulen«.

AUCH ELTERN SIND LERNFÄHIG

Man mag es kaum glauben. Allerdings trifft das leider nicht auf alle zu. Doch viele Eltern sind bereit, auf die richtigen Impulse hin auch ihrerseits an der Beziehung zu ihren Kindern zu arbeiten. Besonders dann, wenn das alte Verhalten nicht mehr funktioniert. Und sei es nur, weil die Kinder nicht mehr wie früher mitspielen.

Natürlich kann es eine ganze Weile dauern, bis eingeschliffene Verhaltensweisen und Kommunikationsmuster überlernt worden sind. Aber die erforderliche Geduld kann sich in vielen Fällen lohnen, sofern auf beiden Seiten echte Bereitschaft und der Wille zur Veränderung gegeben sind.

Selbstverständlich hast du keinen Erziehungsauftrag dein Eltern gegenüber, wie sie ihn einst dir gegenüber hatten. L sollst sie nicht fürs Leben ausbilden oder dergleichen. Doch insofern ihr miteinander über Kreuz liegt und sie sich dir gegenüber auch heute noch verhalten wie damals, kannst du lernen, ihnen anders zu begegnen.

Dazu gehört nicht nur, Grenzen zu setzen, sondern auch in deinem Verhalten als eine Art Rollenvorbild zu fungieren, das deinen Eltern ein Modell an die Hand gibt, wie euer Umgang miteinander heute angemessen gestaltet werden könnte und an dem sie sich orientieren können.

Auch wenn die Lage ernst ist, ist sie nicht hoffnungslos

Selbst wenn man es sich als Kind von Eltern mit destruktivem Beziehungsverhalten häufig kaum vorstellen kann und selbst wenn die Eltern sich rechthaberisch, fordernd, anklagend, vorwurfsvoll, aggressiv oder wie auch immer negativ verhalten, leiden sie häufig unter der Oberfläche darunter, dass die Beziehung zu ihren Kindern so schlecht ist. Sogar wenn sie noch glauben, der Grund für diese schlechte Beziehung sei die mangelnde Bereitschaft ihrer Kinder, auf sie zu hören und sich so zu verhalten, wie sie das als richtig empfinden.

Darauf, dass meist auch die Eltern mit der Situation unzufrieden sind, lässt sich aufbauen.

Ein weiterer Aspekt, der die Bereitschaft vieler Eltern erhöht, auf die passende »Einladung« seitens ihrer Kinder selbst Schritte in Richtung Verbesserung der Beziehung zu unternehmen, ist das steigende Bewusstsein für die Endlichkeit ihres Lebens. Viele Eltern werden sich mit zunehmendem Alter immer bewusster, dass ihre Lebenszeit begrenzt ist und nicht mehr unendlich viel Zeit bleibt, die Dinge in Ordnung zu bringen. Wer sich ein wenig mit Menschen auskennt, der weiß, dass je älter wir werden und je näher unser physischer Tod rückt, die Beziehungen in unserem Leben immer wichtiger werden. Viele Eltern sind bereit, auch an ihrem Verhalten zu arbeiten, wenn man ihnen funktionierende Alternativen anbietet und vorlebt, weil sie nicht von der Erde gehen wollen, ohne sich zuvor mit ihren Kindern ausgesöhnt zu haben.

Wenn (fast) gar nichts geht

Es gibt allerdings auch Eltern, die so gefangen in ihren eigenen Mustern sind, dass sie weder die Einsicht noch die Bereitschaft haben, auch nur die geringsten Schritte auf ihre Kinder zu zu machen oder ihr eigenes Verhalten anzupassen. Selbst mit aller Hilfestellung der Welt nicht. In solch einem Fall kann es manchmal besser sein, den Kontakt abzubrechen. Das ist allerdings immer eine Einzelfallentscheidung.

Selbst wenn die Eltern sich noch so destruktiv verhalten, ist es für manche Kinder schwerer zu ertragen, sie nicht mehr zu sehen. Insbesondere weil sie ebenfalls unter der Vorstellung leiden, dass ihre Eltern irgendwann in absehbarer Zeit mal nicht mehr sein werden. Daher rührt ihr Wunsch, vor dem Tod der Eltern das Verhältnis noch in Ordnung zu bringen und wenigstens die verbleibende Zeit für schöne Erinnerungen zu nutzen.

Die Vorstellung, dass die Eltern sterben, bevor man sich ausgesprochen und versöhnt hat oder in anderen Fällen eine Entschuldigung seitens der Eltern für die Verletzungen der Vergangenheit gehört und doch noch die Zustimmung für das eigene »So-Sein« erhalten hat, ist für viele Menschen unerträglich. Vor allem wenn sie schon ihr Leben lang versucht haben, doch noch endlich die Zustimmung ihrer Eltern zu bekommen.

Nur für ganz wenige Menschen ist der Gedanke, dass die Eltern einmal nicht mehr sind, wirklich entlastend. Es gibt Fälle, die wiegen so schwer, dass die Eltern es einfach »verspielt« haben. Dann sind in der Vergangenheit schlimme Dinge passiert, die nicht wiedergutzumachen sind. Oder das Verhalten der Eltern ist auch heute noch dermaßen retraumatisierend, dass allein aus Selbstschutz kein Kontakt zu ihnen möglich ist. Diese Fälle sind jedoch ein eigenes Thema und nicht Gegenstand dieses Buches.

ALS ERWACHSENER HANDELN

Erwachsen zu werden in dem Sinne, dass wir »unser eigener Mensch« geworden sind, ist nicht möglich, solange unser Kind-Ich mit dem Kind-Ich der Eltern ringt. Es geht nur, wenn es uns gelingt, im Umgang mit den Eltern wo nötig aus unserem Erwachsenen-Ich heraus zu agieren. Das bezieht sich nicht nur auf die Situationen, in denen wir direkt mit den Eltern in Kontakt sind, sondern auch auf all die Meinungen, Haltungen, Regeln, Normen, Ängste, Wünsche und so weiter, mit denen sie auf uns als ihre Kinder eingewirkt haben – auch dann, wenn sie es wirklich gut mit uns meinten. Denn selbst wenn wir das beste Verhältnis der Welt zu unseren Eltern hatten und haben, macht uns das innerlich unfrei in unserem eigenen Wollen und Handeln – sei es, weil wir die Kritik und Sanktionen unserer Eltern befürchten oder aber weil es uns schwerfällt, uns ihnen gegenüber scheinbar illoyal zu verhalten, weil sie uns doch so viel bedeuten und es immer so gut mit uns gemeint haben. Beides kann gleichermaßen binden.

Dieses Buch ist für erwachsene Kinder geschrieben, die innerlich frei werden und, soweit möglich, das Verhältnis zu ihren Eltern verbessern möchten.

Wahre innere Freiheit

Die Freiheit, von der hier die Rede ist, hat ihren Ursprung in uns selbst. Sie ist genauso mit einem schlechten Verhältnis zu unseren Eltern wie mit einem äußerst harmonischen Verhältnis zu vereinen. Dabei geht es mir in keiner Weise darum, den Eltern stets die Verantwortung zuzuschieben. Das hilft niemandem und wäre in vielen Fällen auch nicht gerecht. Auch deine Eltern waren die Kinder anderer Eltern, die sie geprägt haben. Wo endet diese Kette?

Es mag manchmal so erscheinen, als würde hier einseitig Partei gegen die Eltern ergriffen. Das ist jedoch keineswegs der Fall. Nur ein möglichst neutraler Blick auf die Eltern, der ihre Schwächen ebenso wahrnimmt wie ihre Stärken und auch vor unseren eigenen Stärken und Schwächen nicht haltmacht, ist für unsere Zwecke nützlich. Ein zusätzliches Drama hinzuzufügen, ist es sicher nicht.

Für manche relativieren sich auch einige Vorwürfe, die sie bisher immer ihren Eltern gemacht haben, wenn sie Kinder im gleichen Alter haben, wie sie selbst damals waren, als ihre Eltern sich ihrer Meinung nach falsch verhalten haben.

Auch hierdurch ändert sich die Perspektive. Dann empfinden sich viele nicht mehr nur als das Opfer, sondern erleben am eigenen Leib, wie schwierig es manchmal ist, die Anforderungen und Belastungen von Beruf, Familie und eigenen Themen zu bewältigen, und wie schwer erfüllbar der Anspruch sein kann, sich den eigenen Kindern gegenüber unter allen Umständen vorbildlich zu verhalten.

Und doch hat jeder von uns die Möglichkeit, diesen Teufelskreis dort, wo er sich negativ auswirkt, zu unterbrechen – in meinem Bild besonders dann, wenn er durch eigene Entwicklung und Wissen an den Punkt gerät, besser zu verstehen, was abläuft.

Wer die Erkenntnis hat, hat auch die Macht, Dinge zum Besseren zu wenden. Daraus entsteht nicht direkt eine Verpflichtung.

Gleichwohl sollten wir uns innerlich damit auseinandersetzen, was es bedeuten würde, diese Einsicht zu haben und dennoch nichts zu unternehmen.

GRENZEN SETZEN, OHNE DIE ELTERN VOR DEN KOPF ZU STOSSEN

Zum erwachsenen Umgang mit den Eltern gehört es in den meisten Fällen auch, immer wieder Grenzen zu setzen, wenn unsere Eltern diese nicht von allein respektieren. Während das angepasste Kind in uns dies gern vermeiden würde und um des Friedens willen im Falle einer Grenzüberschreitung seitens der Eltern lieber die eigenen Bedürfnisse zurückstellen möchte, anstatt die Eltern mit einem »Nein« zu konfrontieren, wohingegen unser rebellischer Kind-Ich-Anteil schlecht Grenzen setzen kann, ohne die Eltern dabei als Ganzes abzulehnen, kann der Erwachsenen-Ich-Anteil in uns lernen, dem verletzten Kind im elterlichen Verhalten liebevoll, aber bestimmt äußere Grenzen zu setzen beziehungsweise direkt den Erwachsenen-Ich-Zustand in unseren Eltern anzusprechen.

Die Eltern stehen unangemeldet vor der Tür – was tun?

Stelle dir für einen Moment vor, deine Eltern hätten bisher deine Privatsphäre nicht geachtet. Wiederholt standen sie unangekündigt vor deiner Tür und erwarteten nicht nur, dass du sie umgehend hereinlässt, sondern waren enttäuscht und haben das auch noch deutlich zum Ausdruck gebracht, wenn du dich nicht wahnsinnig über den Spontanbesuch gefreut und dafür alles stehen und liegen gelassen hast. Und das vielleicht, obwohl deine Eltern nur zwei Orte entfernt von dir wohnen. Wie sähen in so einem Fall die typischen Reaktionen der verschiedenen Ich-Zustände aus?

Angepasster Kind-Ich-Zustand

Hier wirst du deinen Eltern die Grenzüberschreitung mit einiger Sicherheit durchgehen lassen. Vielleicht wirst du dabei die

Mundwinkel verziehen, seufzen oder sonst irgendwelche, hauptsächlich nonverbale Botschaften senden. Wahrscheinlich ignorieren deine Eltern deine missmutigen Signale oder sie nehmen sie gar nicht erst wahr. Oder sie erkennen zwar die Ambivalenz zwischen deinen Worten und deinem Verhalten, schreiben sie jedoch einer anderen Ursache zu.

In einem mir bekannten Fall wurden der Tochter aufgrund ständig hängender Mundwinkel, wenn die Eltern mal wieder zu einem Spontanbesuch vorbeikamen und von der Tochter mit vorgespielter Freundlichkeit hereingebeten wurden, Eheprobleme unterstellt. »Sie wirkt immer so unglücklich, da stimmt doch was nicht.« Auf die Idee, dass sich diese missmutige Reaktion auf ihre Spontanbesuche bezog und die Tochter sich einfach nicht traute, sie direkt damit zu konfrontieren, kamen die Eltern nicht.

Vielleicht versuchst du es mit Vorwänden, die eine direkte Konfrontation verhindern und dir dennoch Gelegenheit geben, die Situation möglichst schnell zu beenden. Dann erfindest du Ausreden. »Mir geht es heute nicht so gut, diese doofe Migräne, ihr wisst ja.« Oder: »Kommt gerne kurz rein, aber ich muss gleich noch los, ich habe einen Werkstatttermin mit dem Auto, den ich nicht verschieben kann.« Derartiges Verhalten ist im angepassten Kind-Ich-Zustand sehr beliebt.

Das Problem ist, dass solche Manöver zwar kurzfristig helfen, deinen Bedürfnissen Geltung zu verschaffen, doch auf lange Sicht kommen keine neuen Impulse hinzu, die eine Auseinandersetzung mit dem Thema, auch seitens deiner Eltern, nötig und möglich machen würden.

Auf diese Weise findet keine Entwicklung statt, das Spiel kann ewig so weitergehen. Wahrscheinlich ist auch, dass so auf Dauer neue Vorwürfe von den Eltern hinzukommen, etwa: »Nie hast du Zeit für uns, immer ist irgendetwas anderes wichtiger.« Oder, wie im Beispiel oben, eine vollkommene Fehleinschätzung der Situation.

Rebellischer Kind-Ich-Zustand

Eine Reaktion aus unserem rebellischen Kind-Ich heraus so zwar dafür, dass wir uns äußerlich besser abgrenzen könne doch meist vollständig zu Lasten einer guten Beziehung und auch sie kostet unseren Seelenfrieden. Hier machen wir zumindest keinen Hehl daraus, wie wir über das gezeigte Verhalten der Eltern denken. Während wir uns bei einer überangepassten Reaktion meist über uns selbst ärgern, dass wir den Eltern ihr Verhalten schon wieder haben durchgehen lassen, ärgern wir uns bei einer Reaktion im rebellischen Kind-Ich-Zustand dermaßen über die Unverfrorenheit der Eltern, dass wir auch hierbei innerlich aus dem Gleichgewicht geraten.

Auch das ist alles andere als eine souveräne Reaktion und meist bis in die Haarspitzen mit Drama aufgeladen, bei dem nicht selten die Beziehung zusätzlich belastet und viel emotionales Porzellan zerschlagen wird. Das wird schon an der inflationären Verwendung übertriebener Verallgemeinerungen deutlich: »*Nie* achtet ihr meine Grenzen!« oder »*Immer* steht ihr unangemeldet vor der Tür«.

ZWEI EXTREME: ZU WENIG ODER ZU VIEL

Während wir uns bei einer Reaktion aus dem angepassten Kind-Ich-Zustand heraus zu wenig nach außen abgrenzen, grenzen wir uns, wenn unser Verhalten aus dem rebellischen Kind-Ich-Zustand heraus kommt, meist eher zu viel nach außen ab. Im einen wie im anderen Fall werden wir einseitig. Das holt uns meist später wieder ein, denn wenn wir uns anderen Menschen gegenüber feindselig verhalten, erhöht das nicht gerade deren Bereitschaft, in Zukunft liebevoll auf uns zuzugehen. Im Fachjargon nennt man das soziale Reziprozität.

Reaktion aus dem Erwachsenen-Ich

Eine Reaktion im Erwachsenen-Ich-Zustand entspricht eher einer Metaperspektive, bei der wir die Gesamtsituation und alle Beteiligten im Blick haben. Also nicht nur entweder unsere Eltern *oder* uns selbst, sondern *sowohl* unsere Eltern *als auch* uns selbst. Hier sind wir darauf aus, eine Lösung zu finden, die ganzheitlich ist.

Eine Reaktion auf dieser Ebene setzt äußerliche Grenzen, ohne dabei zu über- oder zu untertreiben oder unseren inneren Stresslevel unnötig zu eskalieren beziehungsweise die Gegenseite unnötig zu verletzen. Wir schützen unsere Interessen und Bedürfnisse und wahren gleichzeitig die Beziehungsebene, indem wir unsere Worte mit Bedacht wählen und sie gelassen, aber bestimmt vorbringen.

Wenn wir im Sinne des berühmten Hegelschen Dreischritts die Reaktion aus dem angepassten Kind-Ich als die »These« bezeichnen und die Reaktion aus dem rebellischen Kind-Ich als die »Antithese«, so ist es im Erwachsenen-Ich-Zustand unser Ziel, über diese beiden hinaus zur »Synthese« zu gelangen, die alle Positionen mit einbezieht.

In der Praxis könnte das so aussehen: »Ich hab euch wirklich gern und ich verbringe gerne Zeit mit euch. Aber wenn ihr so wie heute unangekündigt vor der Tür steht, unterbricht das meinen Tagesablauf und gerade heute passt mir das überhaupt nicht, weil ich noch so viel zu erledigen habe. Deshalb werde ich euch heute nicht hereinbitten. Wenn ihr mögt, lasst uns doch nach einem Termin schauen, zu dem wir uns alle mal wieder in Ruhe zusammensetzen und Zeit miteinander verbringen können. Das würde mich freuen.

Um solche Situationen in Zukunft zu vermeiden, möchte ich euch bitten, vorher zu fragen, ob ich Zeit habe und ob es mir passt, bevor ihr einfach unangemeldet vor der Tür steht, auch wenn es von euch sicherlich nicht böse gemeint ist. Ich hoffe, ihr versteht das.«

Dieses Beispiel ist nicht in jedem Fall die optimale Art, mit seine Eltern zu kommunizieren. Es gibt Situationen, die erfordern ein deutlichere Grenzsetzung, andere eine mildere. Manchmal besteht auch nicht der Wunsch, das Treffen zu vertagen. Die weiter vorn stehenden Sätze sollen dir lediglich ein Gefühl dafür vermitteln, wie die Kommunikation mit den Eltern *auch* sein kann und wie sich die Wahrscheinlichkeit erhöhen lässt, dass sie gelingt.

Ein ebenso winziges wie wichtiges Detail für eine gelungene Kommunikation steckt übrigens bereits im zweiten Satz in dem Wörtchen »weil«. Da es so wichtig ist, möchte ich hier etwas näher darauf eingehen.

DAS KLEINE GROSSE WÖRTCHEN »WEIL«

Die Bedeutung dieses Wortes für gelungene Kommunikation kann gar nicht hoch genug eingeschätzt werden. Dies gilt übrigens für die zwischenmenschliche Kommunikation allgemein. Das wissen wir spätestens seit dem Jahr 1977, in dem eine Harvard-Psychologin namens Ellen Langer eine kleine Studie am Kopierer durchgeführt hat. Das Experiment war im Grunde ganz simpel. Menschen aus dem Team von Ellen Langer bekamen die Aufgabe, sich der Schlange an einem Kopierer zu nähern und zu fragen, ob sie vorgelassen werden. Dabei gab es drei alternative Arten zu fragen, die ausgewertet wurden:

- ◇ Ohne jegliche Begründung: »Entschuldige, ich habe fünf Seiten zu kopieren. Darf ich bitte vor?«
- ◇ Mit Begründung, eingeleitet durch das Wörtchen »weil«: »Entschuldige, ich habe fünf Seiten zu kopieren. Darf ich bitte vor, weil ich es eilig habe?«
- ◇ Mit einer Begründung, die gar keine ist: »Entschuldige, ich habe fünf Seiten zu kopieren. Darf ich bitte vor, weil ich Kopien machen muss?«

Im ersten Fall wurden rund 60 Prozent der Probanden vorgelassen. Was an sich schon ziemlich freundlich ist. Im Falle der echten Begründung waren es 94 Prozent. Wirklich spannend ist jedoch die Auswertung der dritten Versuchsreihe mit der Fake-Begründung. Hier wurden 93 Prozent vorgelassen, also nur ein mageres Prozentchen weniger als bei einer echten Begründung. Ist das nicht erstaunlich?

Eigentlich nicht. Wir Menschen lechzen förmlich danach, unsere Umwelt zu verstehen und Sinn in den Dingen und Geschehnissen um uns herum zu entdecken. Da ist es doch nett, wenn man uns dies durch das Wörtchen »weil« ein wenig schmackhafter macht.

EINE BEGRÜNDUNG IST KEINE RECHTFERTIGUNG

Zu einer Rechtfertigung wird eine Begründung höchstens dann, wenn dein Gegenüber von dir immer wieder verlangt, auch deine Begründungen zu begründen. Aber auch dabei steht es dir frei, ob du dich auf dieses Spielchen einlassen möchtest oder diese Bitte sanft, aber bestimmt zurückweist. Notfalls dann eben auch mal ohne weitere Begründung.

Der Wunsch nach Sinnhaftigkeit

Das ist natürlich keine Aufforderung zu moralisch flexiblem Handeln, bei dem wir unseren Mitmenschen alles Mögliche unterjubeln, indem wir es einfach mit einer Begründung einleiten. Aber es zeigt deutlich, dass unser Wunsch nach Sinnhaftigkeit so ausgeprägt ist, dass wir uns in vielen Fällen sogar mit einer Schwachsinnsbegründung zufriedengeben.

Im Umgang mit deinen Eltern heißt das, dass du es ihnen jedes Mal erleichterst, deine Beweggründe nachzuvollziehen und auf deine Wünsche einzugehen, wenn du ihnen vorher auseinandersetzt, warum dir das so wichtig ist. Probiere es mal eine Woche im Alltag aus – mit Kollegen, Freunden oder deinem Ehepartner – und überlege, ob du es danach beibehalten möchtest, wenn du erst mal festgestellt hast, wie viel harmonischer das Zusammenleben mit anderen allein durch das Hinzufügen einer Begründung wird.

DIE AMBIVALENZ VON ELTERN

Eltern werden normalerweise von zwei Grundtendenzen in Bezug auf ihre Kinder bewegt: dem Wunsch, dass ihre Kinder selbstständig werden und lernen, im Leben zurechtzukommen, ohne die Eltern zu brauchen. Darin liegt ja auch eine der Hauptaufgaben der Eltern im biologischen Sinne: die eigenen Kinder auf das Leben vorzubereiten, um sie guten Gewissens in die Welt zu entlassen und sicher zu sein, dass diese auch dann die Dinge auf die Reihe bringen, wenn die Eltern einmal nicht mehr sind.

Daneben existiert in allen Eltern normalerweise ebenso der Wunsch, dass ihre Kinder möglichst ein Leben lang auf sie bezogen bleiben. Obwohl es dabei eigentlich darum geht, dass die Beziehung zu den Kindern lebenslang aufrechterhalten bleiben soll, ist es für viele Eltern schwer vorstellbar, dass sich die Qualität der Beziehung zu ihren Kindern mit den Jahren ändern kann und muss.

Vielen Eltern fällt es schwer, ihre erwachsenen Kinder nicht mehr wie die abhängigen Kinder zu behandeln, die sie einst waren. Die Rollen haben sich fest eingeschliffen und sind so vertraut, dass sie schwer zu überwinden sind. Die Eltern brauchen es, gebraucht zu werden.

Schließlich kann es Eltern ein Gefühl der Sicherheit geben, wenn ihre Kinder auch als Erwachsene weiterhin in der einen oder anderen Form von ihnen abhängig bleiben. Je größer die Angst, die Kinder zu verlieren und von ihnen nicht mehr gebraucht zu werden, desto stärker können die Tendenzen sein, das eigene Kind in einer nicht altersgerechten Abhängigkeit zu halten.

Auf Seiten der Kinder gibt es umgekehrt ähnliche Tendenzen, denn die Eltern sind die erste und im eigenen Leben am tiefsten verwurzelte Quelle für Zuneigung, Nestwärme und Sicherheit, die Kinder kennen. Sie war schon immer da, auch wenn sie nicht unbedingt gut funktioniert hat. Was vertraut ist, gibt Sicherheit. Zumindest subjektiv.

»LEBE DEIN EIGENES LEBEN, ABER VERLASSE MICH NICHT!«

Eltern spüren diese unterschiedlichen Tendenzen häufig in sich, verdrängen sie aber oder haben Schuldgefühle, wenn sie registrieren, dass sie ihr Kind »übertragen« wollen (ein Begriff aus der Schwangerschaft) und nicht unabhängig werden lassen. Doch wie so oft im Leben führen Schuldgefühle nicht unbedingt dazu, dass wir das lassen, weswegen wir uns schuldig fühlen, sondern nur dazu, dass wir einem inneren Währungssystem folgend weiterhin tun, was wir tun, und dafür mit Schuldgefühlen bezahlen, um es wieder tun zu können. Im Alltag vermischen sich beide Tendenzen, sodass es in der Kommunikation mit den Kindern immer wieder zu doppeldeutigen Botschaften kommt, im Psychologie-Jargon »Doublebind-Kommunikation« genannt. Das macht es für Kinder so schwierig, denn wenn auf unterschiedlichen Kanälen zwei sich widersprechende Botschaften gleichzeitig gesendet werden, auf welche sollen sie dann reagieren?

Hinzu kommt, dass ein Kind meistens gar keine Chance hat, sich richtig zu entscheiden. Da beide Tendenzen gleichermaßen vorhanden sein können, wird das Kind immer wieder dafür getadelt werden, dass es nicht der »anderen« Botschaft entsprochen hat. Das erinnert an den alten Witz, in dem eine Frau ihrem Mann zum Geburtstag zwei Krawatten schenkt und dieser beide so schön findet, dass er eine davon gleich am nächsten Tag zur Arbeit anzieht. Daraufhin sagt seine Frau: »Die andere hat dir wohl nicht gefallen?« Welche Chance hat der arme Kerl gehabt? (Und nein, der Witz ist nicht frauenfeindlich, das machen Männer umgekehrt genauso – wenn auch nicht mit Krawatten …)

Von beiden Tendenzen, also dem Wunsch, die Kinder mögen möglichst unabhängig werden, und dem gegenläufigen Wunsch, sie mögen ein Leben lang von den Eltern abhängig bleiben, gibt es in der Praxis zwei Hauptformen, die ich im Folgenden näher erläutern werde.

»FALLE MIR NICHT ZUR LAST!« – WENN KINDER ZU FRÜH SELBSTSTÄNDIG WERDEN MÜSSEN

Wenn Eltern ihrem Kind die Botschaft vermitteln, dass es eine Belastung ist oder, im Extremfall, dass es besser gewesen wäre, es wäre gar nicht erst geboren worden, lernt das Kind früh, selbstständig zu werden. Es weiß genau, was es tun muss, um möglichst angenehm für die Eltern zu sein und nicht deren Unmut zu erregen. Ähnliches gilt, wenn Kinder spüren, dass ihre Eltern sehr mit ihren eigenen Themen belastet sind, und sie ihnen nicht zusätzlich zur Last fallen wollen.

Gleichwohl bleibt auch in den Kindern der Wunsch danach erhalten, Anerkennung durch die Eltern zu bekommen, was jedoch bei solchen Eltern fast unmöglich ist. Die Kinder versuchen sich dann meist genau so zu verhalten, wie es von den Eltern gebraucht wird, stellen ihre Bedürfnisse zurück, verzichten auf ein Leben nach ihren eigenen Maßstäben und hoffen, so ein wenig Zustimmung seitens ihrer Eltern zu bekommen.

Sitzen die Kinder solcher Eltern später als Erwachsene in einer psychotherapeutischen Praxis, dann haben sie oft große Schwierigkeiten zu formulieren, was ihnen im Leben wichtig ist, was ihnen Spaß macht und welche Wünsche sie für sich haben. Früh haben sie gelernt, dass andere glücklich zu machen wichtiger ist, als den eigenen Bedürfnissen und Strebungen nachzugehen.

Diese Menschen müssen dann erst mühsam wieder spüren lernen, wie sie selbst über eine Sache denken und was sie empfinden. Sich für die eigenen Belange zu interessieren und einzusetzen, geht dabei häufig mit massiven Schuldgefühlen einher. Selbst dann, wenn gar kein Gegenüber davon betroffen ist oder erfahren wird. Außerdem fehlt ihnen die Übung, ihre eigenen Wünsche und Bedürfnisse wahrzunehmen.

Was Eltern, die die Botschaft »Es wäre besser, wenn es dich gar nicht gäbe« vermitteln, ihren Kindern damit fürs restliche Leben antun, lässt sich kaum in Worte fassen. Diese gleichen auch als Erwachsene in ihrer emotionalen Bezogenheit auf andere eher Erfüllungsgehilfen für die Bedürfnisse der anderen, als dass sie sich trauen würden, sich selbst wichtig genug zu nehmen, um auch eigene Bedürfnisse in der Beziehung mit anderen anzumelden. Auch hier lässt sich häufig beobachten, dass spätere Partner ausgesucht werden, die ein ähnliches Verhalten an den Tag legen können wie in der Kindheit die eigenen Eltern, und die Betroffenen nehmen eine ähnliche Rolle ein – nämlich dem Partner oder der Partnerin zuzuarbeiten.

Es ist »ein Leben für den anderen«, jedoch nicht aus freien Stücken oder höheren Motiven, sondern aus einer inneren Gebundenheit heraus, die alles andere als frei ist.

In ähnlicher, wenn auch manchmal abgeschwächter Form kommt es dazu, wenn Eltern es zwar gut mit ihren Kindern meinten, jedoch zu stark in ihren eigenen Themen gefangen waren, um ihren Kindern als der reife erwachsene Elternteil zur Verfügung zu stehen, den diese gebraucht hätten. Beispielsweise wenn die Eltern durch Krankheit, Alkoholismus, eigene große Verluste, existenzbedrohende finanzielle Probleme, die schwere Krankheit eines Geschwisters oder andere Themen zu sehr mit sich selbst oder einem dringenden Problem beschäftigt waren.

Kinder spüren so etwas und stehen in einer tiefen Loyalitätsbindung mit ihren Eltern, und zwar relativ unabhängig davon, wie sich das momentane Verhältnis an der Oberfläche gestaltet. Ein Kind, das merkt, dass es von seinen Eltern zwar unter der Oberfläche ihres Verhaltens geliebt wird, dass diese aber zu stark in ihre eigenen Probleme verwickelt sind, versucht häufig, die Eltern zu entlasten oder zu »retten«.

Das kann ganz unterschiedlich aussehen. Beispielsweise nehmen sich diese Kinder häufig stark zurück, geben sich in der Schule besonders viel Mühe und halten sich auch sonst aus allem Ärger raus, um ihren Eltern ja keine zusätzlichen Probleme zu bereiten. In vielen Fällen wird dies von den Eltern nicht einmal wahrgenommen, sondern als selbstverständlich bewertet. Oder es gibt – was vielleicht für die Entwicklung des Kindes noch verheerender sein kann – sehr viel Anerkennung auf der Identitätsebene. »Unser kleiner Sonnenschein« impliziert, dass genau diese Eigenschaft am Kind geschätzt wird. Doch was, wenn dem kleinen Sonnenschein mal gar nicht so sonnig zumute ist?

»DIE WELT IST ZU GEFÄHRLICH FÜR DICH – BLEIBE LIEBER FÜR IMMER ZU HAUSE BEI MIR!«

Vielleicht waren oder sind deine Eltern auch an der anderen Seite des Ambivalenzspektrums angesiedelt. Möglicherweise durftest du keinen Schritt allein machen, ohne von den besorgten Argusaugen deiner Eltern beobachtet zu werden. Eventuell hast du mehr »Sei vorsichtig«, »Nein, tue das nicht« und »Du darfst das nicht« gehört als alle deine damaligen Freunde zusammen.

Dann hattest du überbesorgte und überbehütende Eltern. Das Phänomen ist in der Psychologie wohlbekannt (»Overprotection«). Hier wähnen die Eltern ihr Kind in einer Welt voller Gefahren und schränken dessen Freiheit und Entwicklung über die Maßen ein, aus Angst, dem Kind könnte etwas zustoßen.

So etwas kommt häufig vor, wenn die Eltern selbst überbehütende Eltern hatten und dieses Verhalten somit am Modell verinnerlicht haben. Oder wenn die Eltern schwere Verluste verarbeiten mussten. Beispielsweise den frühen Tod eines Elternteils, einer Tante oder eines Onkels oder eines eigenen Kindes. Dann dreht sich ihre Welt um das Thema Verlustangst.

WANN VORSICHT ÜBERTRIEBEN IST

Um Missverständnissen vorzubeugen: Dass Eltern besorgt sind, ihrem Kind könne etwas zustoßen, und daher angemessene Vorsichtsmaßnahmen treffen oder altersgemäß bestimmte Verbote aussprechen, ist völlig normal und ein Zeichen von Fürsorge und Beschützerinstinkt.

Doch alles hat sein Maß und im Falle von Overprotection ist dieses weit überschritten. Überbehütende Eltern greifen ein, bevor überhaupt etwas passieren kann. Sie verbieten ihren Kindern Dinge, die für gleichaltrige Freunde längst lieb gewonnene Freiheiten darstellen.

Den Kindern wird durch Overprotection sprichwörtlich die Luft zum Atmen genommen. Darüber hinaus lassen die Eltern ihre Kinder nicht selbstständig werden. Sie greifen permanent in deren Leben ein und unterbinden schon kleinste Strebungen in Richtung Unabhängigkeit. Da die Kinder in nahezu jeder Hinsicht abgeschirmt werden, fehlen ihnen auch die typischen altersgemäßen Entwicklungsaufgaben. Sie können sich nicht in ausreichendem Maße mit dem Leben, seinen Erfolgen und Niederlagen, Gewinnen und Verlusten auseinandersetzen. Ihnen wird die für ihre Entwicklung notwendige Reibung mit der Außenwelt genommen. Gleichzeitig vermitteln ihnen ihre Eltern das Bild einer zutiefst gefährlichen Welt da draußen. Nicht wenige Kinder, deren Eltern sich auf diese Weise verhalten haben, entwickeln eine Angst vor dem Leben. Wen wundert's, wenn ihnen permanent das Gefühl vermittelt wurde, auch kleinste Unachtsamkeiten könnten zu einer Katastrophe führen? Darüber hinaus haben ihre Eltern ihnen nicht gezeigt, dass sie an die Fähigkeiten des eigenen Kindes glauben. Vor allem nicht an dessen Fähigkeit, mit der Welt »da draußen« irgendwie zurechtzukommen.

Spannend ist dabei, dass diese Kinder trotz geringem Selbstvertrauen dennoch ein gutes Selbstwertgefühl besitzen können. Schließlich hatten sie ja Eltern, die sich – über jedes gesunde Maß hinaus – um sie gekümmert haben! Sie trauen sich halt nur nichts zu und werden häufig zu unselbstständigen Menschen, deren Aktivitätsradius die Größe einer Briefmarke nicht übersteigt und die häufig andere Menschen brauchen, welche sie an die Hand nehmen und mit ihnen gemeinsam die unvermeidlichen Unannehmlichkeiten des Lebens durchstehen.

Die meisten Kinder aus einem übervorsichtigen Elternhaus besitzen kein besonders hohes Selbstvertrauen.

Andere versuchen freizukommen von den elterlichen Einschränkungen und überkompensieren, indem sie sich an der Oberfläche betont angstfrei geben und sich teilweise sogar ziemlich leichtsinnig verhalten. Eine Reaktion, die eher aus dem rebellischen Kind-Ich-Anteil (Seite 26) kommt als aus einem reifen und vernünftigen Erwachsenen-Ich (Seite 24). Doch auch das ist sich selbst und anderen gegenüber meist nur vorgespielt. In Wirklichkeit müssen sie sich und der Welt permanent beweisen, dass sie es »eben doch können«, und sind damit ebenso vollkommen unfrei. Jemand, der die Welt für einen relativ sicheren Ort hält und sich zutraut, darin gut zurechtzukommen, muss es niemandem beweisen. Er ist mit sich und der Welt im Reinen.

Overprotection und die Unterminierung des Selbstvertrauens des eigenen Kindes kann noch andere Facetten haben, die ebenfalls aus dem ängstlichen Kind-Ich-Anteil der Eltern stammen.

Nämlich aus dem Wunsch, die Kinder nicht groß und unabhängig werden zu lassen, damit sie weiterhin von den Eltern abhängig bleiben und sich nicht von ihnen weg entwickeln. Hier gehen viele Eltern den äußeren Weg, indem sie finanzielle Unterstützung gewähren und von der Erfüllung bestimmter Bedingungen abhängige Zuwendung einsetzen, um die Kinder in einer untergeordneten Empfängerposition zu halten. Oft ist den betreffenden Eltern diese verdeckte Absicht nicht einmal selbst bewusst.

Der andere Weg ist der bereits angedeutete, nämlich den Kindern permanent zu vermitteln, die Welt sei ein gefährlicher Ort und sie selbst wären in der einen oder anderen Form weniger in der Lage, mit den Anforderungen des Lebens zurechtzukommen. Diese Botschaft wird dann nicht (nur) durch ein überbehütendes Verhalten vermittelt, sondern auch dadurch, dass die Eltern sich beispielsweise in alle Entscheidungen ihrer Kinder einmischen. Selbst dann, wenn die Kinder längst alt genug sind, um ihre eigenen Entscheidungen zu treffen. Häufig spielen Eltern auch die »lebenserfahrenen« Berater, die den Kindern vom Klamotten-Shoppen über den Auto- bis zum Hauskauf und nicht selten auch bei der Auswahl des geeigneten Lebenspartners ungefragt mit Rat und Tat zur Seite stehen.

Natürlich ist Lebenserfahrung bei Entscheidungen hilfreich und oft liegen diesem Verhalten gute Absichten zugrunde. Bei übermäßig eingreifenden Eltern ist es jedoch auch ein häufig kaum bewusstes Mittel, um die eigenen Kinder klein und abhängig zu halten.

Beliebt ist auch die Spielart, die Entscheidungen des eigenen Kindes immer wieder infrage zu stellen (»Bist du dir auch wirklich sicher?«) oder deutlich zu machen, dass es keine weitere Unterstützung geben wird, wenn das Kind darauf drängt, seinen eigenen Weg zu gehen, in der Hoffnung, dass es dann Angst bekommt und freiwillig weiterhin von den Eltern abhängig bleibt: »Setze ruhig deinen Dickkopf durch, aber komme dann hinterher nicht zu uns angekrochen, wenn es wieder einmal schiefgegangen ist.«

WENN DIE ELTERN BEREITS VERSTORBEN SIND

Verstorbene Eltern sind immer ein Sonderfall. Zwar könnte man glauben, gerade lebende Eltern, die immer wieder durch ihr Verhalten Probleme für die Kinder verursachen, wären die größere Belastung, doch es verhält sich in vielen Fällen genau umgekehrt. Ausnahmen bilden oft lediglich Eltern zu ihren Lebzeiten, die sich auch heute noch stark (re-)traumatisierend verhalten, sodass ein Kontaktabbruch die einzig sinnvolle Lösung ist. Ob dieser dann durch den Tod der Eltern, eine richterliche Anordnung oder die Entscheidung der Eltern und/oder Kinder, die jeweils andere Partei nie wieder zu sehen, zustande kommt, ist dann eher zweitrangig.

Das Problem mit Eltern, die bereits gestorben sind, ist vielschichtig. Zum einen neigen wir dazu, Verstorbene zu mystifizieren. Wir zeichnen entweder ein überzogen gutes oder übertrieben schlechtes, auf jeden Fall aber einseitiges Bild von ihnen. Das tun wir generell mit anderen Menschen, besonders, wenn sie uns nahestehen. Im Falle des Todes eines Elternteils verstärkt sich diese Tendenz jedoch um ein Vielfaches.

Hier spielen häufig Schuldgefühle und Vorwürfe mit hinein. Insbesondere, wenn zuvor keine Aussprache stattgefunden hat, vieles ungesagt geblieben ist oder man – wie die meisten Kinder – darauf gehofft hat, etwas Bestimmtes endlich doch noch von den Eltern zu bekommen: Zustimmung zum eigenen Leben, Anerkennung für Erfolge und Leistungen, aber auch fürs einfach Dasein, eine Entschuldigung für die Fehler der Eltern, ein »Ich habe mich geirrt, du hattest recht« oder dergleichen.

GRUNDLAGEN VON LEBENSENTWÜRFEN

Fast alle Kinder haben ihren Lebensentwurf um das herum aufgebaut, was sie sich am meisten von ihren Eltern gewünscht haben, aber entbehren mussten oder was die Eltern in solch einem Maße gegeben haben, dass wir als Kinder es zu einem zentralen Bestandteil unseres Wertesystems gemacht haben, wobei wir seither ständig Angst hatten, die Quelle des Zuspruchs hierfür könnte eines Tages versiegen. Sei es, weil wir die Zustimmung unserer Eltern verlieren, wenn wir uns nicht gemäß deren Vorgaben oder Vorlieben verhalten, oder sei es, weil unsere Eltern irgendwann schlicht und einfach nicht mehr da sind.

SCHULD UND SCHAM

Ungesagt Gebliebenes ist besonders schmerzhaft. Wenn wir versäumt haben, unseren Eltern zu sagen, dass wir sie trotz aller Schwierigkeiten miteinander wirklich lieb haben und es vieles gibt, wofür wir ihnen dankbar sind. Wenn es etwas gibt, was wir in der Beziehung zu ihnen verbockt haben, und wir es bisher immer versäumt haben, uns dafür bei ihnen zu entschuldigen, obwohl das mehr als angebracht gewesen wäre.

Wir glauben insgeheim, wir hätten unbegrenzt Zeit, noch zu sagen, was eigentlich längst hätte ausgesprochen werden müssen, und die Dinge wieder in Ordnung zu bringen.

Falscher Stolz, Scham oder die Angst vor der Konfrontation oder vor dem Eingestehen der eigenen Schuld richten jeden Tag überall auf der Welt furchtbare Schäden in den Beziehungen der Menschen untereinander an.

Ich kann mich noch daran erinnern, wie mein Opa gestorben ist. Kurz zuvor hatten wir eine Serie heftiger Streits. Davor hatten wir uns nie wirklich gestritten. Zu dem Zeitpunkt hatte ich viele Schwierigkeiten und war ernsthaft am Überlegen, die Schule kurz vor dem Abitur abzubrechen, was mein Opa nicht nachvollziehen konnte. Wir gingen im Streit auseinander und sprachen in den darauffolgenden Wochen nur das Allernötigste miteinander, wenn wir uns sahen.

Dann kam der Anruf meiner Oma, dass mein Opa regungslos in der Garage liege. Meine Mutter und ich trafen gleichzeitig mit dem Rettungswagen ein. Zu dem Zeitpunkt war mein Opa im Grunde bereits verstorben. Er konnte noch ein paar Mal mehr oder weniger reanimiert werden. Zusammen mit meiner Oma und meiner Mutter fuhr ich in meinem kleinen Polo direkt hinter dem Krankenwagen her ins Krankenhaus. Alle paar Hundert Meter hielt der Krankenwagen an und man konnte durch die hinteren Milchglasscheiben erkennen, dass sie gerade wieder versuchen mussten, ihn zu reanimieren.

Die aufgeregten Schreie meiner Mutter und meiner Oma, jedes Mal wenn das passierte, höre ich auch heute noch, wenn ich an die Situation denke, obwohl es jetzt bald zwanzig Jahre her ist. Ich selbst hatte mich noch nie zuvor so hilflos und ohnmächtig gefühlt. Im Krankenhaus hat man uns dann mitgeteilt, dass er auf der Fahrt verstorben sei. Ich war durch die Situation so benommen, dass ich erst Wochen später realisierte, dass ich nie wieder die Gelegenheit haben werde, mich für die unbedachten Aussagen und meinen unangemessenen, respektlosen Ton in unseren Streitgesprächen zu entschuldigen. Dass ich nie die Chance haben werde, ihm zu sagen, dass ich eigentlich immer zu ihm aufgeblickt, ihn bewundert und wirklich geliebt habe.

Am meisten aber hat mich geschmerzt, dass er nie die Entwicklung miterlebt hat, die ich seither durchlaufen habe. Wie sehr hätte ich mir gewünscht, dass er mitbekommt, dass alles gut ausgegangen ist. Nicht, um recht zu behalten, sondern damit er weiß, alles ist gut. Viele Jahre hatte ich die Befürchtung, unsere Streitigkeiten und der Stress, den ihm unsere Auseinandersetzung und die Sorge um meine Zukunft gemacht haben, wären schuld gewesen an der Lungenembolie, an der er verstorben ist. Es hat Jahre gebraucht, bis ich mit allem meinen Frieden machen konnte. Und obwohl er »nur« mein Opa war, habe ich ihn sehr geliebt. Um wie viel dramatischer fällt eine solche Wirkung aus, wenn es sich dabei um einen Elternteil handelt?!

NICHT BEFRIEDETE VORWÜRFE

Ein anderer verbreiteter Fall, der das Loslassen beim Tod eines Elternteils weiter erschwert, sind Vorwürfe, die du diesem nach wie vor machst. In vielen Fällen gibt es gute Gründe dafür. Selbst in einer normalen Eltern-Kind-Beziehung mit ihren üblichen Höhen und Tiefen geht einiges daneben, werden unbedachte Worte gesprochen und verletzende Dinge getan.

Manchmal braucht es nicht mehr als ein falsches Wort zum falschen Zeitpunkt und ein Mensch ist für sein Leben gezeichnet.

Mir ist ein Fall bekannt, bei dem eine sonst wirklich liebevolle Mutter in einem gestressten Moment zu ihrer kleinen Tochter gesagt hat: »Lasse das, du siehst hässlich aus!«, als die Kleine vorm Spiegel gerade vergnügt Grimassen zog. Selbstverständlich meinte die Mutter nicht, ihre Tochter sei an sich hässlich. Wahrscheinlich fand sie nicht mal deren Grimassen wirklich hässlich. Sie war einfach nur im Stress und fühlte sich durch ihre laut kichernde Tochter gestört, sodass sie aus ihrer Laune heraus etwas sehr Unbedachtes sagte.

Bei der Tochter blieb jedoch »Du siehst hässlich aus« als generelle Aussage über sich hängen, losgelöst von der ursprünglichen Situation des Grimassenschneidens. Obwohl sie mittlerweile eine sehr attraktive Frau in ihren Dreißigern ist, blieb dieser

Satz bis heute als eine Art Killerphrase in ihrem Geist verankert. Egal, wie viele Komplimente sie für ihre Schönheit bekommt, sie ignoriert sie, überhört sie oder verzerrt sie dahingehend, dass sie dem Gegenüber unterstellt, mit dem Kompliment etwas bei ihr erreichen zu wollen. Besonders, wenn es um Männer geht.

Das ist ein vergleichsweise harmloser Fall und doch erkennt man hier gut, wie schnell selbst in sonst liebevollen Beziehungen bleibende Verletzungen entstehen können. Wie sieht es da erst aus, wenn jemand weniger liebevolle Eltern hatte! Hier entstehen so viele verletzende Situationen, muss ein Kind so viel ertragen und entbehren, dass sich über die Jahre zahlreiche Vorwürfe gegenüber den Eltern ansammeln können. Diese Vorwürfe bleiben häufig unausgesprochen.

Andere bringen sie zum Ausdruck in der Hoffnung, die Eltern würden dadurch ihre Fehler erkennen, sie zugeben und die Kinder um Verzeihung bitten. Leider geschieht das jedoch in den seltensten Fällen. Einerseits, weil die Eltern sich nicht verändert haben und auch nicht plötzlich altersweise oder -mild geworden sind. Andererseits sicherlich, weil viele Eltern zu viel Angst vor dem Schuldberg haben, den sie angehäuft haben. Würden sie sich und anderen gegenüber eingestehen, welche Fehler sie gemacht haben, könnten sie – so die unbewusste Befürchtung – mit der destabilisierenden Schuld nicht umgehen.

Leugnen und Verdrängen ist für Eltern häufig der sicherer erscheinende Weg, mit der Vergangenheit umzugehen.

Sich mit Vorwürfen an die Eltern zu wenden in der Hoffnung auf Einsicht und Entschuldigung, hat noch einen entscheidenden Effekt. Es verleiht den Eltern weiterhin Macht. Denn es hängt dann von deren Reaktion ab, ob wir innerlich zur Ruhe kommen können oder nicht. Gestehen die Eltern ihre Fehler ein, so glauben wir, würde uns das Genugtuung verschaffen. Tun sie es nicht, sitzen wir in der Falle und nichts hat sich geändert. Außer vielleicht, dass wir die Erlösungsfantasie nicht mehr aufrechterhalten können, es könnte unser Leben irgendwie verbessern, wenn die Eltern wegen vergangener Fehler reumütig zu Kreuze kriechen würden.

ZWEI ARTEN, DIE WAHRHEIT ZU SAGEN

Wenn wir unsere Wahrheit einem anderen gegenüber aussprechen, dann gibt es immer eine Art, die uns an den anderen gebunden hält, und eine Art, die befreit. Gebunden hält uns, wenn wir beim Sprechen unserer Wahrheit auf die Reaktion des anderen schauen.

Hingegen befreit uns, wenn wir unsere Wahrheit sprechen, einfach um unsere Wahrheit zum Ausdruck zu bringen, unabhängig davon, was der andere dazu sagt oder wie er sich verhält. Diese Art hat unser inneres Gleichgewicht im Blick und sonst nichts. Was der andere antwortet oder wie er reagiert, ist dafür nicht wichtig. Wir sagen, was wir zu sagen haben, damit es »raus ist« aus unserem System. Es auszusprechen hat eine Ventilfunktion. Wir sagen es als Ausdruck dessen, wer wir sind und was uns wichtig ist. Wenn der andere in unserem Sinne positiv darauf reagiert: schön. Wenn er es nicht tut: auch schön. Es ging nie um den anderen.

UNAUSGESPROCHENE ZUNEIGUNG UND DANKBARKEIT

Genauso häufig kommt es vor, dass zum Zeitpunkt des Todes eines Elternteils versäumt wurde, das Positive auszusprechen, das eigentlich hätte gesagt werden wollen. Den meisten Menschen fällt es leichter, Vorwürfe zu formulieren und aus Wut oder verletztem Stolz Dinge zu sagen, die sie eigentlich gar nicht so meinen, als das auszusprechen, was zur Ehre des anderen beitragen würde. Vielleicht liegt es an der merkwürdigen Vorstellung, wir würden unsere vermeintlich starke Position verlieren, wenn wir ehrlich anerkennen, was der andere für uns getan hat.

Dieses Denken entspringt einem weitverbreiteten Konkurrenzmodell und es ist auf den ersten Blick ersichtlich, wie abwegig es im Grunde im Hinblick auf unsere Eltern oder unsere eigene Gegenwartsfamilie ist. Und doch bereitet es den meisten unsagbare Probleme, den eigenen Eltern in die Augen zu sehen und zu sagen: »Ich liebe dich und ich danke dir für alles, was du mir gegeben hast.«

Möglicherweise befürchten wir auch, dass wir dann keine Kritik mehr üben dürften an dem, was nicht in Ordnung war aus unserer Sicht. Als gäbe es nur das eine oder das andere. All dies entspringt einer kindlichen Schwarz-Weiß-Sicht der Dinge, kindlichem Denken also, das ganz typisch für unser Verhaftetsein in unserem Kind-Ich-Zustand ist. Befinden wir uns hingegen in unserem Erwachsenen-Ich, so sind wir besser in der Lage, das gesamte Bild zu sehen: unsere Eltern, wie sie wirklich waren – soweit uns das möglich ist. Mit all ihren guten und schlechten Seiten, mit ihren Stärken und Schwächen.

Jeder Mensch hat ungezählte Facetten. Da sind unsere Eltern keine Ausnahme, doch neigen wir als Kinder dazu, uns ein überaus einseitiges Bild von ihnen zu machen und dieses dann oft für den Rest unseres Lebens beizubehalten.

Wahrscheinlich gibt es wenige Menschen, von denen wir einseitigere Bilder haben als von den Eltern. Noch dazu verlieren sich diese kindlichen Bilder gern in Extremen. Entweder stark überidealisierend oder stark verurteilend. Manchmal auch schwankend zwischen den Polen, doch selten beide vereinend.

So ist es nicht verwunderlich, dass vieles unausgesprochen bleibt. Auch weil es zahlreiche innere Hürden gibt, schieben wir es auf und meinen, irgendwann sagen wir unseren Liebsten schon noch, was sie uns eigentlich bedeuten. Der richtige Zeitpunkt kommt nie, was im Umkehrschluss bedeutet: Jeder Zeitpunkt ist gut genug.

SAGEN, WAS DU SAGEN MÖCHTEST

Solltest du das Glück haben, dass deine Eltern – oder zumindest ein Elternteil – noch leben, und es gibt etwas Gutes, das du ihnen sagen möchtest, dann tue dir selbst den Gefallen und mache es. Ich weiß, wie viel Überwindung es kosten kann. Wie schwer es fallen kann, den Blick dabei zu halten und diese Intensität ertragen zu müssen. Aber ich wünsche dir von Herzen, dass du nicht eines Tages zu den Menschen gehörst, wie ich sie immer wieder in meiner Praxis habe, die zutiefst bereuen, nicht gesagt zu haben, was es zu sagen gab, als noch Zeit war.

UNSER ERSTARRTES BILD VON DEN ELTERN

Das Bild, das wir uns als Kinder von unseren Eltern gemacht haben, verändert sich selten mit der Entwicklung der Eltern mit. Es bleibt starr und passt sich nicht den natürlichen Veränderungen, denen wir alle im Laufe unseres Lebens unterliegen, an. Besonders drastisch wirkt sich das aus, wenn unsere Eltern bereits verstorben sind. Insbesondere dann, wenn sie relativ früh verstorben sind. Wir erleben dann nicht mehr mit, wie unsere Eltern ihre Einstellungen, Meinungen und Gefühle zu bestimmten Dingen und teilweise auch ihre Verhaltensweisen verändert hätten. Die Meinungen, die sie zu uns wichtigen Dingen hatten, stehen wie in Stein gemeißelt vor uns.

Vielleicht hatte unser Vater seinerzeit eine bestimmte politische Ansicht, die er selbst wiederum von seinem Vater und aus dessen Zeit übernommen hat. Diese Meinung hätte sich im Laufe seines weiteren Lebens ändern können, so wie vieles sich im Zeitgeist ändert. Ist er vorzeitig verstorben, hatten wir keine Gelegenheit, dies mitzuerleben. Vielleicht hat er Arbeit sein Leben lang an die erste Stelle gesetzt, weil er dachte, das sei das Wichtigste im Leben. Hätte er seinen Herzinfarkt überlebt, würde er vielleicht anders auf dieses Thema blicken und sich fragen, wofür die viele Arbeit eigentlich gut sein soll, wenn man dadurch seine Gesundheit riskiert und das eigentliche Leben verpasst.

Möglicherweise fand deine Mutter es immer unsagbar wichtig, dass du eine gute Hausfrau bist und deine Wohnung immer tadellos in Schuss hältst, und hat dich oft dafür kritisiert, wenn sie es nicht war. Ist sie frühzeitig verstorben, hattest du keine Chance zu erleben, dass sich ihre Meinung vielleicht geändert hätte im Laufe ihres Lebens. Ob diese Änderungen eingetreten wären, wissen wir nicht.

Wirf allein einmal einen Blick auf dein eigenes Leben. Wie oft hat sich schon deine Meinung zu bestimmten Themen geändert? In kleinen wie in großen Dingen. Vielleicht waren Puppen oder Spielzeugautos mal dein liebstes Hobby und heute findest du Puppen gruselig oder kannst mit Spielzeugautos nicht mehr das Geringste anfangen. Eventuell wolltest du früher nie heiraten oder Kinder bekommen und heute ist deine kleine Familie einfach alles für dich. Wir alle ändern uns permanent, meist ohne dass wir es bewusst mitbekommen. So wäre es mit einiger Sicherheit auch deinen Eltern ergangen, hätten sie weitergelebt.

Das gilt auch für das, was deine Eltern früher an dir und deiner Lebensweise missbilligt haben. Ich kenne unzählige Beispiele, in denen Eltern zu einem späteren Zeitpunkt das, was sie einst an ihren Kindern kritisiert haben, als einige ihrer bemerkenswertesten Eigenschaften ansehen. Vor allem dann, wenn sie erlebt haben, dass diese Lebensweise für ihre Kinder wirklich gut funktioniert. Vielleicht sogar besser als das, was sie einmal für die bestmögliche Lebensweise für sie gehalten haben. Denn ein nicht geringer Teil der Missbilligung von Ansichten, Lebens- und Verhaltensweisen ihrer Kinder seitens der Eltern ist nichts anderes als die Angst, dass die eigenen Kinder mit ihrer Art auf die Nase fallen könnten. Oft kommen Eltern zur Ruhe, wenn sie erleben, dass ihre Kinder trotz völlig anderer Herangehensweise an das Leben wunderbar zurechtkommen.

So kannst du ein neues, vielseitiges Bild erschaffen

Für einen heilsamen Blick auf unsere verstorbenen Eltern ist es wichtig, dass wir uns zumindest für die Option öffnen, dass sie sich hätten weiterentwickeln können. Dass sie heute vieles anders betrachten und auch anders machen würden, als wir es in unserem erstarrten Bild von ihnen wahrnehmen. Und auch wenn unsere Eltern noch leben, stülpen wir ihnen häufig noch das Bild über, das wir uns von ihnen als Kinder gemacht haben, und bemerken die Veränderungen nicht, die bereits stattgefunden haben. Hier kann es sehr hilfreich sein, von Zeit zu Zeit mal im Geiste einen Schritt zurückzutreten und zu versuchen, einen möglichst neutralen und objektiven Blick auf die Eltern zu werfen. Um das Verhalten deiner Eltern im Kontext ihrer Zeit, Lebensumstände und ihrer eigenen Erziehung, Entwicklung und übernommenen Werte zu betrachten, kannst du die Übung 3 machen, »Das Gesamtbild vervollständigen« (Seite 220).

DER ABGRUND, DER ZUM ERWACHSENWERDEN FÜHRT

Dass es nicht immer leicht ist, wirklich erwachsen zu werden, habe ich schon am Beginn dieses Buches angesprochen. Die entscheidenden Schritte dazu musst du selbst machen, aber ich möchte dich so weit wie möglich dabei begleiten und dich mit dem Weg bis an die Schwelle so weit vertraut machen, dass du den Absprung jederzeit wagen kannst, sobald für dich der richtige Zeitpunkt gekommen ist. Ob dieser Zeitpunkt dann gegen Ende deiner Buchlektüre kommt oder erst Jahre später, ist dabei nicht wichtig. Alles hat seine Zeit.

DER WUNSCH ZU LÖSEN, WAS WIR FRÜHER NICHT LÖSEN KONNTEN

Wir alle tragen die Hoffnung in uns, dass die Vergangenheit weniger schlimm oder sinnlos wäre, wenn es uns gelänge, heute zu lösen, was wir damals nicht lösen konnten – wenn wir

- ◇ doch noch irgendwie die Zustimmung unserer Eltern erwerben könnten.
- ◇ sie davon überzeugen könnten, dass wir recht und sie unrecht hatten.
- ◇ unseren alkoholkranken Partner zu retten versuchen, wenn das schon bei unserem Alkoholiker-Vater nicht gelang.
- ◇ als Arzt oder Ärztin Leben retten, weil wir früher unserer krebskranken Mutter nicht helfen konnten.

- ◇ Karriere machen und viel Geld verdienen, um unseren Eltern zu beweisen, dass wir es entgegen ihren Entwertungen uns gegenüber doch zu etwas gebracht haben.
- ◇ alles dafür tun, dass unsere eigenen Kinder es besser haben als wir damals mit unseren Eltern, und wir das Spiel »Ich bin der bessere Vater, die bessere Mutter« spielen, um damit zu beweisen, dass es geht und unsere Eltern es gekonnt hätten, wenn sie nur gewollt hätten.
- ◇ uns immer wieder Partner auswählen (oder »zufällig« immer wieder an den gleichen Typ geraten), die emotional genauso unnahbar sind, wie wir unseren gegengeschlechtlichen Elternteil erlebt haben, und versuchen, es bei unserem Partner sozusagen stellvertretend zu schaffen, dass wir ihm wichtig sind.
- ◇ weiterhin das destruktive Verhalten unserer Eltern uns gegenüber rechtfertigen und mit Gründen untermauern, die es in seiner Bedeutung mildern sollen, weil die Wahrheit zu erkennen zu schmerzhaft für uns wäre.

Diese Liste ließe sich beinahe endlos fortsetzen. Allen Punkten gemeinsam ist, dass wir in der Gegenwart zu lösen versuchen, was eigentlich in die Vergangenheit gehört, und dadurch an diese gebunden bleiben.

Egal, wie viele lieblose Partner wir dazu bekommen, uns anzuhimmeln – es wird den Schmerz nicht heilen, dass unser eigener Vater uns damals nicht geliebt hat. Egal, wie erfolgreich wir werden, es wird nichts daran ändern, wie sehr wir als Kinder darunter gelitten haben, dass unsere Eltern uns nichts zutrauten. Egal, wie viele Leben wir heute in unserem Beruf retten, es ändert nichts daran, dass wir das unserer Mutter nicht retten konnten. In diese Kategorie fallen auch sämtliche Versuche, durch unsere heutigen Erfolge oder unser nach wie vor bravkindliches Verhalten irgendwann doch noch die Zustimmung der Eltern zu bekommen.

Das gelingt den wenigsten und die, denen es nicht gelingt, sind meist glücklicher, denn sie haben noch die Hoffnung, dass sich ihr Lebensgefühl dramatisch zum Positiven ändern würde, wenn sie es endlich doch schaffen, die Anerkennung der Eltern zu erwerben.

Auch die größte Zustimmung seitens der Eltern ändert heute nicht viel am Lebensgefühl, wenn du innerlich noch an die alten Muster gebunden bist und dein inneres Kind, das in der Vergangenheit lebt, sich ungeachtet der äußeren Veränderungen immer noch in denselben Konflikten mit den inneren Eltern befindet wie eh und je.

Neben dem Wunsch, durch stellvertretende Lösungen in der Gegenwart die Vergangenheit doch noch umzuschreiben, spielen besonders zwei Tendenzen eine wichtige Rolle. Auch sie müssen wir ein für alle Mal hinter uns lassen, wenn wir den Abgrund überqueren wollen, der uns vom emotionalen Erwachsensein trennt.

- ◇ Es ist zum einen das Bedürfnis, das elterliche Verhalten zu rechtfertigen, weil die Wahrheit zu sehr schmerzen würde.
- ◇ Zum anderen sind es Ansprüche gegenüber den Eltern, weil wir glauben, sie würden uns noch etwas schulden, und die uns wie mit einer Eisenkette an sie binden.

Vergangenes Verhalten rechtfertigen, um es erträglicher zu machen

Wenn sich die Eltern uns gegenüber destruktiv verhalten haben, reagieren viele von uns heute ähnlich wie Co-Abhängige. Wir rechtfertigen und rationalisieren das Verhalten von damals, indem wir es mit Gründen untermauern, die es in der Schwere seiner Bedeutung abmildern sollen. Das Problem dabei ist, dass wir uns selbst belügen, und ein Teil von uns weiß das. Kopfhirn und Bauchhirn stimmen nicht miteinander überein, was uns ein ungutes Gefühl vermittelt.

Gleichzeitig schwächen wir die Grundlage für unsere eigenen angemessenen Gefühle, da wir weniger recht zu haben scheinen, so heftige Gefühle angesichts dessen zu haben, was damals geschehen ist, wenn wir den anderen in Schutz nehmen, indem wir ihm beispielsweise bessere Motive unterstellen, als vielleicht tatsächlich vorhanden waren. Wir setzen uns ungewollt selbst ins Unrecht und regulieren unser Gefühlsleben nach, damit es wieder ins Schema passt. Wie wir es schon immer getan haben. Die Bandbreite ist groß. Ganz typisch sind solche Beispiele:

- »Mein Vater hat uns ja nur geschlagen, wenn er getrunken hat. Eigentlich war er nicht so. Es war der teuflische Alkohol, der hat ihn verändert. Ich glaube, er hat selbst am meisten darunter gelitten, wenn er uns geschlagen hat.«
- »Ich glaube, meine Mutter hat mich schon irgendwie geliebt. Sie konnte es nur nicht zeigen, weil sie es selbst nie erlebt hat.«
- »Mein Vater war ein sehr kalter und unzugänglicher Mann. Er hat uns nie in den Arm genommen und sich von uns siezen lassen. Aber nach dem, was ich über seine eigene Kindheit weiß, konnte er wahrscheinlich gar nicht anders.«
- »Vielleicht wollte meine Mutter gar nicht so streng sein. Sie hat es selbst immer sehr schwer gehabt und diese Härte hat ihr vermutlich geholfen, ihr eigenes Leben zu überstehen. Wenn sie mich so lieblos behandelt hat, wollte sie mich bestimmt nur stark für mein eigenes Leben machen, weil sie mich im Grunde ihres Herzens geliebt hat.«

Es gibt einen feinen Unterschied, ob wir uns mit solchen Sätzen selbst belügen und für unsere Gefühle in Bezug auf die Eltern ins Unrecht setzen und damit alles noch schlimmer machen oder ob wir damit die Vergangenheit in einen größeren Kontext einordnen, der uns hilft, die Dinge realistischer zu sehen. Der Unterschied liegt in der Art, wie wir uns fühlen, wenn wir solche Sätze sagen oder denken. Meinen und fühlen wir auf allen Ebenen, dass es ganz genau so war, wie wir sagen? Dann helfen solche Gedanken. In allen anderen Fällen schwächen sie, da sie von der Wahrheit wegführen, der wir uns bisher nicht stellen wollten.

In der Tat tun Menschen manchmal schlimme Dinge aus guten Motiven oder weil sie es aufgrund ihrer eigenen Geschichte einfach nicht besser können. Anzuerkennen, dass auch unsere Eltern »gewordene Wesen« sind und hinter schlechten Taten vielleicht gute Absichten stehen, bedeutet keinesfalls, dass wir nicht dennoch traurig, enttäuscht oder wütend sein dürfen über deren Verhalten. Heilung liegt hier im Sowohl-als-auch und nicht im Entweder-oder.

FRAGEN, DIE WEHTUN

Was, wenn deine Eltern dich wirklich nicht geliebt haben? Ohne Begründung, ohne Rechtfertigung. Welche implizite Aussage würdest du daraus über dich selbst und deinen Wert als Mensch in dieser Welt ableiten? Was, wenn dein Vater dich geschlagen hat und es ihm gar nichts ausgemacht hat, weil er sein Verhalten als absolut berechtigt angesehen hat? Wie lebt es sich als jemand, den nicht mal seine eigenen Eltern wirklich geliebt haben?

Diese Fragen gehören mit zu den schmerzlichsten, die wir uns überhaupt stellen können. Kein Wunder also, dass wir alles tun, um sie zu vermeiden. So nimmt sich das Leben vieler Betroffener wie ein permanenter Versuch der Selbstrechtfertigung aus, um sich und manchmal anderen doch noch irgendwie ihre Daseinsberechtigung in diesem Leben zu beweisen. Das ist starker Tobak, denn es beeinflusst unser Selbstverständnis bis ins Mark.

Bei dem Abgrund, der sich bei so schmerzhaften Fragen vor uns auftut, scheinen wir manchmal regelrecht in ein alles verschlingendes schwarzes Loch zu blicken. Und gleichzeitig liegt darin auch eine riesige Chance, bei uns selbst anzukommen und die Wahrheit zu erkennen, dass unser eigener Wert nicht von anderen definiert werden kann, auch nicht von unseren eigenen Eltern. Dass das, was sie getan oder nicht getan haben, mehr mit ihnen selbst und ihrer eigenen Geschichte zu tun hatte als mit uns. Noch einmal: Das ist nicht als Rechtfertigung gemeint.

Dein Wert als Mensch ist unantastbar. Er kann von niemandem gemessen, erhöht oder erniedrigt werden. Niemand konnte ihn je zerstören oder auch nur ankratzen, selbst wenn es sich so anfühlen mag. Dein Gefühl zu dir selbst kann sich sehr wohl ändern, dein eigentlicher Wert nicht.

Die Psychotherapeutin Danie Beaulieu verwendet hierbei eine sehr einprägsame Technik, um Klienten diesen Zusammenhang greifbar zu vermitteln. Dazu zeigt sie ihrem Gegenüber einen 20-Euro-Schein und fragt nach dem Wert des Scheins. Selbstverständlich ist die Antwort darauf immer »20 Euro«. Im Anschluss wird auf dem Schein herumgetrampelt, er wird zerknüllt, geschlagen, beschimpft, bespuckt und wieder ein wenig glatt gestrichen. Daraufhin folgt die gleiche Frage: »Und was ist nun der Wert dieses Scheins?«

Natürlich ist er immer noch genauso viel wert wie zuvor. Häufig sitzen Menschen, die diese Mini-Intervention in der Tiefe erreicht, mit offenem Mund da, denn diese einfache Erfahrung zwingt uns, den Zusammenhang zwischen dem, wie man uns behandelt hat, und unserem wahren Selbstwert zu überdenken. Wir stellen fest, dass das eine nichts mit dem anderen zu tun hat, sondern allenfalls unser Gefühl zu uns verändern kann.

Weiter Ansprüche an die Eltern hegen, anstatt innerlich frei und erwachsen zu werden

Dies ist einer der wichtigsten Punkte beim inneren Erwachsenwerden. Man kann ihn in seiner Bedeutung gar nicht überschätzen – dennoch findet er viel zu wenig Beachtung.

Fast alle von uns haben irgendwo im Hinterkopf den Gedanken, unsere Eltern würden uns etwas schulden. Vielleicht, weil sie uns nicht die Liebe gegeben haben, die wir unserer Meinung nach gebraucht hätten. Oder weil sie ihre Liebe nicht so gezeigt haben, wie wir es uns gewünscht hätten. Möglicherweise auch, weil sie uns aktiv schlimme Dinge angetan haben: uns vor anderen bloßgestellt, uns beschimpft, gezüchtigt, geschlagen, zu streng erzogen haben, sich nicht ausreichend für uns interessiert oder sich unserer Ansicht nach nicht angemessen um uns gekümmert haben …

Vielleicht sind wir der Ansicht, sie hätten, als wir noch Kinder waren, nicht unseren Wünschen entsprochen, sich undankbar gezeigt oder seien zu sehr in ihren eigenen Themen verstrickt gewesen, als dass sie uns die nötige Beachtung hätten schenken können. Oder wir mussten zu früh zu viele Pflichten übernehmen oder uns wurden als halb Erwachsenen immer noch keine angemessenen Freiheiten zugestanden. Möglicherweise haben die Eltern ihre schlechte Laune an uns ausgelassen oder uns mit Schuldgefühlen manipuliert. Manche Kinder wurden sexuell missbraucht, körperlich misshandelt oder fast umgebracht. Diese Liste ließe sich noch ein Stück weit fortsetzen.

Aus all dem kann das Gefühl entstehen, dass uns etwas vorenthalten wurde. Dass es zu viel von dem gab, was gar nicht hätte da sein dürfen, und zu wenig bis gar nichts von dem, was hätte da sein sollen. Und das gilt in vielen Fällen selbst dann noch, wenn wir unseren natürlichen kindlichen Narzissmus abziehen, der uns glauben lässt, unsere Eltern seien dann gut, wenn sie tun, was wir wollen, und böse, wenn sie es nicht tun oder gar Dinge tun, die wir nicht wollen.

Das Gefühl, dass man uns die glückliche Kindheit vorenthalten hat, die wir eigentlich hätten haben sollen, ist nicht falsch. Es stimmt nur nicht mit der Wirklichkeit überein, wie wir sie erlebt haben. Und noch weniger mit der Wirklichkeit, wie sie tatsächlich war. Und alles, was uns von der Wahrheit wegbringt, verursacht auf die eine oder andere Weise Leiden.

Viele schaffen es auf dem Weg ihrer Befreiung bis zu der Stufe, auf der sie es aufgeben, es ihren Eltern immer noch recht machen zu wollen, um doch noch deren Zuspruch und Zustimmung zu erheischen. Doch der Anspruch, dass wir im Recht und unsere Eltern im Unrecht waren, verhindert, dass wir unseren Frieden mit dem machen, was gewesen ist und sich nicht mehr ändern lässt. Er führt sogar in vielen Fällen dazu, dass Menschen sich immer wieder neue Frustrationen im Umgang mit ihren Eltern einhandeln, weil sie nicht aufhören können zu versuchen, die eigenen Eltern doch noch dazu zu bringen, einzusehen, wie viel Mist sie aus Sicht der Kinder gebaut haben.

Der Anspruch, unsere Eltern würden uns indirekt etwas schulden, bindet uns mindestens so stark an die Eltern, wie es Liebe und Hass tun. Er ist wie die tonnenschwere Ankerkette eines Schiffes, die es selbst beim stärksten Sturm an Ort und Stelle hält und ein Losreißen verhindert. Solange wir ihn aufrechterhalten, werden wir niemals frei sein.

Insgesamt ist es für Betroffene meistens ernüchternd, wenn sie feststellen, dass die Einsicht der Eltern, in vielem im Unrecht gewesen zu sein, ihr Lebensgefühl nicht wesentlich verändert. Mit der Hoffnung, dass dies der Fall sein könnte, wenn es irgendwann endlich so wäre, fällt auch eine große Krücke weg, mit der wir die Gegenwart erträglicher gestaltet haben.

SIND ELTERN LERNFÄHIG?

Manche Eltern sind es. Meist sehen die Eltern es trotz aller Bemühungen der Kinder jedoch nicht ein. Es würde auch zu viel in ihrem eigenen Leben destabilisieren. Selbst wenn sie später merken, dass sie einiges falsch gemacht haben, könnte dies zuzugeben ihr Leben mehr erschüttern, als sie sich zu verkraften zutrauen – selbst bei denen, die es einsehen, sofern es überhaupt etwas einzusehen gibt, was ja objektiv nicht immer der Fall sein muss.

Viele könnten nicht mit der Schuld leben, die sie auf sich geladen haben. Deshalb ist es sicherer für sie, sie nicht einzusehen. Das ist zwar schade für ihre eigene Entwicklung, aber zumindest nachvollziehbar.

Für die Kinder ändert sich, wie bereits erwähnt, durch die Einsicht der Eltern übrigens erschreckend wenig. Manchmal macht diese jedoch einen neuen und zugewandteren Umgang im Außen noch möglich, was an sich einen hohen Wert hat. Auch dies gelingt viel leichter, wenn wir als Kinder unseren Anspruch aufgeben. Der Umgang wird freier, die Vergangenheit kann eher integriert werden. Wir können eine gemeinsame konstruktive Vorgehensweise finden. So wird die Gegenwart nicht weiter mit der Schwere der Vergangenheit belastet.

In einigen Ausnahmefällen ist jedoch so viel Porzellan zerschlagen worden, dass selbst die späte Einsicht der Eltern kein konstruktives Miteinander mehr ermöglicht. Dann ist es besser, den Kontakt auf ein Minimum zu beschränken oder ganz einzustellen. Das aber nur, wenn es gar nicht anders geht.

Die angesammelten Ansprüche aus der Vergangenheit falle lassen, erfordert innere Größe. Es kann schnell so wirken, würden wir resignieren und den Eltern rückwirkend doch n eine Absolution für ihr destruktives Verhalten uns gegenüber erteilen. Vielen kommt es auch zunächst so vor, als würden sie die Bedeutung der Wunden, die man ihnen geschlagen hat, mit dem Aufgeben der Ansprüche selbst nicht mehr ernst nehmen. Als wäre das alles gar nicht so schlimm gewesen. Doch darum geht es nicht.

Die Ansprüche fallen zu lassen bedeutet, dem Leid, das schon entstanden ist, nicht immer wieder weiteres unnötiges Leid hinzuzufügen, indem wir einfach nicht die mental-emotionale Hand von der Gurgel unserer Eltern entfernen wollen.

Was die Eltern betrifft, so ist es für sie meist viel schwerer, sich selbst zu verzeihen. Denn wenn erst einmal die Kinder aufhören, sie anzufeinden und ihnen Vorwürfe zu machen, und die Eltern sich nicht mehr permanent in einer Verteidigungs- und Rechtfertigungsposition befinden, sind sie auf sich zurückgeworfen und müssen mit dem, was sie getan haben, selbst zurechtkommen. Sollte dadurch, dass du sie nicht mehr anklagst, eine neue Art der Begegnung möglich werden, kannst du ihnen vielleicht sogar bei der Bewältigung helfen, wenn du es möchtest. Auch das kann das Band zwischen Eltern und Kindern stärken. Oft muss das alte Gleichgewicht erst aufgegeben oder verloren werden, bevor alles seine neue, höhere Balance wiederfinden kann.

Hierbei kann es durchaus zu einer Übergangs- und Anpassungsphase kommen, die in ihren Ausprägungen stark schwanken kann. Ähnlich wie bei einer Trauerphase müssen hier enorme Anpassungsleistungen von allen Familienmitgliedern vorgenommen werden. Dabei ist es normal, dass zwischenzeitlich auch immer mal wieder eine Ehrenrunde im alten Verhalten gedreht wird. Auch das gehört zum Einpendeln. Doch da die Reaktionen der anderen Beteiligten hier in der Regel anders ausfallen werden als früher, werden die »Rückfälligen« gezwungen, ihr Verhalten so lange anzupassen, bis ein neues funktionierendes Miteinander gefunden wird. Doch auch dann bleibt das Zusammensein häufig ein Auf und Ab.

DAS LEBEN IST KEIN PONYHOF

Es gehört zu den größten Irrtümern bei dominanten Problemen, dass wir häufig glauben, wenn dieses eine Thema endlich gelöst wäre, dann wäre unser Leben ein einziger Urlaub. Doch das Leben gleicht dem Wellenreiten. Selbst wenn es gelingt, eine neue und würdevollere Beziehung mit den Eltern zu etablieren, kann es immer wieder Streitigkeiten oder Meinungsverschiedenheiten geben. Das ist ganz normal. Das macht ja auch unsere Vielfalt aus und kann eine Bereicherung sein, wenn man konstruktiv damit umgeht.

Entstehen erneut Auseinandersetzungen, so ist es wichtig, nicht sofort in Panik zu verfallen und zu meinen, dass sich anscheinend doch nichts geändert hat. Worauf es jetzt ankommt, ist die Art des Umgangs während und nach dem Streit oder der Meinungsverschiedenheit, und dass die Würde der Beteiligten gewahrt wird.

Achte auch auf Details und Nuancen: Kommt ihr schneller wieder aus einem Streit heraus als zuvor? Habt ihr weniger Streitereien? Beziehen sich die heutigen Meinungsverschiedenheiten auf andere Themen? Gibt es im Nachhinein auch mal eine Entschuldigung? Von wem? Wer beendet den Streit? Ist die Tonlage während des Streits respektvoller als zuvor? Werden die einzelnen Parteien weniger persönlich als früher? Und so weiter.

Es geht ja nicht darum, Auseinandersetzungen um jeden Preis zu vermeiden, wenn es Dinge zu klären gibt, sondern vielmehr eine vernünftige und von gegenseitigem Respekt getragene Streitkultur zu etablieren, die auch berücksichtigt, dass Menschen Emotionen und eigene Themen haben und deshalb nicht zu jedem Zeitpunkt souverän und angemessen reagieren können. Hier erkennst du übrigens auch schnell, ob du die Ansprüche aus der Vergangenheit wirklich fallen gelassen oder nur vor dir selbst und anderen so getan hast als ob.

Wenn du feststellst, dass du Sätze beginnst mit »Schon wieder …«, »Es hat sich nichts geändert …«, »Das ist typisch …« oder so etwas zumindest denkst, dann weißt du, dass du in einer kleinen, dunklen Kammer im Hinterkopf immer noch Ansprüche aufbewahrst. Das macht nichts. Es ist menschlich. Du solltest dir dessen nur bewusst werden und es aufmerksam beobachten. Mehr ist in solch einem Fall meistens nicht nötig, denn die Aufmerksamkeit und das achtsame Beobachten transzendieren das alte Material mit der Zeit. Es wird durchsichtig, verliert an Schwere, ist weniger ernst. Und wir stellen fest, dass es an uns liegt, wie tief wir uns darauf einlassen wollen. Wir haben die Freiheit zu entscheiden, dass wir ein altes Fass nicht aufmachen, sondern einfach geschlossen im Schrank stehen lassen.

Von Viktor Frankl stammt der wunderschöne Satz: »Man muss sich von sich selbst ja nicht alles gefallen lassen.«

In den meisten Fällen gibt es eine Mitbeteiligung seitens der Kinder. Bist du dir beispielsweise wirklich sicher, dass du unvoreingenommen auf deine Eltern reagierst? Gehen heutige Streitigkeiten wirklich immer nur von deinen Eltern aus? In den meisten Fällen müssen wir erkennen, dass nicht selten auch wir der Urheber oder die Urheberin heutiger Probleme mit unseren Eltern sind. Zumindest sind wir häufig mitbeteiligt an ihrer Entstehung. Kannst du es beispielsweise nicht lassen, in Gegenwart deines Vaters über Politik zu reden, obwohl du weißt, dass dieses

Thema einem emotionalen Pulverfass zwischen euch gleicht? Oder lässt du deine Mutter gar nicht mehr ausreden, weil du denkst, dass du ohnehin schon weißt, was sie jetzt gleich wieder sagen wird?

Hier macht es übrigens nicht den geringsten Sinn, vom Standpunkt der Schuld aus auf das Thema zu schauen, sondern man sollte einfach nur nüchtern die Zusammenhänge beobachten. Auch wir sind in dem Bühnenstück ein Teil des Ensembles, das wir Herkunftsfamilie nennen. Selbst wenn wir scheinbar aktiv nicht viel dazu beigetragen haben, so liegt unsere Freiheit doch immer und zu jeder Zeit zumindest darin, wie wir uns zu dem, was (gewesen) ist, innerlich stellen. Welche Haltung wir dazu einnehmen.

Hier kann die Frage hilfreich sein: »Wofür kann ich das, was ist, am besten nutzen, um Gutes daraus entstehen zu lassen?« Ich persönlich ziehe sie der Frage »Wo ist das Gute im Schlechten?« vor, da sie zukunftsorientierter ist. Außerdem nötigt sie uns nicht ab, unbedingt etwas Gutes in dem sehen zu müssen, was gewesen ist, da dieses manchmal sehr schwer zu finden oder schlichtweg nicht vorhanden ist.

DIE REALEN ELTERN UND DER WUNSCH NACH DEM ARCHETYP DER LIEBENDEN ELTERN

Uns alle verbindet der Wunsch nach Nestwärme und Geborgenheit, nach einem liebevollen Zuhause und fürsorglichen Eltern, denen unser Wohl von Natur aus am Herzen liegt. Doch was, wenn die Eltern, die wir haben, diesem Bild so gar nicht entsprechen? Wenn sie uns nicht geben konnten oder wollten, was wir dringend zum Gedeihen gebraucht hätten?

Resilienz – das ist die Fähigkeit, sich auch an widrige Umstände anzupassen und immer wieder einen Weg zu finden, irgendwie weiterzumachen.

Die gute Nachricht ist, egal, was deine Eltern dir angetan oder vorenthalten haben, du bist immer noch hier und liest diese Zeilen. Selbst wenn du Eltern gehabt haben solltest, die dir wirklich übel zusetzen wollten: Es gibt dich noch. Das klingt so selbstverständlich, ist es aber nicht. Ungeachtet dessen, wie viele Probleme und Symptome du heute vielleicht mit dir herumschleppst, ist da auch jede Menge Resilienz.

Sehnsucht nach den »schrecklichen« Eltern

In der Praxis zeigt sich in vielen Fällen, dass selbst Menschen, deren Eltern ihnen Schlimmstes angetan haben, immer wieder auch den Wunsch verspüren können, den eigenen Eltern irgendwie »nahe« zu sein. Dieses Nahesein kann die verschiedensten Formen annehmen. In einem mir bekannten Fall fuhr ein Mann, dessen tyrannischer Vater ihn seit seiner Kindheit bei jeder Begegnung runtergeputzt und der kein gutes Haar an ihm gelassen hatte, dennoch mehrmals wöchentlich mitten in der Nacht an dessen kleiner Stadtwohnung vorbei. Nicht etwa, um Pläne auszuhecken, wie er es seinem Vater heimzahlen könnte. Er gestand ein, dass er ihn liebte und in seiner Nähe sein wollte, obwohl er gut wusste, dass es bei diesem Vater keinen rational erklärbaren Grund hierfür gab. In einem weiteren Fall rief eine Frau immer wieder bei ihren Eltern an, sagte kein Wort und legte dann wieder auf. Doch nicht, um diese zu ärgern, obwohl sie jahrelang versucht hatte, sich dies einzureden. Der wahre Grund dafür war, wie sie sich später eingestehen sollte, dass sie ihre Stimmen hören wollte. Sie vermisste sie, obwohl es auch hier keinen nachvollziehbaren Grund gab. Die Eltern hatten ihre Tochter vor Jahren verstoßen, weil sie einen Mann anderer Religion geheiratet hatte, was zum Bruch mit den strenggläubigen Eltern geführt hatte.

Andere lassen keine Gelegenheit aus, ihre Eltern zu provozieren, oder sie ergehen sich in Fantasien einer alternativen glücklichen Kindheit. Die Bandbreite ist hier wirklich weit gefächert.

Das weitaus Schlimmste sind für die Betroffenen jedoch die Selbstabwertungen, die häufig mit der Sehnsucht nach den Eltern einhergehen, wenn diese sich chronisch verletzend verhalten haben. Viele dieser Kinder leiden als Erwachsene darunter und wünschten, sie hätten dieses Bedürfnis nicht. Was natürlich dazu führt, dass es auf jede erdenkliche Art abgewehrt und oft aus dem Bewusstsein verdrängt wird. Bis es eines Tages wieder mit voller Wucht durchbricht, denn nichts lässt sich ewig unterdrücken.

Wie lassen sich diese Fälle erklären? Wie kann es sein, dass eine Frau, deren Vater sie als Kind immer wieder verbal heruntergemacht hat, dennoch ab und zu das Bedürfnis hat, von eben diesem Mann in den Arm genommen zu werden? Das Problem ist typisch für Kinder, die in destruktiven Familiensystemen aufgewachsen sind. Unser Wunsch nach Nestwärme ist nur allzu natürlich. Und die Quelle für ebendiese Nestwärme sind unsere Eltern. Oder sollten es zumindest sein. In den meisten Fällen eignen sie sich trotz aller Macken auch, um unser psychologischer Zufluchtsort zu sein, und geben trotz des vielleicht schwierigen Verhältnisses ausreichend Nestwärme, damit wir gedeihen können, wenn auch nicht immer besonders glücklich.

Wenn Nestwärme nicht von den Eltern kommen kann

Sind jedoch die Eltern selbst in der Rolle der Aggressoren uns gegenüber, sieht die Sache anders aus. Körperlicher und, oft noch schlimmer, psychischer Missbrauch seitens der Eltern hat nicht zuletzt auch deshalb besonders fatale Auswirkungen, da der psychologische Ort, den wir normalerweise zu Schutzzwecken ganz instinktiv aufsuchen würden, genau der Ort ist, von dem die Gewalt in diesen Fällen ausgeht.

Nicht nur, dass man uns Gewalt antut – der Fluchtweg ist auch verbaut. Dazu kommt, dass uns genau die Menschen Gewalt antun, die am prägendsten für unser Selbstbild sind, was einer guten Entwicklung entgegensteht.

Doch auch in diesen Fällen bleibt oft der ungestillte Wunsch nach Nestwärme. Das können solche Eltern jedoch niemals in der Weise, wie wir sie benötigen, erbringen. Mit uns ist nichts verkehrt, wenn wir missbrauchende Eltern hatten und dennoch den Wunsch verspüren, ihnen trotz allem, was sie uns angetan haben, nahe zu sein. Es ist nur bei den erforderlichen Abnabelungsprozessen notwendig, dass wir lernen, den Wunsch von seinem Objekt zu trennen.

VERURTEILE DICH NICHT FÜR DEINE WÜNSCHE

Solltest du zu denjenigen Menschen gehören, die Missbrauch seitens der eigenen Eltern erleben mussten, und du wertest dich selbst für den Wunsch ab, ihnen trotzdem manchmal nahe zu sein, hoffe ich, diese Zeilen helfen dir ein wenig. Weder an dir noch an dem Wunsch ist etwas verkehrt.

Ganz im Gegenteil. Er sollte nur auf Menschen ausgerichtet werden, die willens und in der Lage sind, dir zu geben, was du brauchst, wenn deine Eltern diese Kriterien nicht erfüllen sollten.

Es geht auch anders

Was wir brauchen, ist das, was Psychologen ein »elterliches Feld« nennen. Das ist jenes Milieu, in dem liebevoll und gut für unsere Bedürfnisse gesorgt wird. In dem wir geachtet und geschätzt werden und man uns fair und wohlwollend behandelt. Auf eine gute »elterliche« Art. Diese Erfahrungen sollten zwar im Normalfall von unseren engsten Verwandten kommen, müssen es aber nicht.

In vielen Fällen können eine liebevolle Tante, eine gute Oma oder liebe Nachbarn viele Funktionen übernehmen, die eigentlich von den Eltern hätten kommen sollen. Nicht selten entsteht zu diesen Menschen dann ein besonderes Verhältnis.

Es ist erstaunlich, wie viele Versäumnisse der eigenen Eltern von anderen Verwandten oder elterlichen Freunden im familiären Umfeld eines Menschen ausgeglichen werden können, sodass trotz Eltern, die diese Bezeichnung nur wenig verdienen, ein fast normaler Reifeprozess möglich ist.

Eltern-Archetypen

In diesem Teil des Buches möchte ich dir die häufigsten destruktiven Kommunikations- und Beziehungsmuster zwischen Eltern und ihren Kindern vorstellen. So kannst du dich und deine Eltern einer Kategorie zuordnen und die Beziehungsdynamik zwischen euch besser verstehen. Zu wissen, womit man es zu tun hat, hilft enorm dabei, sich nicht mehr so tief in diese Dynamik hineinziehen zu lassen.
Es hilft dir auch, das bedürftige innere Kind hinter dem Verhalten deiner Eltern zu erkennen. Wenn dir das im Alltag gelingt, bist du schon einen Riesenschritt weiter.

BEZIEHUNGSDYNAMIK ZWISCHEN ELTERN UND KINDERN

Eltern verzeihen ihren Kindern die Fehler am schwersten, die sie ihnen selbst anerzogen haben.

MARIE VON EBNER-ESCHENBACH

Dieser Teil des Buches kann für dich ebenso aufschlussreich wie aufwühlend sein. Bitte verstehe die Beispiele und Fallgeschichten exemplarisch. Ich habe versucht, das jeweilige Muster im Verhalten der Eltern herauszuarbeiten, ohne zu viele spezifische Details zu geben, denn das würde es schwer machen, das Wesentliche am Muster zu erkennen.

KATEGORIEN DIENEN DAZU, ETWAS ZU VERDEUTLICHEN

Die fünf verschiedenen Kategorien, die ich dir auf den folgenden Seiten vorstelle, sind:

- ◇ Liebesunfähige Eltern (Seite 80)
- ◇ Dogmatische Eltern (Seite 107)
- ◇ Schuldgefühl induzierende Eltern (Seite 130)
- ◇ Jupiter-Väter (Seite 149)
- ◇ Kastrierte Väter (Seite 167)

Die Reihenfolge stellt keine Gewichtung der Themen dar, obwohl sich sicherlich manche Verhaltensweisen der Eltern stärker auf die Entwicklung ihrer Kinder auswirken als andere. Du wirst dich und deine Eltern möglicherweise in Anteilen von mehreren Kategorien wiederfinden. So kann es sein, dass ein Elternteil Verhaltensweisen aus verschiedenen Kategorien zeigt oder dass dein Vater am besten in die Kategorie »Kastrierte Väter« passt, während deine Mutter am meisten Übereinstimmung in der Kategorie »Schuldgefühl induzierende Eltern« hat. Vielleicht zeigt auch ein Elternteil keines der hier beschriebenen Merkmale und konnte vieles ausgleichen, was vom anderen Elternteil ausging, dessen Verhalten sich eindeutig einer der genannten Kategorien zuordnen lässt.

Wenn du keinen deiner Elternteile hier einordnen kannst, gehören sie möglicherweise exotischeren Kategorien an, die ich hier aus Gründen der erforderlichen Kürze und Prägnanz nicht mit aufgeführt habe. Oder du hattest das große Glück, von zwei »normal guten« Eltern erzogen worden zu sein. Auch diese Erkenntnis am Ende dieses Buchteils hätte einen großen Wert.

Zu wissen und zu schätzen, dass die eigenen Eltern gut genug waren, ist wertvoll und doch sperren sich viele gegen diese Erkenntnis, weil sie dann einen neuen Sündenbock für ihre Opferstory benötigen.

Du solltest beim Lesen auch im Hinterkopf behalten, dass es innerhalb der verschiedenen Kategorien ein großes Spektrum an unterschiedlichen Ausprägungen gibt. Bei den Schuldgefühl induzierenden Müttern gibt es beispielsweise solche, die dieses Verhalten ab und zu mal zeigen, besonders dann, wenn es ihnen schlecht geht. Und andere, die im Grunde nie anders kommunizieren. Unter den kastrierten Vätern sind manche vollkommen lebensuntüchtig, andere wiederum haben nur ab und zu Schwierigkeiten, sich gegen die Wutanfälle ihrer Frau abzugrenzen.

Was nicht charakter- oder verhaltenstypisch ist

Einige Sonderkategorien wie »alternde beziehungsweise alt gewordene Eltern« oder »getrennte Eltern« sind bewusst nicht mit aufgeführt. Zum einen haben sie nicht direkt etwas mit bestimmten Charakterzügen und Verhaltensweisen der Eltern zu tun, sondern beschreiben übergreifend Stadien, in denen sich ein Familiensystem befinden kann. Zum anderen sind sie so komplex, dass man für eine brauchbare Darstellung ein eigenes Buch schreiben könnte.

DIE BESONDERE ROLLE DER KINDER

Auch die Widerstandsfähigkeit (Resilienz) der Kinder und deren Fähigkeit zur Selbst- und Fremdreflexion kann den Grad der Auswirkung relativieren. Es macht einen ganz erheblichen Unterschied, ob ein Kind einordnen kann, dass das Verhalten seiner Eltern hauptsächlich mit deren eigenem Charakter und eigenen Problemen zu tun hat, oder ob es sich, wie die meisten Kinder, für das Verhalten der Eltern verantwortlich fühlt oder glaubt, seine Eltern seien im Grunde mit allem, was sie tun und sagen, im Recht.

Nicht zuletzt spielt auch das Alter der Kinder, in dem die Eltern erstmalig das entsprechende Verhalten an den Tag gelegt haben, eine wesentliche Rolle. Zwar ist es in den meisten Fällen so, dass Eltern, deren Verhalten sich einer der in diesem Buch vorgestellten Kategorien zuordnen lässt, dieses mehr oder weniger unverändert über einen längeren Zeitraum beibehalten, meist ein Leben lang. Doch zeigen nicht alle dieses Verhalten von Geburt des Kindes an. Manche Charakterzüge schlummern latent in uns und werden erst später im Leben aktiviert oder zumindest verstärkt. Meist geschieht dies durch ein auslösendes Ereignis oder chronischen Stress. Dieser kann dabei sowohl äußerlich bedingt (Jobverlust, Scheidung, Alkoholismus, …) als auch innerlich bedingt sein (permanentes Grübeln, Existenzängste, unterdrückte Wut, …).

Je älter wir werden, desto schlimmer fühlt es sich an, wenn wir feststellen, dass sich unsere Lebensumstände nicht mit unserem Lebensentwurf decken und unsere Chancen immer weiter schwinden, noch das Leben zu leben, das wir uns gewünscht hätten. Da sind auch Eltern keine Ausnahme. Auch diese wachsende Unzufriedenheit mit den eigenen Lebensumständen kann bei einigen Eltern dazu führen, dass sie beginnen, ihr Verhalten auf eine ungute Weise zu verändern, unter der dann auch die Kinder leiden. Dafür braucht es nicht einmal ein auslösendes Ereignis, denn auch die täglichen kleinen Nadelstiche summieren sich auf.

VON DER ERKENNTNIS ZUM HANDELN

Wenn du durchschaut hast, was abläuft, spürst du vielleicht auch den Wunsch oder eine gewisse Verantwortung, die Dinge zum Besseren zu wenden und die Kette in eurer Familie zu durchbrechen, mit der eine bestimmte Kernverletzung von einer Generation zur nächsten weitergegeben wird, sei es durch aktives Verhalten oder latent unter der Oberfläche schwelend – was trotzdem von den eigenen Kindern aufgenommen wird, wie zahlreiche Beispiele immer wieder zeigen.

LIEBESUNFÄHIGE ELTERN

Wenn Kinder nicht spüren, dass sie geliebt werden, fehlt ihnen die gefühlte Existenzberechtigung. Wer das erleben musste, verhält sich im späteren Leben oft, als müsste er sich für sein bloßes Dasein rechtfertigen. Welche Auswirkungen das auf weitere Bereiche hat, erfährst du auf den nächsten Seiten.

1. WORAN ERKENNT MAN LIEBESUNFÄHIGE ELTERN?

Mit liebesunfähigen Eltern sind nicht diejenigen gemeint, die sich auch mal lieblos ihren Kindern gegenüber verhalten. Das tun alle Eltern von Zeit zu Zeit. Meist dann, wenn sie gerade selbst große Probleme zu bewältigen haben oder schlichtweg überfordert sind. Gemeint sind hier die Eltern, die ihre Kinder nicht lieben. Und das heißt: wirklich nicht lieben! Entweder weil sie es nicht können oder weil sie es nicht wollen. Meistens beides.

Natürlich haben wir alle im Kopf, dass Eltern ihre Kinder lieben müssen, und die wenigsten von uns können sich ernsthaft vorstellen, dass es Eltern geben soll, die keine liebevollen Gefühle oder – sogar noch schlimmer – echte Abneigung ihren Kindern gegenüber empfinden. Und doch gibt es sie.

Wie ist das möglich?

Die Gründe sind vielfältig. In manchen Fällen haben sie selbst so wenig Liebe in der Kindheit erfahren, dass sie nichts davon haben, was sie an ihre Kinder weitergeben könnten.

In anderen Fällen sind psychische Störungen für die fehlende Liebe zum Kind verantwortlich. Manche Eltern sehen in den eigenen Kindern den Sündenbock dafür, dass sie sich selbst nicht so frei verwirklichen konnten, wie sie es eigentlich gern gehabt hätten. »Wenn du nicht gekommen wärst, hätte ich zu Ende studieren können« oder »… hätte ich nicht bei deinem dämlichen Vater bleiben müssen«.

Als ob das Kind sich das ausgesucht hätte! Solche Schuldzuweisungen kommen auch noch bei einer anderen Kategorie vor, die du später noch kennenlernen wirst. Nämlich bei den Schuldgefühl induzierenden Eltern (Seite 130). Der Unterschied ist hier, dass Letztere ihre Kinder durchaus lieben und solche Aussagen nur deshalb treffen, damit sie ihre Kinder durch die damit erzeugten Schuldgefühle fester an sich binden und manipulieren können. Liebesunfähige Eltern haben bei diesen Aussagen jedoch nichts weiter im Sinn als auszudrücken: »Es wäre besser, wenn du nicht da wärst.«

In der Transaktionsanalyse nennt man so etwas eine »Sei nicht«-Botschaft, die sich vernichtend auf das Selbstwertgefühl der betroffenen Kinder auswirken kann. Sie beinhaltet die Pauschalaussage, dass das Kind ein völliger Fehler sei, und spricht ihm im Grunde die Daseinsberechtigung ab.

Manche Eltern hassen ihre Kinder regelrecht und lassen keine Gelegenheit aus, sie das spüren zu lassen. Die Bandbreite reicht hier von permanenten Entwertungen, die auf das Selbstwertgefühl des Kindes zielen, über tägliche Sticheleien und Gemeinheiten bis zu massiver körperlicher Gewalt. Andere Eltern gehen nicht aktiv gegen ihre nicht geliebten Kinder vor, sondern strafen sie mit Gleichgültigkeit.

Dabei sehen die Eltern nicht, dass sie selbst die Verantwortung dafür tragen, dass sie ein Kind bekommen haben. Es stand aber nicht plötzlich unangemeldet vor der Tür! Doch dieser Eigenanteil wird meist ignoriert und dem Kind unterstellt, es sei nur da, um die Eltern zu quälen.

Sie leben an ihren Kindern vorbei, als gäbe es diese gar nicht, und zeigen ein völliges Desinteresse am Leben ihrer Kinder, an deren Gefühlen, Wünschen, Bedürfnissen, Lebensereignissen und so weiter. Zu merken, dass man den Eltern vollkommen gleichgültig ist, richtet manchmal in der Seele eines Kindes noch größeren Schaden an als körperliche Gewalt. Da ist es kein Wunder, dass viele Kinder, deren Eltern der Sparte der liebesunfähigen Eltern angehören, später wie eine personifizierte Entschuldigung dafür leben, dass es sie überhaupt gibt.

Eine sehr häufige Form von mangelnder Liebe zum Kind findet sich bei Eltern mit narzisstischen Persönlichkeitszügen, die in ihrer Liebesfähigkeit stark eingeschränkt bis massiv behindert sein können. Da diese Kategorie unter den lieblosen Eltern vorherrscht und eine ganz eigene Dynamik entwickelt, möchte ich mich in diesem Kapitel auf sie konzentrieren.

Tarnung und Täuschung bei Lieblosigkeit

Aber zunächst einmal will ich dich auf eine besondere Erscheinungsform lieblosen Verhaltens aufmerksam machen. Denn das tritt nicht immer in einer für alle erkennbaren und offensichtlichen Weise auf. Da die wenigsten gerne als lieblose Eltern angesehen werden wollen und auch sich selbst nicht dafür halten möchten, wird das Desinteresse an den eigenen Kindern häufig kaschiert. Beispielsweise, indem es umgedeutet oder verdreht dargestellt wird oder Gründe dafür angeführt werden, die scheinbar dem Kind schmeicheln oder seine Selbstständigkeit betonen sollen, in Wirklichkeit jedoch aus der Interesselosigkeit der Eltern entstehen. Diese Form ist natürlich häufiger bei den gleichgültigen als bei den aktiv missbrauchenden lieblosen Eltern anzutreffen, obwohl es in dieser Kategorie auch viele Eltern gibt, die ihr Kind aktiv hassen und dennoch darauf Wert legen, sich nach außen als liebevolle Eltern zu inszenieren.

Insbesondere, wenn die Eltern sehr auf ihren äußeren Eindruck bedacht sind oder sich selbst in der Rolle der (pseudo-)liebevollen Eltern gefallen, wird vorhandene Lieblosigkeit kaschiert und überdeckt.

Manche Eltern möchten glauben, sie seien liebevolle Eltern. Es ist Bestandteil ihres Selbstbildes.

Solche Eltern rechtfertigen dann ihr offenkundig egozentrisches Verhalten damit, dass sie alles ja nur zum Wohle ihrer Kinder tun oder lassen. Schieben sie dich gegen deinen Willen in ein Internat ab, so geschieht das nur, damit du die bestmögliche Ausbildung erhältst. Kommen sie nicht zu deinen Schulaufführungen, dann nur, damit sie dich nicht ablenken. Helfen sie dir nicht bei den Hausaufgaben, dann nur deshalb, weil sie vollstes Vertrauen in deine eigenen Problemlösefähigkeiten haben oder dich zur Selbstständigkeit erziehen wollen.

Eltern, die sich gerne als fürsorgliche Eltern profilieren, neigen manchmal auch zu überengagiertem Verhalten genau dort, wo ihnen die Aufmerksamkeit anderer gewiss ist. Sie sind dann vielleicht bei schulischen Aktivitäten wie der Organisation eines Elternzirkels oder eines Weihnachtsbasars hochmotiviert bei der Sache und sonnen sich in der Aufmerksamkeit und Bewunderung der Lehrer und anderen Eltern für ihr »außergewöhnliches Interesse und Engagement für die Belange ihres Kindes«.

In Wahrheit geht es dabei jedoch nur darum, als liebevolle Eltern wahrgenommen zu werden, nicht liebevolle Eltern zu sein. Der Blick geht nicht in Richtung des Kindes oder seiner echten Bedürfnisse, sondern lediglich in Richtung des »Publikums« der Eltern. Sobald die Scheinwerfer der öffentlichen Aufmerksamkeit nicht mehr auf sie gerichtet sind, rutschen die Bedürfnisse des eigenen Kindes für sie wieder in die Gleichgültigkeit ab.

Das erinnert an die öffentlichkeitswirksamen Charity-Leistungen vieler Prominenter oder großer Firmen, die nur so lange sozial engagiert sind, wie es die Außenwahrnehmung positiv beeinflusst.

FAST ALLE ELTERN SIND MAL LIEBLOS …

… zumindest kann ihr Verhalten von den Kindern und Außenstehenden als lieblos interpretiert werden. Manchmal ist es das auch. Die Ursachen reichen von akutem oder chronischem Stress, Phasen mit außergewöhnlichen Belastungen wie Arbeitsplatzverlust oder dem Tod der eigenen Eltern bis zu familiären beziehungsweise Eheproblemen und Krankheiten, auch und besonders psychischer Natur.

Das ist jedoch meist für die Kinder kein allzu großes Problem, wenn es nur vorübergehend auftritt und sie sonst in einem förderlichen, liebevollen Milieu aufwachsen. Dann haben sie Kapazitäten, um solches Verhalten der Eltern ohne größere Probleme wegzustecken und sinnvoll zu verarbeiten. Es geht hier also nicht um Eltern, deren Verhalten eigentlich im normalen Bereich liegt. Wenn auch gelegentlich an dessen unterem Ende.

Die meisten Eltern aus den anderen Kategorien dieses Buches verhalten sich mit Ausnahme weniger zumindest ab und zu liebevoll und sind von grundsätzlichem Wohlwollen ihren Kindern gegenüber geleitet. Sie wünschen ihnen nicht absichtlich Schlechtes. Dieses Kapitel bezieht sich hingegen auf egozentrische Eltern mit ausgeprägt narzisstischen Zügen, die sich immer an erste Stelle setzen und ihre Kinder instrumentalisieren.

Eltern, die ihre Kinder aktiv hassen und emotional-körperlich missbrauchen, sind zwar auch eine Unterkategorie liebesunfähiger Eltern, doch möchte ich ihnen im Folgenden keinen Raum geben, da es definitiv in psychotherapeutische Hände gehört, die Traumatisierungen aus einer Kindheit mit solchen Eltern aufzuarbeiten.

Erstaunlich ist, dass vielen dieser Eltern jegliches Interesse oder auch nur Gespür für das wahre Befinden ihrer Kinder fehlt. Viele denken sogar, sie würden im Sinne ihrer Kinder handeln, ohne diese je gefragt zu haben, ob ihnen das überhaupt recht ist. Und die Kinder lernen meist schnell, sich den elterlichen Vorstellungen anzupassen, in der Hoffnung, ihnen damit ein wenig echtes Interesse oder Wohlwollen abzutrotzen. Meist jedoch ohne Erfolg.

Was sind narzisstische Eltern und woran erkennst du sie?

Wenden wir uns nun der häufigsten Form liebesunfähiger Eltern zu, den Narzissten. Wenn du das Pech hattest, mit narzisstischen Eltern oder einem narzisstischen Elternteil aufzuwachsen, dann hast du in der Wahrnehmung dieses Elternteils nur für ihn existiert und nicht als eigenständiges Individuum. Narzissten nehmen andere Menschen und im Grunde auch die gesamte restliche Welt als natürliche Verlängerung ihrer selbst wahr und sind regelrecht erschüttert, wenn ihre Umwelt sich tatsächlich mal erdreistet, anderer Meinung zu sein, ihre Bedürfnisse und Wünsche nicht erfüllen zu wollen oder gar etwas von ihnen zu verlangen. Letzteres kann sie regelrecht überfordern.

Natürlich gibt es auch in dieser Kategorie wieder alle möglichen Härtegrade von ganz normalen Menschen, die hin und wieder narzisstische Züge zeigen, bis zu absoluten Hardcore-Narzissten. Die meisten sind wohl irgendwo dazwischen anzusiedeln.

So können Narzissten mit starker Wut reagieren, wenn du als Kind nicht tust, was sie von dir möchten. Ja sogar, wenn du nicht intuitiv spürst und unaufgefordert umgehend erledigst, was sie sich von dir wünschen. Selbst wenn sie kein Sterbenswörtchen darüber verloren haben, was sie gerade von dir wollen. Da sie dich als Verlängerung ihrer selbst wahrnehmen, gehen sie unbewusst davon aus, dass dir in jedem Moment vollkommen klar sein müsste, was sie von dir brauchen.

Narzissten neigen dazu, ihre Umwelt zu instrumentalisieren. Sie sind wenig bis gar nicht liebesfähig im klassischen Sinne und es ist ihnen beinahe unmöglich, sich in ihr jeweiliges Gegenüber einzufühlen. Meistens sehen sie wohl auch keine Veranlassung dazu. Warum auch, wenn die Welt in ihrer Sicht nur dazu existiert, ihre Bedürfnisse zu befriedigen. Du wirst somit von einem Narzissten auch selten hören, dass er die Verantwortung für seine eigenen Verfehlungen übernimmt. Zum einen weil er sie kaum einsieht, denn dies entspricht einfach nicht seiner Denkweise. In seiner Welt sind die anderen schuld, und zwar immer. Zum anderen verspüren Narzissten wenig Bereitschaft, anderen gegenüber Zugeständnisse zu machen, es sei denn, sie versprechen sich etwas davon, Bewunderung und Anerkennung beispielsweise. Doch dann geht es ebenfalls nie um dich, sondern nur um die Rolle, die du spielen sollst.

Im Grunde suchen nur wenige Narzissten die Zustimmung und Anerkennung ihrer eigenen Kinder. Sie setzen sie einfach voraus. Ihr marodes Selbstwertgefühl ist dennoch auf den ständigen Zustrom äußerer Bewunderung angewiesen. Deshalb können sie auch erst mal sehr galant und charmant sein, um andere zu bezirzen. Sind ihnen diese dann auf den Leim gegangen, wird meist schnell offenbar, wie wenig es um den anderen als Menschen geht, sondern nur um die ihm zugedachte Rolle als angemessener Bewunderer.

Das Kind als verlängerter Arm narzisstischer Eltern

Häufig delegieren narzisstische Eltern auch Teile ihrer eigene Großartigkeit, an die sie verzweifelt glauben wollen, an ihre Kinder. Da sie diese ja als eine natürliche Verlängerung von sich selbst betrachten, müssen die Kinder von Narzissten häufig große Kunststückchen in der Welt vollführen. Wenn du mal gesehen hast, wie in anderen Ländern achtjährige Mädchen bei fragwürdigen Misswahlen aufgetakelt wie ein Dreimaster auf Laufstege geschoben werden, damit sich ihre Eltern in den Erfolgen der kleinen Töchter sonnen können, bekommst du eine Idee davon, was ich meine. Welche Qualen, Peinlichkeiten und Entbehrungen die kleinen – meist unfreiwilligen – Prinzessinnen dabei auf sich nehmen müssen, ist den Eltern oft vollkommen egal. Hauptsache, die Performance stimmt und die eigene Identitätsverlängerung schneidet bei den Ergebnissen gut ab.

Dabei gibt es solche Kinder, denen man anmerkt, wie sehr ihnen dieser ganze Zirkus zusetzt, und solche, die sich mit der Position der Eltern (bei Misswahlen meistens der Mütter) identifizieren und sich wie kleine Prinzessinnen auf der Erbse gebärden. Sie glauben noch, der ganze Rummel würde ihnen gelten und nicht der Rolle und Funktion, die sie für die Eltern übernehmen sollen.

Wenn die Kleinen erfolgsverwöhnt sind, haben wir es schnell mit einem von der Mutter auf die Tochter übergesprungenen Narzissmus zu tun. Wie einsturzgefährdet das dadurch erworbene überhöhte Selbstbild ist, wird spätestens offenbar, wenn die Erfolge mal länger ausbleiben.

Nachlassende Erfolge werden meist mit enormem Druck seitens der Eltern beantwortet, solange diese noch das Gefühl haben, durch Druck und Forderungen an den einstigen Erfolg anknüpfen zu können. Schwindet die Hoffnung, tragen selbstverständlich allein die Kinder die Schuld und werden von den Müttern nicht selten fallen gelassen, da sie nun an »Nutzwert« als Identitätsverlängerung der Eltern verloren haben. Selbstverständlich stehen diese pervertierten Mini-Misswahlen hier nur exemplarisch für viele andere Möglichkeiten.

Ein weiteres Beispiel sind Eltern, die sich ausschließlich mit den schulischen oder beruflichen Erfolgen ihrer Kinder identifizieren und diese auch noch als eigene Erfolge verbuchen. »Es war ja klar, dass Eltern wie wir nur ein so erfolgreiches Kind hervorbringen konnten!« An solchen Formulierungen kannst du erkennen, dass dem Kind seine Eigenständigkeit und Eigenleistung aberkannt werden und die Eltern die Leistungen für sich in Anspruch nehmen, als hätten sie sie selbst erreicht.

Bitte keine Ansprüche an Narzissten stellen

Da Narzissten schnell überfordert und unwillig sind, wenn andere etwas von ihnen wollen, empfinden sie häufig auch natürlichste Anliegen und Bedürfnisse ihrer Kinder (wie auch des Partners und allgemein des Umfeldes) als Zumutung, wenn nicht gar Unverfrorenheit und reagieren entsprechend darauf. Ablehnung und nicht Gewähren selbst normalster Wünsche sind dann an der Tagesordnung.

Narzisstisch veranlagte Menschen verhalten sich, als existierte ihre Umwelt einzig für den Zweck, ihre Wünsche und Bedürfnisse zu erfüllen.

Während nicht narzisstische Menschen ein intuitives Gespür für den Ausgleich von Geben und Nehmen in Beziehungen haben (soziale Reziprozität), fehlt dieses den Narzissten fast völlig. Unter sozialer Reziprozität versteht man übrigens das natürliche Bedürfnis, auszugleichen. Das kennst du garantiert aus deinem eigenen Leben. Wenn ein lieber Mensch dir unverhofft etwas schenkt, entsteht in dir wahrscheinlich das Bedürfnis, bei nächster Gelegenheit den Ausgleich herzustellen und die Beziehung dadurch zu pflegen, dass du ihm etwas vergleichbar Wertvolles »zurück«schenkst. Narzissten haben dieses Bedürfnis in der Regel nicht und sehen es auch sonst kaum ein, auf die Wünsche anderer Rücksicht zu nehmen. Sie empfinden das nicht selten als Zumutung. Es sei denn, die Erfüllung des Wunsches oder Bedürfnisses kommt dem Narzissten selbst gerade gelegen. Dann werden sie es allerdings so darstellen, als ginge es ausschließlich darum, in ihrer grenzenlosen Güte dem anderen einen Gefallen damit zu tun, was dieser dann bitte auch angemessen zu würdigen hat.

Das ist beispielsweise dann der Fall, wenn das Kind vor Zeugen einen Wunsch äußert, den der narzisstische Elternteil eigentlich nicht erfüllen will; aber er möchte es als Gelegenheit für sich nutzen, vor den Anwesenden gut dazustehen. Hinterher wird dem Kind dann immer wieder vorgehalten, wie gut man doch zu ihm war. In vielen Fällen wird der Empörung darüber, wie sich das eigene Kind erdreisten konnte, einen eigenen Wunsch anzumelden oder zu widersprechen, durch Herabsetzung des Kindes und manchmal über das Einreden von Schuldgefühlen Ausdruck verliehen. Obwohl Letzteres eher die Spezialität einer anderen Elternkategorie ist, wie wir später noch sehen werden, nämlich der Schuldgefühl induzierenden Eltern (Seite 130).

Ein dehnbares Wahrheitsverständnis

Ein anderer Wesenszug von Narzissten ist es, dass sie in der Lage sind, die »Wahrheit« so zu verbiegen, dass sie ihren Anforderungen und ihrer Weltsicht entspricht. Man könnte es auch Lügen nennen. Beunruhigenderweise haben sie selbst dabei meist überhaupt nicht das Gefühl zu lügen. Sie merken es nicht einmal. Das verletzt bei anderen das Bedürfnis nach Sicherheit in Beziehungen, denn es fehlen Verlässlichkeit und Vorhersagbarkeit im Verhalten des Gegenübers. Wenn du einen narzisstischen Elternteil hast oder hattest, kennst du das wahrscheinlich aus eigener Erfahrung besser, als dir lieb ist.

Früher gemachte Aussagen werden widerrufen, wie es demjenigen in den Kram passt, oder es wird vollkommen geleugnet, dass man dieses oder jenes jemals gesagt oder versprochen hätte. Das ist auch so ein Punkt. Narzissten sind gut im Bezirzen. Sie machen gerne Versprechungen im Moment, um zu bekommen, was sie wollen, an die sie sich später nicht werden erinnern können. Ähnlich einem Politiker in der Wahlkampfphase.

So wirst du nicht selten Aussagen gehört haben wie »Das habe ich so nie gesagt« oder »Das habe ich doch vollkommen anders gemeint« oder auch »Da hast du mich aber völlig falsch verstanden, wie konntest du denn so was nur denken?«.

All dies und noch weitere Eigenschaften typischer Narzissten machen es anderen Menschen und auch ihnen selbst sehr schwer, eine tragfähige, echte und belastbare Beziehung aufzubauen. Das gilt auch für ihre eigenen Kinder. Die meisten Beziehungen waschechter Narzissten bewegen sich leider im Bereich von Pseudobeziehungen, deren hervorstechendes Merkmal es ist, dass das Gegenüber den Bedürfnissen des Narzissten dient, nach dem Motto »Du bist mir nur so lange wichtig, wie du mir angenehm und nützlich bist«. Sollte dies dann mal nicht mehr der Fall sein, wird das Gegenüber vom Narzissten oft fallen gelassen wie eine heiße Kartoffel, während der Narzisst sich völlig im Recht fühlt.

Natürlich leiden auch die Narzissten unter den Folgen ihres Handelns. Allerdings mehr darunter, dass die anderen sich nicht so verhalten, wie sie das gern hätten. Es ist nicht so, dass sie selbst sich für liebesunfähig hielten – vielmehr macht ihnen die Schlechtigkeit der Welt zu schaffen, die einfach nicht erkennen möchte, was für einen besonderen Menschen sie da mit dem Narzissten vor sich hat, und ihm die gebührende Gefolgschaft verweigert.

Bei manchen Narzissten ist die Wahrnehmung ihrer Umwelt als Verlängerung ihrer selbst so ausgeprägt, dass sie sich nicht ausschließlich auf ihre Mitmenschen bezieht. Ein Narzisst einer solchen Kategorie könnte voller Empörung solche Sätze sagen: »Wie kann es heute regnen? Ich wollte doch grillen!« Er ist dann nicht etwa enttäuscht, dass das geplante Grillfest ins Wasser fällt, sondern bekommt es einfach nicht sortiert, dass das Wetter sich erdreisten kann, ihm so etwas anzutun und es an diesem Tag einfach regnen zu lassen.

2. BEZIEHUNGSMUSTER ZWISCHEN LIEBESUNFÄHIGEN ELTERN UND IHREN KINDERN

Fallgeschichte Anna: »Es wäre besser, wenn es dich gar nicht gäbe.«

Wenn ich an liebesunfähige Eltern denke, fällt mir immer als Erstes Anna ein. Anna kam wegen verschiedener persönlicher Probleme in meine Praxis. Ihr Hauptanliegen war es jedoch, ihr quasi nicht vorhandenes Selbstwertgefühl zu stärken. Sie klagte darüber, dass, seit sie denken konnte, ihr jüngerer Bruder bevorzugt wurde. Der kleine Sonnenschein konnte sich herausnehmen, was er wollte, es hatte so gut wie keine ernsthaften Konsequenzen, während bei Anna bereits kleinste Abweichungen von den elterlichen Vorstellungen zu Herabsetzungen, Strafen wie Hausarrest oder dem Verbot, ihre wenigen Freunde zu sehen, führten.

Je älter sie wurde, desto weniger Strafen konnten die Eltern über ihre bald volljährige und eigenständige Tochter verhängen, und so gingen sie dazu über, Anna immer gleichgültiger zu behandeln. Es sei denn, Fremde wie die Nachbarn oder Vereinskollegen des Vaters waren zugegen. Dann verhielten sie sich wie die liebevollsten Eltern der Welt, was Anna an Verlogenheit kaum ertragen konnte, sodass sie ihnen ihre Falschheit – in Annas Worten – »am liebsten vor die Füße gekotzt« hätte. Kaum waren die Außenstehenden jedoch außer Sichtweite, war ihnen Anna wieder genauso gleichgültig wie sonst auch immer.

Ich muss kaum erwähnen, dass Anna jegliche zumutbaren und unzumutbaren Pflichten aufgebrummt wurden, während ihr Bruder nahezu alle Freiheiten genoss.

»Du brauchst dein Zimmer jetzt nicht aufräumen. Lasse Anna das für dich machen.« Das war ein Satz der Eltern an den

Bruder gerichtet, der Anna gut im Gedächtnis geblieben ist, weil sich in ihm die gesamte Ungerechtigkeit ihrer Kindheit spiegelt.

Das Verhalten ihrer Eltern schwankte dabei je nach Lust und Laune. Es war für Anna besonders in ihrer Kindheit unberechenbar. Besonders schwierig dabei war, dass ihre Eltern teilweise ihren gesammelten Frust an ihr abließen, ohne dass Anna ihnen durch ihr Verhalten den geringsten Anlass dazu gegeben hatte. Sie diente als eine Art Blitzableiter für alles, was die Eltern an ihrem eigenen Leben störte. Wenn Anna ihnen in einer solchen Phase nicht selbst einen Anlass gab, um auf ihr herumzuhacken, erfanden sie einfach einen oder zogen sich an Nichtigkeiten hoch.

Gleichzeitig lernte Anna, dass sie es ihren Eltern nicht recht machen konnte. Keine Leistung war gut genug, um Lob oder Anerkennung zu erhalten. Brachte sie hingegen schlechte oder durchschnittliche Noten mit nach Hause, so wurde dies entweder mit Desinteresse belohnt oder als Bestätigung von Annas Unzulänglichkeit interpretiert. Die Eltern hatten ja schließlich schon immer gewusst, dass sie zu nichts tauge.

Für Ausbrüche in Rebellion und Opposition war Anna einfach nicht der Typ und so wurden ihre zaghaften und verzweifelten Versuche, die Aufmerksamkeit ihrer Eltern durch unangepasstes Verhalten und Aufmüpfigkeit zu erhaschen, von diesen derart vehement gebrochen, dass sie sich auf Jahre nicht wieder traute, irgendjemandem zu widersprechen oder jemandes Erwartungen nicht zu erfüllen. Sie litt unter dem klassischen Syndrom der angepassten braven Tochter und lernte, ihre eigenen Bedürfnisse, für die sich ohnehin nie jemand interessiert hatte, zu verdrängen und erst recht niemals jemand anderem gegenüber zu äußern.

Um die zunehmende Wut in sich weiterhin unterdrücken zu können, begann sie früh in ihrem Leben, mit verschiedenen sedierenden Drogen zu experimentieren, insbesondere mit Cannabis und Alkohol sowie Tabletten, die sie sich geschickt von einigen vertrauensvollen und gut meinenden Ärzten erschlich. Diese Form der Selbstmedikation verlagerte und verschlimmerte das Problem letztendlich nur zusätzlich, auch wenn sie ihr für den Moment kurzfristige Linderung zu verschaffen schien.

Anna hatte sich lange Zeit einzureden versucht, dass das Verhalten ihrer Eltern relativ normal sei. Sie dachte, sie seien eben irgendwie noch »vom alten Schlag« und hätten antiquierte Grundsätze darüber verinnerlicht, wie man Mädchen erzieht und welche Stellung Frauen in der Gesellschaft haben. Doch da ihre Eltern sonst recht moderne Ansichten hatten, bröckelte diese Sichtweise zunehmend. Dann gab es eine Phase, in der sie glaubte, sie hätten lieber einen Jungen gehabt und seien enttäuscht gewesen, dass sie als Mädchen zur Welt gekommen ist. Dieser Gedanke führte dazu, dass sie sich jahrelang wie ein Junge zu kleiden und zu verhalten versuchte, weil sie dachte, ihre Eltern wollten es so. Das wurde eines Tages von ihrem Vater mit der Bemerkung quittiert, er habe überhaupt kein richtiges Mädchen zur Tochter. Die Aussage verletzte Anna tief, da er nicht sehen konnte oder wollte, warum sie sich so verhielt. Anna war zu diesem Zeitpunkt 16 Jahre alt. Als ihre Tränen getrocknet waren, kratzte sie ihr weniges, bei einem Minijob verdientes Geld zusammen (ihre Eltern weigerten sich, ihr Taschengeld zu zahlen) und kaufte sich ein paar ziemlich feminine Klamotten. Als sie diese am nächsten Tag anzog und demonstrativ an ihren Eltern vorbeischritt, in der Hoffnung, nun ihr Wohlgefallen zu erhalten, beantworteten diese die Szene wie aus einem Munde mit den Worten: »Wir haben wohl eine Nutte großgezogen!« Anna ging weinend auf ihr Zimmer. Sie konnte es ihren Eltern einfach nicht recht machen.

Es war ein klassisches »Doublebind«, wie es im Fachjargon heißt. Egal, was sie machte, es war falsch.

Erst einige Jahre später erfuhr sie mehr durch Zufall, wo die Antipathie ihrer Eltern ihr gegenüber tatsächlich herrührte.

Anna war das Ergebnis eines Seitensprungs ihrer Mutter mit deren »Kurschatten«. Da die Beziehung zu Annas Vater zu dieser Zeit kriselte und die beiden zu dem Zeitpunkt bereits über ein Jahr keinen Sex mehr gehabt hatten, ließ sich unter den Eheleuten nicht verbergen, dass das Kind nicht von Annas Vater stammte. Anna gegenüber wurde das Thema nie erwähnt. Die Eltern ließen es sie nur auf jede erdenkliche Art spüren.

Anna war damit so etwas wie ein blinkendes Neonschild, das die Eltern immer daran erinnerte, dass die Mutter ihren Mann betrogen hatte. Doch anstatt dass Annas Vater seine Wut dort ausließ, wo sie hingehörte, nämlich bei Annas Mutter, projizierte er seine gesamte Ablehnung auf Anna, obgleich sie beim besten Willen nichts für die Untreue ihrer Mutter konnte. Annas Mutter wiederum projizierte all ihre Schuldgefühle auf Anna und wehrte sie dort ab.

Beide Eltern verlagerten das Problem nach außen, indem sie Anna permanent abwerteten.

Paradoxerweise stärkte das die Bindung der beiden Ehepartner auf eine perfide Weise. Alles Gute wurde auf den drei Jahre später folgenden und definitiv und nachweisbar gemeinsam gezeugten Sohn projiziert, alles Negative auf Anna. Sie hatte zu keinem Zeitpunkt eine Chance bei ihren Eltern.

In unserer Zusammenarbeit musste Anna lernen, ihren Wert in sich selbst zu spüren, unabhängig vom Verhalten der Eltern. Das war für sie keine leichte Reise und sie schwankte lange zwischen Verzweiflung und Hoffnung. Doch mit der Zeit gelang es ihr immer mehr, die Verantwortung für das Verhalten ihrer Eltern auch emotional bei diesen zu lassen, und das Wissen, dass ihre Eltern unabhängig von Anna deren eigene Geschichte an ihr ausagierten, sickerte tief in ihre Seele. Annas Gesundungsprozess war einer derjenigen, bei denen ein zumindest vorübergehender Kontaktabbruch zu den Eltern leider unumgänglich war, denn diese zeigten keinerlei Bereitschaft, sich selbst und ihr Verhalten zu hinterfragen, geschweige denn zu ändern.

Fallgeschichte Thomas: Disneyland-Daddy und alleinerziehende Mutter

Es gibt wie gesagt einen Unterschied zwischen tatsächlich lieblosen Eltern und solchen, die lediglich so wahrgenommen werden. Dabei muss ich an Thomas denken. Er erzählte mir mehrmals aus tiefster Überzeugung, dass seine Mutter sich nicht viel aus ihm gemacht habe, weil sie ihm nichts gönnte. Wenn er die Wochenenden beim Vater verbrachte, kaufte dieser ihm Spielzeug, sie gingen zusammen in den Freizeitpark oder in den Zoo und stellten auch sonst jede Menge spannendes Zeug miteinander an.

Bei seiner Mutter hingegen sollte er selbst Klamotten weitertragen, die bereits Löcher aufwiesen, konnte häufig nicht mit seinen Freunden weggehen, weil die Mutter das Taschengeld extrem knapp hielt, und auch sonst schien sie ihm jede Unterstützung zu verweigern, die seine Klassenkameraden von ihren Eltern ganz selbstverständlich erhielten. Nur die Wochenenden bei seinem Vater hatte er positiv in Erinnerung.

Nach einiger Recherche stellte sich die Sache jedoch etwas anders dar. Die Mutter verdiente kaum ausreichend für sich selbst zum Leben, geschweige denn genug, um die Kosten zu tragen, die ein Kind mit sich bringt. Der Vater hatte einen gut bezahlten Job und nutzte die Trennung von Thomas' Mutter, um es dieser so richtig zu zeigen. Er investierte sein Geld lieber in teure Anwälte, um die Unterhaltszahlungen hinauszuschieben, anstatt die beiden finanziell zu unterstützen. Und das, obwohl ihn der Rechtsstreit unterm Strich viel mehr Geld kostete. Aber ums Geld ging es gar nicht. Er wollte Thomas' Mutter bestrafen und leiden lassen. Deshalb ging es bei den vielen Geschenken und tollen Vater-Sohn-Unternehmungen auch nicht wirklich um Thomas, sondern darum, gegenüber der Mutter besser dazustehen.

Von dem Unterhaltsstreit und all diesen Dingen hatte Thomas selbst in seiner Kindheit nichts mitbekommen. Nach langen Gesprächen stellte sich heraus, dass seine Mutter spürte, was es für Thomas bedeuten würde, wenn sie anfinge, seinen

Vater vor ihm schlecht zu machen, wie er es umgekehrt mit ihr tat. Sie wollte ihren Sohn da heraushalten. Und das auch um den Preis, selbst als »die Böse« dazustehen. Sie hielt sich lieber generell bedeckt und vermied die entsprechenden Themen, ohne Thomas eine Erklärung für ihr größtenteils verweigerndes Verhalten in materiellen Dingen zu geben. Somit schluckte dieser nur allzu bereitwillig die negativen Erklärungen über den Charakter seiner Mutter, die ihm vom Vater dargeboten wurden.

Hier kann man deutlich den Wert erkennen, den es hat, den Hintergründen von Erlebnissen mit den Eltern genauer auf die Spur zu kommen. Während sich Annas Eltern tatsächlich ausgesprochen destruktiv gegenüber Anna verhielten, lag die Sache bei Thomas' Mutter vollständig anders. Die Recherche ergab, dass sie gar nicht die Böse in der Geschichte war. Zwar hätte sie geschickter kommunizieren können, jedoch kann man sie für ihr Bemühen, Thomas aus den Streitigkeiten der Eltern herauszuhalten und ihm den Zugang zu seinem Vater nicht zu verbauen, gar nicht hoch genug loben. Mit fehlender Liebe hat dies nichts zu tun, auch wenn Thomas das viele Jahre lang geglaubt hatte.

KINDER KÖNNEN ES NICHT WISSEN

Erinnere dich noch mal an das, was wir über den kindlichen Narzissmus gesagt haben (Seite 64). Nämlich dass uns in dieser Phase die Eltern dann als gut vorkommen, wenn sie sich unseren Wünschen gemäß verhalten, und als böse, wenn sie es nicht tun oder die Erfüllung unserer Bedürfnisse sogar aktiv verweigern. Dass sie dabei manchmal tatsächlich nicht anders können oder in anderen Fällen wirklich unser Wohl im Sinn haben, können wir uns als Kinder nur begrenzt vorstellen. Manche behalten diese Sichtweise bis ins Erwachsenenalter bei.

3. AUSWIRKUNGEN AUF DIE KINDER

Zwei Narzissten bilden selten ein stabiles Paar. Wie auch, wenn beide den Anspruch haben, die Welt solle sich ausschließlich um ihre eigenen Bedürfnisse drehen? Da Narzissten eigentlich immer jemanden brauchen, der sie bewundert, gehen sie längerfristige Beziehungen meist ausschließlich mit komplementären Charakteren ein. Also beispielsweise einer, der bewundert werden möchte, paart sich mit einer, die das Bedürfnis hat, den anderen auf einen Thron zu erheben.

Ein Beispiel hierfür wäre ein narzisstischer Mann mit einer Frau, die unter einem ursprünglich positiven Vaterkomplex leidet und diesen auf ihren Mann projiziert, den sie nun stellvertretend für ihren Vater angemessen vergöttern kann. Aus den genannten Gründen ist es am wahrscheinlichsten, dass nur ein Elternteil von dir narzisstische Züge hatte. War dies in deinem Fall dein Vater, kommt es darauf an, ob du selbst seine Tochter oder sein Sohn bist, wie dein eigener Grundcharakter angelegt ist und wie sich deine Mutter verhalten hat. Umgekehrt genauso. Schauen wir uns das Thema etwas differenzierter an.

Söhne narzisstischer Väter

Als Sohn eines narzisstischen Vaters hast du mit einiger Wahrscheinlichkeit Verletzungen deines Selbstwertgefühls erleiden müssen. Väter, deren Leben nur um sich selbst kreist und die sich für den Nabel der Welt halten, ertragen es nicht, wenn jemand anderes neben ihnen glänzt. Das gilt auch, wenn beispielsweise der Sohn in ihrer Gegenwart zu viel Aufmerksamkeit erhält. Besonders, wenn es sich um positive Aufmerksamkeit für dessen Erfolge handelt. So sehen sich narzisstische Väter schnell im Konkurrenzkampf mit ihren Söhnen, weil sie nicht aus ihrem reifen, erwachsenen Selbst heraus agieren, sondern auch den Söhnen gegenüber aus dem bedürftigen Kind-Ich-Zustand heraus.

Sie reagieren eingeschnappt wie kleine Kinder, wenn sie beispielsweise meinen, der eigene Sohn bekomme von seiner Mutter zu viel Aufmerksamkeit. Wobei zu viel eigentlich jegliche Aufmerksamkeit meint, insbesondere, wenn dem Narzissten gerade selbst der Sinn nach Aufmerksamkeit steht.

Solche Väter neigen dazu, ihre Söhne bei jeder Gelegenheit runterzuputzen und mit abwertenden Bemerkungen zu überschütten, um sie möglichst kleinzuhalten.

Da der Prozess der Identitätsbildung im eigenen Geschlechterrollenverständnis natürlicherweise bei Söhnen über den Vater geht, hat ein solches Verhalten des Vaters starke Auswirkungen auf das Selbstverständnis des Sohnes darüber, was für ein »Mann« er ist. Da narzisstische Väter sich im psychologischen Sinne ihren Söhnen gegenüber häufig kastrierend verhalten, entscheiden sich viele Söhne solcher Väter für den Weg der Anpassung und übernehmen das negative Bild über sich selbst, das ihnen ihre Väter durch Aussagen und Verhalten vermittelt haben.

Natürlich macht es etwas mit dir, wenn dich dein großes Vorbild ein halbes Leben lang mit Gleichgültigkeit oder Abwertungen übersät – Gleichgültigkeit, wenn du dich unauffällig verhältst, und Abwertung, wenn du Erfolge erzielst und in ihm die Angst aufkommt, du könntest ihm etwas von der Bewunderung streitig machen, auf die er so angewiesen ist.

Wenn uns bei jeder Gelegenheit suggeriert wird, dass die Bedürfnisse unseres Vaters wichtiger sind als die eigenen, und dies noch von der Mutter unterstützt wird, dann leiten wir daraus auch Aussagen über unseren generellen Wert als Mensch und unsere Stellung im Rudel der Menschheit ab. Wir werden zu Wegduckern, besonders im Umgang mit anderen, sehr maskulin auftretenden Männern. Es sei denn, unsere Anpassung liegt darin, dass wir die narzisstischen Eigenschaften des Vaters übernehmen und uns aufspielen, als drehe sich das Universum um uns oder sei zumindest stark im Unrecht, wenn es dies nicht tut.

Manchmal gehen wir auch den Weg der Rebellion und Überkompensation und lassen keine Gelegenheit aus, unserem Vater und der ganzen restlichen Welt doch noch unseren Wert zu beweisen. Dann machen wir Karriere oder versuchen es zumindest, jagen prestigeträchtigen Erfolgen und Eroberungen hinterher oder haben, wenn all das für uns aus irgendeinem Grund nicht funktioniert, immer zumindest ein schwer bedeutsames und heftiges Problem, um wenigstens auf diese Weise mal im Mittelpunkt zu stehen.

Töchter narzisstischer Väter

Solche Töchter werden von diesen meist auf andere Weise beeinflusst. Es ist mittlerweile psychologisches Allgemeingut, dass die Beziehungen zu unseren Eltern und deren Funktion als Rollenvorbild für die eigene Geschlechtsidentität massiven Einfluss auf die Partnerwahl und unser Verhalten in Partnerschaften haben.

Töchter narzisstischer Väter kämpfen oft ihr Leben lang um die Liebe und Anerkennung eines Mannes. Zuerst die des Vaters und später die ihrer Freunde, Liebhaber, Lebensabschnittsgefährten und Ehepartner. Manchmal auch um die ihrer Söhne. Die narzisstische Selbstverliebtheit und damit einhergehende emotionale Unerreichbarkeit der Väter hinterlässt bei den Töchtern häufig den Wunsch, alles zu tun, um die Liebe und Anerkennung des Vaters oder eines seiner späteren Stellvertreter zu erlangen.

In Psychotherapiekreisen gibt es das Bonmot »Wir gehen mit unserer verletzten Kinderseele auf Partnersuche«.

Wen wundert es da, dass viele Töchter narzisstischer Väter sich später Partner (oder Chefs) suchen, die in ihrem Verhalten ihren Vätern sehr ähnlich sind? Das geschieht in der kindlich-unbewussten und unschuldigen Hoffnung, das Rätsel, wie die Liebe eines solchen Mannes zu erlangen sei, am Ende doch noch zu lösen. Interessanterweise verliert eine solche Tochter, wenn sie diesen Kampf bei einem späteren Partner doch mal »gewinnen« sollte, indem sie versucht, zu dessen Traumfrau zu mutieren, schnell die Achtung vor ihm. Wenn er so »leicht« zu erobern war, hatte sie sich offenbar in ihm getäuscht und er war wohl ihrem Vater doch nicht so ähnlich, wie sie eingangs gedacht hatte. Schließlich haben all ihre Bemühungen bei ihrem Vater nie zu einer nennenswerten Veränderung geführt. So funktioniert die naive Logik, wenn unsere verletzten kindlichen Anteile das Ruder übernehmen. In den meisten Fällen unbewusst und ohne dass wir ihrer wirklich gewahr sind.

NARZISSTISCHE MÜTTER

Da mütterliche Energie eher mit nährenden, umsorgenden Eigenschaften in Verbindung gebracht wird, während väterlicher Energie die Aufgabe zugeschrieben wird, die eigenen Kinder (besonders die Söhne, aber auch die Töchter) ab einem gewissen Alter mehr von der Mutter weg hinaus in die Welt zu führen und den Kindern zu zeigen, dass es außerhalb der mütterlichen Nestwärme noch ein völlig anderes Universum gibt, hat es natürlich andere Auswirkungen auf ein Kind, wenn seine Mutter eine Narzisstin ist, als wenn sein Vater der narzisstische Elternteil ist.

Hat sie es endlich geschafft oder sich sogar bewusst einen schwachen Mann ausgesucht, wird sie es manchmal genießen, selbst in der mächtigen Position zu sein und den Mann um ihre Liebe und Zuwendung kämpfen zu lassen. Sein Schmachten ist dann ihr Gewinn, denn insgeheim haben viele Töchter narzisstischer Väter eine große Bewunderung für die Egozentrik und Selbstverliebtheit ihrer Väter. Auch dann, wenn sie zutiefst darunter leiden. Dann wollen sie selbst erleben, wie sich diese Haltung und die damit einhergehende emotionale Macht über andere anfühlt. So entsteht daraus schnell eine Erlösungsfantasie nach dem Motto: »Wenn ich doch nur auch so sein könnte, dann hätte ich all die Probleme nicht, unter denen ich schon mein Leben lang so sehr leide. Dann wäre es mir egal, ob mein Vater oder sonst irgendjemand mich liebt, denn dann würde ich mich selbst genug lieben und wie mein eigener Satellit auch nur noch um mich selbst kreisen.«

Töchter narzisstischer Mütter

Diese Töchter haben es besonders schwer, denn entweder befinden sie sich in der Rebellion gegen die selbstsüchtige Mutter. Dann kämpfen sie einen Kampf, bei dem sie sich selbst und ihrer Mutter beweisen wollen, dass ihnen die Liebe und Zuneigung ihrer Mutter überhaupt nicht wichtig sind. Diesen Kampf können sie nicht gewinnen, egal, wie sehr sie sich anstrengen. Im Falle der Rebellion der Tochter einer narzisstischen Mutter kann Letztere nicht selten zu einer richtigen Eiskönigin werden, die in offener Feindschaft gegen ihre Tochter lebt, weil sie von ihr zutiefst enttäuscht ist.

Oder die Tochter versucht, sich den mütterlichen Wünschen so sehr anzupassen, dass sie sich selbst gar nicht mehr spüren kann, nur um irgendwann ernüchtert feststellen zu müssen, dass diese all ihre Opfer und Anstrengungen entweder gar nicht registriert oder sie herunterspielt und für selbstverständlich nimmt. Schließlich ist es ja nur angemessen, dass die Tochter sich so für sie verbiegt. Zumindest in der Sichtweise einer narzisstisch veranlagten Mutter.

Jemand, der in seiner ganzen Pracht erstrahlt, ruft in anderen kaum das Bedürfnis hervor, diesen zu bemuttern.

Nicht selten suchen diese Töchter auf dem Wege der Anpassung in späteren Beziehungen Partner, die sie bemuttern beziehungsweise mütterliche Qualitäten ausstrahlen, um ihr eigenes Defizit an mütterlichem Umsorgtwerden zu kompensieren, was sie wiederum daran hindert, jemals ihr volles Potenzial auszuschöpfen, da sie sich so immer wieder in untergeordnete Positionen begeben.

Nicht wenige Töchter solcher Mütter versuchen auch, ihrer Mutter dadurch ähnlich zu werden, dass sie deren narzisstische Haltung übernehmen. Dann mutieren sie nicht selten zu unglücklichen Prinzessinnen, die stark darunter leiden, dass nicht nur ihre eigene Mutter, sondern auch die restliche Welt wenig unternimmt, um ihnen ihre Großartigkeit zu spiegeln, an die sie tief in sich drin selbst nicht glauben können.

Söhne narzisstischer Mütter

Söhne, die es nicht vollbracht haben, bei ihrer narzisstischen Mutter emotional andocken zu können, folgen meist einem anderen Pfad und nehmen große Teile der Erfahrungen mit der eigenen Mutter in ihr Frauenbild mit auf. Dann müssen sie sich zum Beispiel durch ständige oberflächliche Eroberungen jedes Mal aufs Neue beweisen, was für ein toller Hecht sie sind. Wenn sie selbst daran glauben könnten, dass dem so wäre, bräuchten sie nicht ständig immer wieder neue Frauen. Die Tatsache, dass sie es sich und der Welt beweisen müssen, verhindert also zusätzlich, dass sie es empfinden können. Ein Paradoxon.

Oder sie drehen den Spieß um und ergehen sich darin, die Frauen (meist außer der eigenen Mutter) in ähnlicher Weise emotional kalt zu behandeln, wie sie es selbst durch ihre Mutter ein Leben lang erfahren mussten. Als würde die Tatsache, dass sie andere Frauen mies behandeln, sie in eine Position der Stärke bringen und ihnen etwas von ihrer Ohnmacht nehmen. Denn kaum etwas fühlt sich so ohnmächtig an wie der hoffnungslose Versuch, die Liebe unserer Eltern durch all die Kunststückchen, die wir bereit sind aufzuführen, doch noch zu ergattern. Wie nahe liegt es da, dass wir uns auch mal so mächtig und gleichgültig gegenüber den Gefühlen anderer erleben wollen, wie es uns von der Mutter so vertraut ist?

4. WAS ENTLASTET?

Der wohl schmerzhafteste wie langfristig heilsamste Part bei der inneren Befreiung aus der Gebundenheit an deinen liebesunfähigen beziehungsweise narzisstischen Elternteil ist es, dich der Erkenntnis zu stellen, dass du von deiner Mutter, deinem Vater oder im schlimmsten Fall sogar von beiden kaum oder gar nicht geliebt wurdest. Unsere Eltern sind schließlich diejenigen, die uns auf der Welt am meisten lieben sollten. Die Auswirkungen, die es auf unser Selbstbild hätte, wenn wir die Erkenntnis zulassen würden, dass nicht mal unsere Eltern uns wirklich geliebt haben, würde nahezu alles in unserem Leben infrage stellen. Weil sie meist mit der falschen Schlussfolgerung einhergeht, dass, wenn nicht mal unsere Eltern uns geliebt haben, wir offenbar nicht liebenswert sein können.

Diese Erkenntnis scheint so übermächtig und beängstigend zu sein, dass wir alles tun, um uns ihr nicht direkt stellen zu müssen. So bleiben viele, deren Eltern zu dieser Kategorie gehören, ein Leben lang in dem Spiel gefangen, sich selbst die Schuld zu geben, dass ihre Eltern sie nicht (mehr) geliebt haben. Das ist zunächst verführerisch. Es lässt die Hintertür für die Hoffnung offen, eines Tages doch noch die Liebe unserer Eltern zu ergattern, wenn wir uns nur ausreichend in ihrem Sinne zu Ende optimiert und es ihnen maximal recht gemacht haben. Oder, falls dies aus irgendeinem Grund nicht unserem Weg entspricht, doch wenigstens recht zu behalten. Dann wird unser Leben zu dem traurigen Versuch, den Eltern, der ganzen restlichen Welt, vor allem aber uns selbst zu beweisen, dass unsere Eltern fehl darin gegangen sind, uns nicht (mehr) zu lieben. Natürlich sind sie darin fehlgegangen. Doch selbst wenn unser Ziel erreichbar wäre und sie tatsächlich eines Tages so etwas wie eine Entschuldigung murmeln und uns die Absolution erteilen würden, dass wir im Recht und sie im Unrecht waren – welchen Preis hätten wir dafür gezahlt? Und würde das erreichte Ziel irgendetwas an unserem Lebensgefühl ändern? Die wenigen Fälle, bei denen liebesunfähige Eltern eines Tages altersmilde und einsichtig geworden sind, beweisen leider eher das Gegenteil.

Den betroffenen Kindern geht es dann meist wie denjenigen, die ein halbes Leben investiert haben, um Karriere zu machen. Immer mit der mentalen Karotte vor der Nase, dass, wenn sie dieses oder jenes Ziel erreicht hätten, sie endlich glücklich sein könnten. Das Ergebnis ist jedoch jedes einzelne Mal, dass keines der Ziele die Macht hat, uns dauerhaft glücklich zu machen.

Glück ist ein innerer Zustand, der erstaunlich wenig mit Äußerem oder dem Erreichen von Zielen zu tun hat.

Glücklich dran ist, wer früh genug erkennt, dass er aufs falsche Pferd setzt, und wem noch genügend Lebenszeit bleibt, die er sinnvoller gestalten kann als mit aussichtslosen Überzeugungsversuchen, selbst doch liebenswert zu sein.

Es gibt nur einen Weg, dieses traurige Spiel zu beenden, das du nicht gewinnen kannst. Du musst dich für die Erkenntnis öffnen, von deinen Eltern oder einem Elternteil nicht oder nicht ausreichend geliebt worden zu sein. Das ist der erste Schritt. Im zweiten Schritt musst du der Versuchung widerstehen, dir selbst die Schuld daran zu geben und dir Märchen darüber zu erzählen, dass, wenn du doch nur dieses getan oder jenes gelassen hättest, sie dich eventuell mehr geliebt hätten. Hätten sie nicht.

Was auch immer deine Eltern dir vielleicht erzählt haben oder zu welchen Schlüssen du selbst gekommen sein magst, du musst das vergessen. Das ist es nicht. Wenn Eltern ihre Kinder nicht lieben, dann hat das ausschließlich mit ihrer eigenen Liebesbehinderung zu tun und nichts mit den Eigenschaften oder Verhaltensweisen ihrer Kinder. Natürlich gibt es nervige Eigenschaften und provozierende oder allgemein anstrengende Verhaltensweisen, die Kinder an den Tag legen können und die es den eigenen Eltern nicht leichter machen, ihre Kinder zu lieben. Aber diese Eigenschaften können höchstens als Vorwand, als fadenscheinige Begründung für die mangelnde Liebesfähigkeit der Eltern dienen, sie sind nie ihre Ursache.

Dass deine Eltern dich nicht (ausreichend) geliebt haben, hat nichts mit dir zu tun. Auch nicht damit, dass du vielleicht in der Pubertät besonders anstrengend warst, ein Speikind, deine Mutter eine schwere Geburt mit dir hatte oder du in der Schule nicht besser warst …

Wenn du dir ausreichend Zeit und Raum genommen hast, um diese Erkenntnis voll und ganz in dich einsinken zu lassen, besteht der nächste Schritt zur Heilung darin, dass du dir bewusst machst, was die mangelnde Liebesfähigkeit deiner Eltern mit dir gemacht hat. Mit einiger Sicherheit hat sie dich mit einem starken Liebesdefizit zurückgelassen. Dann gehst du mit einer Art emotionalem schwarzen Loch im Herzen durchs Leben, das sich scheinbar durch nichts dauerhaft füllen lässt. Möglicherweise versuchst du dennoch, es durch innige Partnerschaften zu füllen, wobei es sein kann, dass sich deine Partner nach einiger Zeit von dir abwenden, weil sie mit deinem starken Liebesbedürfnis in Verbindung mit deiner Unsicherheit, ob du überhaupt liebenswert bist, überfordert sind.

Vielleicht versuchst du auch, deine innere Leere durch eine exzessive Beschäftigung mit Essen, Sport, Abenteuern, Nervenkitzel oder durch eine Fernseh-, Smartphone- oder Computersucht zu füllen oder überall der Beste oder die Liebste zu sein, in der Hoffnung, so etwas von dem Stoff zu bekommen, den du dringender zu brauchen scheinst als andere. Möglicherweise sehnst du dich nach nichts mehr, als aufrichtig geliebt zu werden, traust jedoch gleichzeitig niemandem, der dies auch wirklich tut.

Dann ergeht es dir wie Groucho Marx, der einmal gesagt hat: »Einem Club, der einen wie mich aufnähme, würde ich aus Prinzip nicht beitreten.« Nach dem Motto: Was stimmt denn mit den anderen nicht, dass die mich tatsächlich lieben? *Mich!* Oder du vermutest bei jedem, der aufrichtig an dir interessiert ist, verdeckte böse Absichten. Vielleicht versuchst du dir aber auch selbst schon so lange zu beweisen, dass du wunderbar allein zurechtkommst, sodass dir diese Gedanken gar nicht erst kommen beziehungsweise du sie, sobald sie sich einmal aufdrängen, gleich wieder in deinem inneren Tresor verschließt.

So wirst du eventuell feststellen, dass auch du in deiner Liebesfähigkeit bisher beeinträchtigt warst. Diese Erkenntnis kann hart sein und viele wagen es nicht, diesen Schritt zu gehen. Oder wenn sie ihn doch gehen, dann bauen sie ihn nur in ihre üblichen Selbstabwertungen ein und ziehen ihn als weiteren Beweis dafür heran, dass ihre Eltern schon ganz recht damit hatten, eine oder einen »wie sie« nicht zu lieben. Doch die Schwierigkeiten, die du heute selbst in der Liebe hast, sind nicht die Ursache, sondern die Folge davon, dass deine Eltern dich nicht angemessen geliebt haben. Du musst also dem Drang widerstehen, sie in die Story über deine eigene Unzulänglichkeit einzubauen.

UNGEAHNTE MÖGLICHKEITEN

Deine Vergangenheit bestimmt nicht auf Dauer und unter allen Umständen auch deine Zukunft. Wir alle sind mit einem unglaublich lernfähigen Nervensystem ausgestattet. Je mehr wir es für die eigene Entwicklung zu nutzen lernen, desto mehr können auch alte Verletzungen heilen, und für uns wird möglich, was früher unmöglich schien. Die Sichtweisen und Übungen, die du in diesem Buch kennenlernst, werden dich auf deiner Heilungsreise unterstützen.

DOGMATISCHE ELTERN

Mit dogmatischen Eltern kann man nicht diskutieren. Es gibt nur eine Wahrheit: ihre. Gehören deine Eltern dazu, war deine Welt schwarz oder weiß, aber nichts dazwischen. Um ein selbstbestimmtes und glückliches Leben zu führen, musst du dir die bunten Farben des Lebens zurück erkämpfen!

1. WORAN ERKENNT MAN DOGMATISCHE ELTERN?

Gemeint sind Eltern, die ohne jeden Zweifel davon überzeugt sind, über die eine – und zwar die einzige – Wahrheit zu verfügen: nämlich die, an die sie selbst glauben.

Der Inhalt dieser Wahrheit kann sich auf nahezu alles beziehen und spielt eigentlich keine große Rolle. Natürlich auf religiöse Überzeugungen ebenso wie auf politische, auf Weltanschauungen wie Benimmregeln. Oft bezieht sich diese absolute Wahrheit gleichzeitig auf mehrere Bereiche.

Im Grunde geht es weniger um den Inhalt der Wahrheit, an die geglaubt wird, als um die Rigidität und den Absolutheitsanspruch, mit denen an dieser festgehalten wird.

Wer keine anderen Meinungen gelten lässt, dessen Weltbild wird eng. Mit dem kann man nicht diskutieren. Damit verbunden ist häufig der Glaube daran, dass eine höhere Macht die Dinge genau so eingerichtet hat, wie sie nun einmal sind, und wir Menschen uns damit abzufinden und in dieser Welt brave Bürger, Schäfchen Gottes, tüchtige Kapitalisten, gute Kommunisten oder was auch immer zu sein haben.

Eltern mit solch rigiden Ansichten dulden keine Abweichungen und ahnden diese mit – oft unangemessen – schweren Strafen. Dabei muss es sich nicht unbedingt um große Verstöße der Kinder gegen das handeln, was die Eltern für richtig oder gottgegeben halten. Menschen mit solch unflexiblen Charakterzügen können genauso fanatisch auf schlechte Zensuren oder ein nicht aufgeräumtes Kinderzimmer reagieren.

In diesem Denken gibt es keine Grautöne. Es ist geprägt von einer Ja-Nein-Weltsicht, die alles in Kategorien von Gut und Böse beziehungsweise Richtig und Falsch einteilt. Man gehört schnell zur Gruppe der »anderen« (die natürlich im Unrecht, falsch und gegen einen sind), wenn man in seinen Ansichten oder Verhaltensweisen auch nur ein Quäntchen von den strengen Vorgaben abweicht.

Die Wiederkehr des Verdrängten

Interessant ist dabei auch, dass solche Eltern bei sich selbst häufig blinde Flecken haben oder zu dem neigen, was der große Schweizer Psychiater C. G. Jung als »Schattendurchbrüche« bezeichnet hat. Dadurch, dass sie alle Regungen an sich selbst, die nicht in ihr strenges und meist von Pflichten und Regeln durchdrungenes Weltbild passen, chronisch zu unterdrücken und zu leugnen versuchen und damit in jenen Teil des eigenen Unbewussten verdrängen, der gemeinhin als »Schatten« bezeichnet wird, werden sie noch einseitiger. Doch nichts lässt sich ewig wegdrücken. Es kommt in bestimmten Situationen wieder an die Oberfläche. Dann jedoch mit geballter Kraft. Es ist wie bei einem mit Wasser gefüllten Kochtopf mit Schraubdeckel, der auf der eingeschalteten Herdplatte stehen gelassen wird. Es kommt der Punkt, da wird der Druck im Kochtopf so groß, dass er den Deckel einfach wegsprengt. Genau das passiert bei Schattendurchbrüchen.

Das, was wir in den Schatten verdrängen, müssen wir mit Willenskraft dorthin drücken und versuchen, unten zu halten.

Doch dass Willenskraft erschöpflich ist, weiß jeder, der schon einmal aus reinen Vernunftgründen versucht hat, eine Diät längerfristig durchzuhalten. Wenn wir ausgeschlafen, gut gelaunt und voll konzentriert sind, ist es noch verhältnismäßig leicht. Sobald wir jedoch müde, hungrig, abgelenkt oder ganz allgemein gestresst sind, übernehmen unsere unbewussten Triebe und Strömungen wieder das Ruder und das mit einer Kraft und Vehemenz, die einen erschaudern lassen kann.

Widerstand? Wird gnadenlos bestraft

Als Teenager oder Kind in deiner Trotzphase hast du vielleicht zaghafte Versuche unternommen, die elterlichen Regeln zu unterwandern. Solcher Widerstand ruft bei dogmatischen Eltern häufig einen »heiligen Zorn« auf den Plan. Da ihr Denksystem in sich geschlossen und nicht für äußere Impulse zugänglich ist, wird jede Abweichung von der Linie bestraft. Und zwar mit gutem Gewissen, denn wenn es nur eine Wahrheit gibt, nämlich ihre, dann ist jede Abweichung so etwas wie eine »Gotteslästerung«, wenn auch nicht unbedingt im religiösen Sinne.

Das Regelwerk, nach dem dogmatische Eltern leben und dies auch von ihren Kindern verlangen, steht sogar noch über der Liebe zu den eigenen Kindern.

LIEBE GIBT'S NUR, WENN ES GERADE PASST

Dogmatische Eltern erlauben sich nur dann, die Liebe zu ihren Kindern fließen zu lassen, wenn diese sich im Sinne dessen verhalten, was sie für unumstößlich richtig halten, und entziehen ihre Liebe sofort oder bestrafen sogar aktiv, sobald die Kinder dagegen verstoßen.

Selbstverständlich gibt es auch innerhalb dieser Kategorie verschiedene Härtegrade. Auch verstehen viele dogmatische Eltern bei Themen, die den Kern dessen betreffen, woran sie glauben, überhaupt keinen Spaß, während sie manchmal in anderen Bereichen toleranter sein können.

Ein Kind, das vom vorgegebenen Pfad abweicht, bringt in den Augen der Eltern schnell Schande über die »rechtschaffene« Familie. Es ist wirklich kein Vergnügen, in einer Gemeinschaft von Menschen, die alles »richtig« machen, als das schwarze Schaf dazustehen. Denn wer so rigide denkt, hat es nicht so mit dem Verzeihen. Eltern dieser Kategorie schaffen es, dir Dinge vorzuhalten, die du mit sechs Jahren mal gesagt, getan oder unterlassen hast. Doch nicht unbedingt mit dem Ziel, dass du dich schuldig fühlst, sondern dass du erkennst, was für ein »Sünder« (wieder nicht unbedingt im religiösen Sinne) du bist, und um dir zu zeigen, dass du noch hart an dir arbeiten musst.

Innerlich führen sie ein pedantisches Sündenregister über dich, bei dessen Detailgenauigkeit jeder Buchhalter vor Neid erblassen könnte. Sie sind nicht willens oder in der Lage, ihre Kinder als eigenständige Individuen zu sehen und ihnen Erfahrungen in der Welt zu ermöglichen, um zu eigenen Überzeugungen, Urteilen und Schlussfolgerungen zu gelangen. Da sie in einer Welt leben, in der die Würfel bereits gefallen und die Regeln und Normen einmal und für alle Ewigkeit festgeschrieben sind, gilt es nur, diese zu kennen, so gut wie möglich zu befolgen und bei Abweichungen angemessen Buße zu tun, in der Hoffnung, dadurch irgendwann wieder würdig zu werden.

Wo immer Menschen an eine absolute Wahrheit glauben, wird man schnell »schuldig«.

Andere tadeln heißt nicht, dass man selbst fehlerlos ist

Da es fast unmöglich ist, immer alles »richtig« zu machen, gibt es selbstverständlich Verfehlungen. Auch auf Seiten der Eltern selbst.

Diese Sünden werfen sie sich in manchen Fällen so stark vor, dass sie an ihrer eigenen Unvollkommenheit regelrecht innerlich zugrunde gehen können. Was sie sich dabei oft am meisten nachtragen, ist, dass sie selbst nicht in der Lage waren, das einzuhalten, was sie ständig von anderen Menschen so lautstark einfordern.

Deutlich wahrscheinlicher ist es jedoch, dass sie für ihr eigenes Fehlverhalten abenteuerliche Begründungen finden, die ihnen helfen, ihre eigene Weste rein zu halten, während anderen Instanzen die Schuld zugeschrieben wird. Ähnlich wie manche Menschen alles Böse auf den Teufel projizieren – »Ich war es nicht, der Teufel hat mich in Versuchung geführt und ich kann mir nur vorwerfen, dass ich nicht stark genug war, ihm dieses Mal zu widerstehen« –, so wird auch hier die Schuld projiziert, damit das rigide Welt- und Selbstbild möglichst lange aufrechterhalten bleiben kann.

LOB DIENT DAZU, DICH IN EINE BESTIMMTE RICHTUNG ZU LENKEN

Als Kind dogmatischer Eltern ist dein heutiges Selbstbild mit einiger Sicherheit geprägt von dem Gefühl, nie gut genug gewesen zu sein. Denn jegliche Form von Anerkennung galt nicht deiner Person als einzigartigem Individuum, sondern, wenn sie dir überhaupt zuteilwurde, nur den besonderen Leistungen im Einhalten der elterlichen Gebote. Meist wird diese Einhaltung jedoch als selbstverständlich vorausgesetzt, sodass die Eltern hier wenig Anlass zum Loben sehen.

Dennoch nutzen viele dogmatische Eltern Lob und Anerkennung als Instrument der Konditionierung, wenn du auf Kurs bist, und Strafe oder Liebesentzug, wenn du davon abweichst.

Wer sind wir?

Eine weitere beliebte Methode ist die permanente Identitätszuschreibung. »Wir sind nicht solche Leute wie …«, häufig in Kombination mit einem Feindbild, das bei jeder Gelegenheit bedient und auf Menschen übertragen wird, die eine inhaltlich genau entgegengesetzte Einstellung zum rigiden Denken der Eltern haben.

Auf diese Weise wird der Identitätsbildungsprozess der eigenen Kinder häufig ebenfalls zu steuern versucht. Dann wird der Sprössling immer gelobt und belohnt (positive Verstärkung), wenn er ein linienkonformes Verhalten zeigt, und es wird keine Gelegenheit ausgelassen, Aussagen zu treffen wie »Dem Herrn sei Dank haben wir nicht so ein Kind wie die XY« oder »Wir sind froh, dass du so ein braver und guter Junge bist«.

Das Perfide ist: Wenn wir uns erst mal auf eine Identität als ein Mensch mit dieser oder jener Eigenschaft festgelegt haben oder haben festlegen lassen, dann treibt uns unser Konsistenzbedürfnis dazu, dieser Identität um jeden Preis entsprechen zu wollen, selbst dann, wenn wir inhaltlich eigentlich eine andere Meinung dazu haben oder uns gerade gar nicht danach fühlen, wieder »ein guter Junge« oder »ein braves Mädchen« zu sein.

Die ultimative Strafe dogmatischer Eltern für vom vorgegebenen Kurs abweichendes Verhalten ihrer Sprösslinge sind nicht in erster Linie Schuldgefühle, obwohl diese dennoch häufig bei den Kindern entstehen können. Schuldgefühle sind eher die Baustelle bei »Schuldgefühl induzierenden Eltern« (Seite 130).

Was dogmatische Eltern als Fehlverhalten betrachten, hat natürliche Abstufungsgrade, denn in der Weltsicht dieser Eltern gibt es Dinge, die sich nicht gehören, bis hin zu solchen, die man nicht einmal denken darf. Zwar würden viele Eltern aus dieser Kategorie nicht direkt

Dogmatische Eltern entziehen dir ihren Respekt und ihre Achtung, wenn du etwas tust, das sie nicht gutheißen können.

aufhören, dich zu lieben, wenn du ein solches Verhalten an den Tag legst. Doch würde sich dann schnell zeigen, dass sie dich nicht um deiner selbst willen weiterlieben, sondern um ihrem eigenen Anspruch gerecht zu werden.

VON EINER GENERATION ZUR NÄCHSTEN

Dogmatische Eltern stehen nicht außerhalb ihrer Kategorien, die sie übrigens in fast allen Fällen ebenfalls weitestgehend ungeprüft von ihren eigenen Eltern und diese wiederum von ihren Eltern und so weiter übernommen haben. Auch ihr Verhalten wird bestimmt von Dingen, die »man« eben macht oder nicht macht. So kann es sein, dass sie dich weiterhin bei deinem Studium unterstützen oder du in einer Notlage wieder bei ihnen einziehen darfst, obwohl du dich mit deinem Verhalten in der Vergangenheit in ihren Augen längst untragbar für die Familie gemacht hast.

Aber dann gewähren sie es dir ausschließlich aufgrund ihres Regelwerks, das in diesem Fall wahrscheinlich Richtlinien enthält wie »Man lässt die eigene Familie nicht im Stich« oder »Eltern müssen ihre Kinder lieben«. Dennoch werden sie keine Gelegenheit auslassen, dich ihre Verachtung spüren zu lassen und dir ihre Missbilligung über dein Verhalten oder deine Entscheidung kundzutun.

Solange du den elterlichen Respekt noch nicht vollständig verspielt hast, hat der auf diese Weise erzeugte Druck natürlich auch zum Ziel, dich dazu zu bringen, dich wieder brav an den dir zugedachten Platz einzugliedern. Wenn deine Verfehlungen in ihren Augen ein untragbares Maß erreicht haben, sodass sie dich aufgegeben haben, ist es manchmal nur noch Verachtung ohne die Absicht, dich damit zu irgendetwas zu bewegen. Aber dafür muss in den meisten Fällen schon viel passiert sein.

Diese Verachtung beziehungsweise der entzogene Respekt muss dabei nicht immer offen kommuniziert werden. Nonverbal, unter der Oberfläche schwelend ist er häufig noch viel unerträglicher.

Ich habe in meinem Freundeskreis jemanden, dessen Eltern in diese Kategorie fallen. Ich war im Hause meines Freundes zu Schulzeiten kein willkommener Gast, denn ich passte damals so gar nicht in das von den Eltern vorgegebene Schema, wie die geduldeten Freunde meines Freundes zu sein hatten. Es wurde nie vor mir offen ausgesprochen, aber die Missbilligung war in jedem Blick und jeder Geste offen zu spüren.

Aus Gesprächen mit meinem Schulfreund weiß ich, welchen Tiraden er selbst ausgesetzt war, dass er sich über die elterlichen Vorgaben hinweggesetzt und »diesen Jungen« immer wieder mit in ihr Haus geschleppt hat, obwohl er wusste, wie seine Eltern zu »solchen« Menschen standen. Mir selbst gegenüber verloren sie nie ein Wort darüber. Im Gegenteil, sie benahmen sich verhalten freundlich, sodass sie sich nichts Nachweisbares haben zuschulden kommen lassen, auf das man sie hätte festnageln können. Zu ihren eigenen Regeln gehörte es, wie ich von meinem Schulfreund wusste, dass man Fremde wie Gäste behandelt, und das taten sie dann auch. Wenn auch widerwillig.

Was man zu tun und was man zu lassen hat

Das Vokabular von dogmatischen Eltern ist gespickt mit sogenannten Universalquantoren. Das sind Formulierungen mit starkem Verallgemeinerungscharakter und einer gewissen Absolutheit, die keine Ausnahmen sieht oder gelten lässt: »nie«, »immer«, »jedes Mal«, »man« und so weiter. Dabei ist das »Man«, wie in »Man tut dies« oder »Man tut so was einfach nicht« in seinen verschiedenen Variationen besonders präsent. Hierüber wird klar die Zugehörigkeit zu einer Gruppe mit bestimmten Verhaltensstandards definiert. Meist in deutlicher Abgrenzung, zu »den anderen«, auf die diese Kriterien nicht zutreffen und die dann auch häufig herangezogen werden, um das Profil der eigenen Identität den Kindern gegenüber herauszustellen.

- »Wir sind nicht solche Menschen wie die Meiers. Wir wissen, was sich geziemt.«
- »Ein Hartmann tut so etwas nicht.«
- »In unserer Familie lassen wir einander nicht hängen.«
- »Bei uns studiert man nicht (oder *nicht* nicht)!«
- »Wir sind doch keine Arbeiterfamilie.«
- »Mädchen sollten so etwas nicht tragen. Wir haben doch keine Schlampe großgezogen!«
- »Wir lösen unsere Probleme in unserer Familie selbst.«
- »Wehe, du sprichst mit jemandem über das, was in dieser Familie passiert!«
- Und so weiter.

Bei all diesen Beispielen wird die eigene Familie wie ein exklusiver Club gegen die meisten anderen abgegrenzt. Daraus entsteht nicht selten ein Überlegenheitsanspruch, da der eigene Weg und die eigenen Ansichten für allen anderen überlegen gehalten werden. Zumindest für moralisch überlegen. Zwar wird diese Überlegenheit in der Öffentlichkeit aus Gründen des Anstands so gut wie nie betont, aber in der Innensicht kann sie das Selbstverständnis der Eltern stark prägen.

2. BEZIEHUNGSMUSTER ZWISCHEN DOGMATISCHEN ELTERN UND IHREN KINDERN

Fallgeschichte Sandro: Wenn die Berufswünsche nicht den elterlichen Plänen entsprechen

Sandros Familie besaß ein Heizungs- und Sanitärgeschäft und das schon in vierter Generation. Sandro war das ältere von zwei Kindern, seine Schwester kam drei Jahre nach ihm. Damit war für die Familie klar, dass Sandro einmal das Geschäft übernehmen würde. Es stand für sie nicht nur fest, es war geradezu in Stein gemeißelt. Anfangs gefiel Sandro die Idee, denn er war als Kind gern mit seinem Vater ins Geschäft gefahren und kam sich ziemlich wichtig vor, wenn er den Erwachsenen dort zur Hand gehen konnte und sie ihm das Gefühl gaben, wichtige Aufgaben zu erledigen, während sie ihn im Grunde nur beschäftigt hielten.

Doch mit zunehmendem Alter veränderten sich Sandros Interessen und er begann, sich für Literatur, Kunst und Geschichte zu interessieren. Die Aussicht, einmal das elterliche Geschäft übernehmen zu müssen, wurde ihm trotz hervorragender wirtschaftlicher Aussichten zunehmend ein Graus. Doch er kannte seinen Vater genau genug, um zu wissen, dass er damit lieber so lange wie möglich hinterm Berg halten sollte. Also machte er viele Jahre gute Miene zum bösen Spiel, wenn sein Vater Sätze sagte wie »Wenn du dann einmal hier der Chef bist…«, und hoffte eine Zeit lang insgeheim, dass sein altes Interesse am Familienbetrieb rechtzeitig wiederkehren würde, damit er sich nicht mit seinem Vater auseinandersetzen musste. Doch das tat es nicht.

Als schließlich der Moment kam, da Sandro seinem Vater mitteilen musste, dass er weder vorhabe, BWL zu studieren, noch eine Lehre im elterlichen Betrieb zu machen beabsichtige, sondern dass es ihn ganz woanders hinziehe, reagierte sein Vater zuerst vollkommen geschockt. Nachdem er sich wieder halbwegs gefangen hatte, legte er eine Verachtung an den Tag, als hätte Sandro ihm gerade gesagt, er wolle den Rest seines Lebens am Strand vor sich hindümpeln. Sandros Vater war nicht nur enttäuscht, dass seine Wunschvorstellung nicht aufging. Er nahm Sandros Entscheidung auf eine Art und Weise persönlich, die man kaum in Worten beschreiben kann. Dabei beschimpfte er ihn als »Verräter« und »undankbaren Bengel«.

In Sandros Familie galten Tradition und der Zusammenhalt in der Familie als das höchste Gut. Egal, wie groß ein Problem war, die Familie regelte es unter sich oder einigte sich im Kollektiv darauf, das Thema totzuschweigen.

In der Denkwelt von Sandros Vater hatte zuvor nicht einmal die Möglichkeit bestanden, dass sein Sohn nicht die Firma übernehmen will. Doch das war es gar nicht, was ihn am meisten entsetzte. Es war die Frage, wie sein Sohn so »egoistisch« sein und seine »Träumereien« vor die Interessen der Familie stellen konnte. Denn üblicherweise ordnete man sich dem Familienzwang unter. Worte wie »Selbstverwirklichung« oder »Eigenbestimmung« existierten im Wortschatz von Sandros Eltern und vieler anderer Familienmitglieder schlichtweg nicht.

In den nächsten Monaten ließ der Vater keine Gelegenheit aus, um Sandro vor anderen vorzuführen. Entgegen der üblichen Gepflogenheit sogar außerhalb der Familie, indem er, während Sandro anwesend war, vor guten Bekannten, Vereinskollegen oder Nachbarn immer wieder Dinge sagte wie »... aber mein feiner Herr Sohn ...« oder »... aber unser Sohn ist sich zu fein für ..., er will lieber ...« und Sandro somit öffentlich herabsetzte. Sandro erduldete das meistens still und implodierte eher, weil er befürchtete, gegen den heiligen Zorn seines Vaters und der restlichen Verwandten nicht anzukommen. Der Vater versuchte auch, andere Familienmitglieder dazu zu bewegen, seinen Sohn doch bitte zur Vernunft zu bringen, und wollte sogar einen Psychologen hinzuziehen, in der Meinung, Sandros Entscheidung beruhe auf einer nicht erkannten psychischen Störung, die mit Tabletten behandelbar sei.

Als das alles nichts half und die Hoffnung des Vaters schwand, seinen Sohn doch noch zur Vernunft zu bringen, begann er, ihn vollständig zu ignorieren. Er wurde bei Familienentscheidungen nicht mehr befragt und auch sonst nicht mehr miteinbezogen. Man überging ihn absichtlich. Mehr als einmal kam es vor, dass jeder am Tisch befragt wurde, wie sein Tag war. Außer Sandro. Oder die Familie stimmte ab, wohin der nächste Familienurlaub gehen solle – eine jährliche Pflichtübung für alle –, nur Sandro wurde nicht nach seinen Wünschen befragt. Doch natürlich erwartete man, dass er mitkam, wohin die anderen wollten. Wenn sein Vater mit anderen Menschen aus der Firma oder Sandros Mutter zusammensaß und übers Geschäft sprach, wurde das Gespräch sofort unterbrochen, wenn Sandro den Raum betrat, als würde er, der Verräter, als der er sich in den Augen des Vaters durch seine Entscheidung entpuppt hatte, Betriebsgeheimnisse an die Konkurrenz weitergeben. Auch sonst wurde ihm jegliches Vertrauen entzogen. Man schloss ihn aus allen wesentlichen Entscheidungen aus und hielt wichtige Informationen vor ihm zurück. So hörte er erst eine Woche nach allen anderen und mehr durch Zufall, dass seine Oma im Heim gestorben war. Die Eltern, die es noch am Todestag erfahren hatten, verloren ihm gegenüber kein Wort darüber, obwohl sie wussten, dass Sandro seine Oma sehr viel bedeutet hatte, und die Familie am selben Abend bei Tisch zusammengesessen hatte.

Als Sandro dann tatsächlich sein Studium der Literatur- und Kunstgeschichte begann, unterstützten ihn seine Eltern trotz reichlich vorhandener finanzieller Mittel nicht und besuchten ihn kein einziges Mal in seiner Studentenwohnung. Auch bei Familientreffen mit seiner Beteiligung, die natürlich immer seltener wurden, fragte ihn nie jemand, wie es ihm gehe und wie es im Studium laufe. Auf seine eigenen Nachfragen nach dem Befinden der anderen gab es einsilbige und ausweichende Antworten.

Sandro war sich sicher, wäre er in eine Notlage gekommen und wäre bei seinen Eltern zu Kreuze gekrochen und hätte darum gebeten, dann hätten sie ihm finanzielle Hilfe zukommen lassen … gepaart mit einer gewissen Genugtuung darüber, dass sein Weg nicht funktioniert habe und sie es ja gleich gewusst hätten, garniert mit jeder Menge Verachtung. Doch wahrscheinlich hätten sie auch das nie direkt ausgesprochen. Man hätte es an ihrem Tonfall, ihren Gesten und ihrer Mimik wahrgenommen. Bei allem, was sie taten, gaben ihm die Eltern das Gefühl, für sie zur Unperson geworden zu sein.

Nur sehr wenig von der Kritik der Eltern an Sandros Entscheidung wurde je direkt ausgesprochen. Und sie verstießen nicht gegen die Familienregeln. Er durfte weiterhin kommen. Die Tür stand ihm offen.

DER VERLORENE SOHN

Zumindest anfangs bewirkten die Eltern bei Sandro einige Schuldgefühle. Doch darauf waren sie anscheinend nie aus und machten ihm auch so gut wie keine direkten Vorwürfe. Hier wären beispielsweise Schuldgefühl induzierende Eltern (Seite 130) vollkommen anders vorgegangen. Sandros Eltern haben ab einem gewissen Punkt nicht mal mehr versucht, ihn in die von ihnen gewünschte Richtung zu manipulieren, wie es viele andere Eltern getan hätten.

Da er sich in ihren Augen durch sein Verhalten und seine Entscheidung so unmöglich gemacht hatte, schien ihnen sogar jegliches Interesse daran abhandengekommen zu sein, dass der verlorene Sohn sich noch einmal besann und zu ihnen zurückkehrte. Es schien, als wäre er nur noch Statist in der Familie, der geduldet wurde, doch im Grunde seine Daseinsberechtigung verspielt hatte.

Nachdem die Besuche bei seinen Eltern immer weniger fruchtbar gewesen waren, beschloss Sandro, sich für eine Weile zurückzuziehen und in sich zu gehen, um wieder zu sich zu finden und zu überlegen, wie er mit dem Verhalten seiner Eltern und dem Ausgeschlossensein aus seiner Familie umgehen wollte.

Sandro trug sich mit dem Gedanken, seinen Eltern eine ehrliche und offene E-Mail zu schreiben, in der er so sachlich wie möglich und ohne Anklage seine Sichtweise darlegen und den Eltern die Hand reichen wollte. Er war sich aber auch vollkommen klar darüber, dass er seine Hand nur bis zur Hälfte der Distanz ausstrecken würde. Wenn ihm seine Eltern nicht ebenfalls die Hälfte der Strecke entgegenkommen beziehungsweise seine Hand nicht ergreifen würden, dann würde er nicht noch weiter gehen. Diese Klarheit beruhigte ihn innerlich ein wenig, da es jetzt einen Rahmen für sein Handeln gab. Durch diese Entscheidung waren Wegmarkierungen sichtbar geworden, anhand derer er genau bestimmen konnte, wo er sich befand, was er bereit war zu tun und was nicht.

SANDROS E-MAIL AN SEINE ELTERN

Liebe Mama, lieber Papa,
wie es momentan zwischen uns ist, macht mich traurig. Ich weiß, dass Ihr das Gefühl habt, dass ich mich mit meiner Entscheidung gegen Euch und gegen die Familie gestellt habe, doch das ist nicht der Fall. Ich habe mich nie gegen Euch entschieden, sondern nur für den Weg meines Herzens, dem ich folgen möchte. Ich weiß es zu schätzen, dass unsere Familie dieses Geschäft nun schon viele Generationen über besitzt, und ich weiß, dass Ihr davon ausgegangen seid, dass es auch weiterhin im Familienbesitz bleibt. Doch mein Herz möchte etwas anderes mit meinem Leben anfangen als das, was der Weg der Familientradition für mich vorgesehen hat. Und ich habe das Gefühl, dass ich es einmal später sehr bereuen werde, wenn ich nicht auf mein Herz höre. Heute sind auch andere Zeiten

als damals, als Papa das Geschäft übernommen hat. Papa, Du hast großartige Arbeit geleistet, das Geschäft Deines Vaters aus den roten Zahlen geholt und es zu dem gemacht, was es heute ist, aufbauend auf dem, wofür wiederum Dein Opa und Uropa den Grundstein gelegt haben. Doch heute ist die Situation längst nicht mehr so drängend wie damals. Wir haben jede Menge neuer Freiheiten, die es zum damaligen Zeitpunkt nicht gab. Ich erwarte kein Geld von Euch und ich möchte mich auch nicht auf Eurem Erfolg ausruhen. Aber ich vermisse Euch als Eltern und möchte gerne wieder Euer Sohn sein. Es ist vollkommen okay für mich, wenn Ihr mich auf meinem Weg nicht unterstützen wollt. Ich werde es alleine schaffen und stolz auf das sein, was ich erreicht habe. Ebenso wie unsere Vorfahren das Familiengeschäft aus dem Nichts erschaffen haben, möchte ich etwas Neues erschaffen. Vielleicht wird es nie so groß wie das Familiengeschäft und geht nie über mich hinaus, doch werde ich wissen, dass ich selbst es war. Gerade weil es nicht immer leicht sein wird, hat es einen besonderen Wert. Ich bitte Euch, das zu respektieren. Selbstverständlich werde ich dennoch immer da sein, wenn Ihr im Geschäft oder sonst irgendwo meine Hilfe benötigt und sie annehmen wollt. Wann immer die Familie mich braucht, werde ich zur Stelle sein. Ich möchte nur nicht unser Familienunternehmen weiterführen. Mit dieser Nachricht möchte ich Euch die Hand reichen, Euch sagen, dass ich Euch liebe und immer da sein werde. Mein Herz würde sich riesig freuen, wenn Ihr auch einen Schritt auf mich zu machen möchtet und wir eine neue Ebene fänden, auf der wir wieder eine Familie sein könnten, trotz neuer Situation. Denn Ihr fehlt mir und ich möchte als Mensch ein Teil von Euch bleiben dürfen. Bis es so weit ist, werde ich warten, denn die Zurückweisung, die ich in der Vergangenheit erfahren habe, wenn ich Euch besucht habe, war für mich sehr verletzend und dem kann und will ich mich nicht mehr aussetzen. Für offene Gespräche bin ich jedoch jederzeit da, wenn Ihr meine Hilfe braucht natürlich auch – egal, ob wir uns vorher versöhnt haben oder nicht.
In Liebe zu Euch und zu mir selbst, Euer Sohn Sandro

WICHTIGER ALS DAS KIND: DIE REGELN

Natürlich ist dies ein extremes Beispiel und nur wenige Eltern dieser Kategorie würden so weit gehen. Aber es zeigt, wie dogmatische Eltern ticken. Im Extremfall gehen ihnen ihre Regeln und Dogmen sogar vor das Wohl der eigenen Kinder. Dabei wurde Sandro nie als eigenständiger Mensch gesehen, sondern nur in der ihm durch die Familienbande zugedachten Rolle, die er zu erfüllen hatte. Das ist typisch für die zugrunde liegende Denkweise. Man ist nicht in der Lage, wirklich hinzusehen. Man sieht den anderen und die Welt drum herum ausschließlich gefiltert durch die Maske von Richtig und Falsch, die man allem überstülpt.

Es hat geschlagene drei Jahre gedauert, bis Sandros Eltern von sich aus auf ihn zukamen, doch heute haben sie eine neue Ebene gefunden, um miteinander umzugehen. Dass Sandro die Familientradition nicht fortführen möchte, ist für die Eltern nach wie vor ein Punkt, der stark emotional besetzt ist, und deshalb wird dieses Thema zwischen ihnen meistens umgangen. Aber als Familie haben sie wieder zusammengefunden. Vielleicht echter und näher, als dies zuvor jemals der Fall war. Der Weg dahin war alles andere als leicht. Sandros Einstellung und Nachricht hatte den Grundstein gelegt, aber es bedurfte noch jeder Menge verstreichender Zeit und eines schweren Herzinfarktes von Sandros Vater, bis die Bereitschaft oder vielmehr Fähigkeit für eine echte Annährung gegeben war.

Das ist übrigens häufig der Fall. Einschneidende Lebensereignisse wie ein Herzinfarkt oder eine Geburt haben die Macht, uns mit den wesentlichen Aspekten des Lebens in ihrer Tiefe in Kontakt zu bringen, und üben damit oft eine transformierende

Wirkung auf das Bewusstsein der einzelnen Familienmitglieder aus. Als Sandro vom Herzinfarkt seines Vaters hörte, ließ er sofort alles stehen und liegen und reiste durchs halbe Land, um so schnell wie möglich bei ihm zu sein, obwohl seit rund drei Jahren Funkstille herrschte. Auch diese Geste hatte bei seinen Eltern etwas verändert. So können Familienmitglieder sich häufig gegenseitig beeinflussen und einer vom anderen lernen – auch Eltern von ihren Kindern, die meist weniger festgefahren in ihren Haltungen sind als die älteren Generationen.

3. AUSWIRKUNGEN AUF DIE KINDER

Kinder von dogmatischen Eltern leben häufig auch noch lange, nachdem sie zu Hause ausgezogen sind, in einer strengen Welt voller Regeln und Verbote. Auch hier gibt es natürlich wieder die beiden Möglichkeiten der Anpassung oder der Rebellion (Seite 25 f.), mit den elterlichen Dogmen und den Erlebnissen der Kindheit umzugehen.

Rebellion!

Auf dem Weg der Rebellion wirst du im Falle von dogmatischen Eltern wahrscheinlich darauf bestehen, dass alles relativ ist. Du wirst unter Umständen gegen alles »Gegebene« protestieren und vieles infrage stellen, was für andere als unumstößlich gilt. Das ist der Versuch, die Starrheit elterlicher Gebote und Verbote dadurch aufzubrechen, dass du alles in Zweifel ziehst und aus verschiedensten Blickwinkeln beleuchtest, ohne dich auf einen festzulegen. Auf diese Weise bleibst du zwar flexibel in deinen Sichtweisen, scheust dich jedoch auch, einen eindeutigen Standpunkt einzunehmen und gegebenenfalls zu verteidigen.

Allgemein wirst du auf diesem Wege Schwierigkeiten mit Autoritäten haben und es ist gut möglich, dass du – ähnlich wie im Falle von Jupiter-Vätern (Seite 149) – den unwiderstehlichen Drang verspürst, dich mit ihnen anzulegen. Sehr wahrscheinlich ist auch, dass du zu einem großen Fan jeglicher Form von Freiheit wirst, was sich darin äußern kann, dass du einfach nicht bereit bist, dich fest an jemanden zu binden, oder dass du magisch von allem angezogen wirst, was Freiheit verspricht.

Du wirst es dann nicht gerade mit festen Routinen und Ritualen haben und sicher mehr als einmal den Job wechseln. Möglicherweise hältst du es nie lange an einem Ort aus und ziehst alle paar Jahre oder Monate um, nur damit möglichst nichts festgelegt ist in deinem Leben. Dein Verhalten gleicht damit einer Art Gegenentwurf zur Weltsicht deiner Eltern, in der alles in Stein gemeißelt ist und deren Welt sich allein dadurch in leeren, monotonen und immer wiederkehrenden Ritualen ergeht.

Möglicherweise wirst du zum wahren Action-Junkie oder Aussteiger, der damit gegen die Langeweile der festgeschriebenen engen Welt deiner Eltern während der Kindheit protestiert.

Dabei kannst du durchaus tolle Abenteuer erleben, doch du bist ebenso wenig frei wie derjenige, der auch mit 65 noch versucht, die Zustimmung seiner mittlerweile 93-jährigen, dementen Mutter zu erreichen. Du zahlst wie immer auch auf dem Weg der Rebellion oder Anpassung einen hohen Preis. Er wird einem meist nur spät bewusst, da man sich in der Rebellion mächtig und eigenständig vorkommt und durchaus viele tolle Erlebnisse sammeln kann. Doch irgendwie ist man auch immer auf der Flucht. In diesem Fall vor einem zu engen Leben. Der Preis hierfür liegt darin, auf diesem Weg niemals ankommen zu können. Dein Weg führt dich letztendlich nirgendwo hin. Du musst immer weiter, darfst niemals länger stehen bleiben. Das mag mit Mitte 30 noch gehen, für einen 60-jährigen wird es langsam unpassend und auch immer schwerer zu realisieren.

In Extremfällen hast du bei dogmatischen Eltern, die dich mit ihren Regeln, Normen und Vorgaben erdrückt haben, ein großes Problem, dich an allgemeingültige Regeln zu halten. Dann lebst du nach dem Prinzip »Gesetze sind da, um gebrochen zu werden«. Je enger eine Restriktion ist, desto mehr fühlst du dich von ihr provoziert. Das kann viele Formen annehmen. Schlimmstenfalls gerätst du mit dem Gesetz in Konflikt. Nur empfindest du das dann häufig nicht als dein eigenes Verschulden, sondern siehst darin das Problem der kranken Gesellschaft mit ihren Restriktionen und Maßregelungen.

Kurzum: Du wärst ein super Hippie oder Punk oder dergleichen. Hauptsache, die Gruppierung, der du dich anschließt, rebelliert gegen den Status quo des Establishments. Durch dein permanentes Anecken verbaust du dir natürlich auch manche Chance im Leben, was ein weiterer Teil des Preises ist, den du auf diesem Weg zahlst. Du lebst ein Leben, das auch äußerlich weit unter deinem Potenzial bleibt. Doch das empfindest du unter Umständen dann gar nicht so, da du ein gewöhnliches Leben mit Aussicht auf einen guten Job, Familie und ein kleines Reihenhäuschen mit weißem Gartenzaun ohnehin für viel zu bieder und klischeebehaftet halten würdest. Und doch ist es nicht unwahrscheinlich, dass es da irgendwo einen kleinen Teil in dir gibt, der sich genau das (beziehungsweise das, wofür es steht) wünscht.

Diese innere Stimme wird in der Regel mit zunehmendem Alter bei den meisten lauter, bis sie nicht mehr überhört werden kann und zu einer Veränderung zwingt.

Der Weg der Anpassung

Dem gegenüber steht der Weg, bei dem du direkter an deine Eltern und ihre Dogmen gebunden bleibst. Vielleicht nicht an deren Inhalte, doch an ein dogmatisch-eng geführtes Leben, das keinen Spielraum für Spaß oder Selbstverwirklichung lässt und in dem es ein Richtig und ein Falsch gibt und nichts dazwischen. Dann neigst du zu Pedanterie und zwanghaftem Verhalten und bist besessen von dem Wunsch, immer alles perfekt und richtig zu machen und dir ja niemals einen Fehler zu erlauben.

Je nachdem, welchen Inhalt die Dogmen haben, nach denen du lebst, kann es durchaus sein, dass du kein Problem damit hast, im Studium oder auf der Arbeit eher mittelmäßige Leistungen zu erbringen und häufig Fehler zu produzieren, es dir aber nicht verzeihst, wenn du einmal eine »moralische« Verfehlung begehst. Oder umgekehrt. Der Perfektionismus, dem du unterliegst, ist selten ein allgemeiner, sondern immer ein spezifischer in Bezug auf das, was du für richtig oder falsch hältst.

Was ein Fehler ist, das hängt von den Inhalten deines Glaubenssystems ab. Da geht es bei weitem nicht immer nur darum, perfekte Leistungen zu bringen.

Auch bei der Partnerwahl geht es dann nicht darum, den Partner oder die Partnerin zu bekommen, den du am meisten liebst oder die am besten zu dir passt, sondern »den richtigen« Partner. Das ist hier jedoch nicht im klassischen Sinne von »der oder die Eine« gemeint, sondern im Sinne von »der Partner, die Partnerin, der oder die am besten in das dogmatische Schema passt, nach dem du lebst«. Ob derjenige dann Rechtsanwalt sein oder den rechten Glauben haben muss oder was immer, ist auch hier vollkommen individuell. Er beziehungsweise sie muss nur ins Schema passen. Du würdest es dir nämlich zutiefst vorwerfen, wenn du Gefühle für jemanden entwickeln würdest, der dies nicht tut.

WO DIE LIEBE HINFÄLLT

Das ist häufig ein Punkt, an dem ehemals angepasste Kinder plötzlich ins Gegenteil kippen und zu rebellischen Kindern werden: wenn sie sich in jemanden verlieben, der das genaue Gegenteil von dem passenden Partner darstellt.

Wenn ein Umschwung von der Anpassung zur Rebellion stattfindet, machen viele die Erfahrung, dass das, was zutiefst abgelehnt wurde, auch seine positiven Seiten hat. Was zuvor abstrakt war und aus der Ferne verteufelt wurde, wird plötzlich erfahrbar und man stellt verwundert fest, dass der andere, der ja eigentlich für alles Ablehnenswerte steht, auch nur ein Mensch ist und in vielen Fällen sogar ein ziemlich netter. Das führt nicht selten dazu, dass alles Rigide in der eigenen Welt beziehungsweise den elterlichen Vorgaben infrage gestellt wird, denn jetzt gibt es die Gegenerfahrung, dass »das andere« oder »die anderen« gar nicht so schlimm sind, wie immer behauptet wurde.

Dieser Punkt ist heikel, denn er führt nicht selten zu langfristigen Zerwürfnissen mit den dogmatischen Eltern. Dennoch habe ich auch schon Fälle erlebt, in denen die initiale Öffnung des Kindes für einen anderen Menschen, der für die Eltern zuvor eine Persona non grata war, nach und nach auch zu einer Öffnung bei den Eltern geführt hat, die ebenfalls nicht mehr ganz so rigide an einigen ihrer alten Vorstellungen über »die anderen« festhalten konnten. Zumindest können sie in einigen Fällen den Partner oder die Partnerin des Kindes dann, wenn sie ihn näher kennengelernt haben, als positiven Einzelfall gelten lassen, quasi als Ausnahme, die die Regel zu bestätigen scheint.

Dies ist ein sogenannter Modus Vivendi. Frei übersetzt: Es ist nicht toll, aber das Maximum an positiver Umgangsweise mit einem Thema, das erreicht werden kann.

Auf diese Weise können die Eltern mit dem neuen Partner klarkommen, in ihre Erfahrung mit einbeziehen, dass er gar nicht so schlimm ist, wie sie dachten, und sich dennoch auf die Position retten, dass die anderen seines Schlages aber garantiert schlimm sind. So müssen sie nicht gleich ihr gesamtes Glaubenssystem über den Haufen werfen.

Dieses Thema betrifft in der heutigen Zeit natürlich häufig auch die Beziehung zweier Menschen aus unterschiedlichen Kulturen – für viele Menschen immer noch ein sehr vorurteilsbelastetes Thema, besonders, wenn jemand mit anderem kulturellen Hintergrund den Eltern als künftiger Lebenspartner vorgestellt wird. In der Praxis erweisen sich die damit einhergehenden Auseinandersetzungen leider nicht immer als so charmant und versöhnlich wie in dem Kinofilm »My Big Fat Greek Wedding«.

4. WAS ENTLASTET?

Auch wenn du dogmatische Eltern hattest, die keine Gelegenheit ausgelassen haben, um dich davon zu überzeugen, dass ihr Weg und ihre Sichtweise der Dinge die einzig richtigen sind, kannst du innerlich frei werden. Ungeachtet der speziellen Verhaltenskategorie deiner Eltern ist es auch hier ausschlaggebend, dass du lernst, das kleine innere Kind hinter dem Verhalten deiner Eltern zu erkennen. Am besten gelingt dir das, wenn du es aus deinem eigenen Erwachsenen-Ich heraus wahrnimmst, also mit einer reifen Haltung (Seite 24). Diesen Zustand den eigenen Eltern gegenüber einzunehmen ist zugegebenermaßen nicht immer einfach, aber dennoch erlernbar.

REAGIEREN AUS DEM ERWACHSENEN-ICH

Atme nach besonders belastenden Situationen mit deinen Eltern am besten zunächst ein paar Mal tief durch und mache dir bewusst, wie alt du heute bist. Du bist mit einiger Wahrscheinlichkeit schon erwachsen, hast vielleicht eine eigene Familie, bist selbst Vater oder Mutter, Geschäftsführerin oder Hausmann, hast dein eigenes Leben, deine eigenen Räumlichkeiten, verdienst deine eigenen Brötchen und bist auch sonst, objektiv betrachtet, in keiner Weise vom Zuspruch deiner Eltern abhängig.

Das Gewahrsein der eigenen heutigen Unabhängigkeit ist eine gute Ausgangsbasis, denn es erlaubt uns, angstfreier hinzuschauen, was *heute* wahr ist, und nicht, was *damals* wahr war. Wir erleben so eher, dass viele unserer Gefühle den Eltern gegenüber in der Vergangenheit entstanden sind, in der wir fast vollständig von ihnen abhängig waren und wo es – zumindest gefühlt – eine Frage des (emotionalen) Überlebens für uns war, möglichst schnell und gut herauszufinden, wie wir sein müssen, um mit speziell diesen Eltern gut auszukommen.

Mit der Zeit wirst du immer feiner wahrnehmen, in welchem Ich-Zustand du dich gerade befindest.

Heute können wir uns viel mehr Spielraum erlauben, denn objektiv betrachtet hat die Missbilligung unseres Verhaltens und unserer Entscheidungen durch die Eltern mittlerweile viel weniger bis gar keine greifbaren Konsequenzen mehr für uns. Abgesehen von emotionalen Reaktionen und vielleicht in einigen Fällen dem Entzug der Erbschaft über den Pflichtteil hinaus oder der elterlichen Achtung und Zustimmung.

SCHULDGEFÜHL INDUZIERENDE ELTERN

Eine Auseinandersetzung, deren Regeln du nicht verstehst, ist aussichtslos. Bei diesem Spiel gewinnt nicht derjenige, der die meisten Gegner besiegt, sondern der die meisten Kämpfe für sich entscheidet, ohne je einen Fuß aufs Schlachtfeld zu setzen. Um hier zu gewinnen, darfst du nicht kämpfen, du musst verstehen, worum es deinem Gegner wirklich geht.

1. WORAN ERKENNT MAN SCHULDGEFÜHL INDUZIERENDE ELTERN?

Unter den in diesem Kapitel vorgestellten Verhaltenskategorien finden sich einige, die auf Väter und Mütter in etwa gleich verteilt sind, und andere, die du eher bei den Müttern oder eher bei den Vätern finden wirst. Während ein dominant-aggressives Verhalten häufiger bei Vätern anzutreffen ist, sind indirekt manipulative Muster stärker bei den Müttern repräsentiert. Die Gründe hierfür liegen auf der Hand. Beispielsweise macht ein aggressiver, 100 Kilo schwerer und 1,90 Meter großer Vater körperlich einfach mehr Eindruck als eine zierliche Mutter, der man sich als Kind vielleicht weniger körperlich unterlegen fühlt, sollte es einmal zum Äußersten kommen.

Schuldgefühl induzierendes Verhalten ist eines der Muster, die insgesamt deutlich häufiger bei Müttern anzutreffen sind. Deshalb werde ich im Folgenden auch häufiger von »Schuldgefühl induzierenden Müttern« sprechen.

Sollte deine Mutter dieser Gattung angehören, dann bin ich mir sicher, du hast es bereits beim Lesen der Überschrift geahnt. Oder zumindest vermutest du, dass da irgendetwas schiefläuft zwischen euch, fühlst dich wahrscheinlich immer wieder von ihr manipuliert und kannst doch oft gar nicht sagen, woran genau es liegt.

Das kommt unter anderem daher, dass die Kommunikation mit einer Schuldgefühl induzierenden Mutter überaus subtil abläuft. Sie schafft es immer wieder, die Dinge in ihrem Sinne darzustellen und deine Gefühle indirekt zu beeinflussen. Nur selten lässt sie sich dazu herab, direkt auszusprechen, was sie sagen will oder sich von dir wünscht. Das wäre zu offensichtlich und würde ihr Spiel entlarven. Sie kommuniziert daher indirekt, windet sich wie ein Aal und macht sich so scheinbar unangreifbar, indem sie ihre eigentlichen Botschaften zwischen den Zeilen oder auf nonverbalen Kanälen sendet.

»Mein Name ist Hase«

So kann sie dich auch immer wieder blöd dastehen lassen, indem sie einfach darauf hinweist, dass sie das, was du ihr vorwirfst, ja nie gesagt habe und dass das alles deiner Fantasie entspringe. Eine echte Schuldgefühl induzierende Mutter würde die Gelegenheit, dass du sie kritisierst, natürlich auch wieder für sich nutzen, indem sie die Tatsache, dass du überhaupt etwas an ihr auszusetzen hast, als weiteren Anlass nähme, dir ein paar extra Schuldgefühle zu verpassen. »Na, das ist typisch. Da tut man alles für sein Kind und dann das. Ich wäre fast gestorben, um dich auf die Welt zu bringen, und jetzt das!«

Es muss dir aufgefallen sein, dass da etwas in ihrem Verhalten völlig quer läuft. Vielleicht hast du bisher auf jede erdenkliche Weise versucht, es ihr recht zu machen, um ihr ständig zur Schau getragenes Leiden zu lindern, für das du selbstverständlich verantwortlich bist. Sie hat mit einiger Sicherheit keine

Gelegenheit ausgelassen, um dich mehr oder weniger subtil wissen zu lassen, dass du der Grund für ihre Misere bist.

Hast du ihr die Sichtweise abgekauft, dass sie sich ja schon immer völlig für dich aufgeopfert hat – und die meisten Kinder können gar nicht anders –, dann warst du ihre Marionette. Alles, was sie tun musste, war, in dir neue Schuldgefühle hervorzurufen oder die altbewährten erneut zu aktivieren.

Manche Mütter leiden still und fast unmerklich vor sich hin, andere hörst du vor Kummer unentwegt seufzen.

Anlässe dafür gibt es genug. Jeder neue Tag birgt Hunderte davon. Entweder sie hält dir vor, was sie alles für dich tut, worauf sie verzichten musste und wie groß die Opfer waren, die sie für dich gebracht hat. Oder sie kommuniziert auf indirekt ironische Art und sendet ihre Botschaften nonverbal. »Gehe du nur mit deinen Freunden weg. Ich komme mit der Einsamkeit in diesem großen Haus schon zurecht. Mache dir keine Sorgen um deine alte Mutter. Gehe nur und habe Spaß.«

Oder sie beschwert sich, dass du so einen lauten Freund mit nach Hause gebracht hast, obwohl dir doch klar sein muss, wie sehr sie ihre Ruhe braucht bei ihrer ständigen Migräne. Oder dass du tatsächlich so gefühlskalt bist und überlegst, von zu Hause auszuziehen, um ein eigenständiges Leben zu beginnen. Mit 35! Vor allem, wo du doch genau weißt (sie hat's dir ja schließlich unzählige Male erzählt), wie schlecht dein Vater zuhören kann. Dass du es einfach so in Kauf nehmen kannst, dass sie dann in Langeweile vergehen wird, wenn du nicht mehr da bist. Und das, obwohl schon die Schwangerschaft mit dir so schwierig war und sie nur wegen dir (nicht, weil sie und dein Vater keine bewusste Familienplanung betrieben hätten) auf ihr Kunststudium verzichtet hat. Undankbares Kind!

Deine Schuldgefühle sind der Motor, der das Spiel zwischen euch am Laufen hält, und ihr zur Schau gestelltes Leiden ist der Treibstoff. Würde sie es sich erlauben, es sich gut gehen zu lassen und das auch noch offen zuzugeben, würde dem Motor der Sprit ausgehen. Das Spiel wäre augenblicklich vorbei. Wenn es ihr offenkundig gut ginge, würde sie damit automatisch jede Macht über dich verlieren, und das kann sie nicht riskieren. Intuitiv weiß sie das und wehrt sich gegen alles, was ihr Leiden tatsächlich lindern könnte.

LASSE MICH DIR EINE FRAGE STELLEN

Ist es dir dabei eigentlich mal gelungen, es ihr recht zu machen? Und wenn ja, wie ging es weiter? Wie lange hat es gehalten? War sie danach endlich zufrieden? Warst du danach in ihren Augen ein guter Junge oder ein gutes Mädchen? Wenigstens für einen Moment? Nein? Das wundert mich nicht. Menschen, die in anderen Schuldgefühle erzeugen, brauchen es, dass es ihnen schlecht geht. Sonst würde das ganze Muster nicht funktionieren.

Still vor sich hin leiden oder lautstark jammern

Dabei ist es unerheblich, ob sie eher zu der Sorte gehört, die vor sich hin siecht, oder ob sie jemand ist, der keine Gelegenheit auslässt, gut hörbar unter seinem schweren Joch zu klagen.

Im ersteren Fall wird sie wahrscheinlich viele klassische Doublebind-Botschaften senden, bei denen du besser weniger auf ihre Worte und mehr auf den Unterton hörst, wenn du sie nicht (schon wieder) enttäuschen möchtest: »Ja, ja, gehe du ruhig und amüsiere dich. Ich werde damit schon fertig. Tue ich ja immer!« Und das in einem Ton und mit einer Miene vorgebracht, die vor unterschwelligem Vorwurf nur so trieft, doch ohne mit einem Wort zu erwähnen, was sie sich von dir wünscht. Dabei gewinnt sie, wenn du ihrer unterschwelligen Botschaft folgst und doch zu Hause bleibst, und sie gewinnt auch, wenn du es nicht tust. Denn dann kann sie dich mit heftigen Schuldgefühlen bestrafen, sobald du wieder zurück bist, und diese erneute Verfehlung deinem Sündenregister hinzufügen.

Im anderen Fall wird sie ihre Opferstory bei jeder passenden und unpassenden Gelegenheit erzählen. Jedem, der sie hören möchte, und auch jedem, der sie nicht oder zumindest nicht schon wieder hören möchte. Und dir ohnehin und sowieso. Dabei ist sie möglicherweise geschickt und erzählt sie immer wieder in einer anderen Form, mit anderen Details oder auch immer wieder neue Geschichten oder die alten Geschichten auf eine neue Weise. Das Ende jeder Geschichte ist jedoch – ob direkt ausgesprochen oder nicht – von vornherein klar: Du schuldest ihr etwas. Natürlich würde sie das nie direkt sagen. Das wäre viel zu profan und würde ihr Spiel zu offensichtlich entlarven.

ÜBERSPITZT DARGESTELLTE DINGE SIND LEICHTER VERSTÄNDLICH

Hier wie auch bei jeder anderen in diesem Buch dargestellten Elternkategorie benutze ich deutliche Worte, um das Muster klar erkennbar herauszustellen. Keinesfalls will ich damit Mütter oder Väter diskreditieren. Manches ist einfach besser zu verstehen, wenn man es überspitzt darstellt, vielleicht sogar ein wenig auf die Schippe nimmt.

Von der Ernsthaftigkeit in den Auswirkungen auf alle Beteiligten verliert es dadurch nichts. Und egal, wie sehr manch einer unter seinen Eltern gelitten hat, ist es dennoch immer wichtig, im Hinterkopf zu behalten, dass auch das Verhalten der Eltern nicht im Vakuum entstanden ist. Auch deine Eltern haben ihre eigene Lebens- und Leidensgeschichte.

Wie stellt es sich für die Mutter dar?

Auch wenn du auf der Empfängerseite eines solch manipulativen Musters sitzt und darunter mit Sicherheit in deinem bisherigen Leben stark leiden musstest, kann es hilfreich sein, sich auch die »Gegenseite« einmal genauer anzuschauen. Was für ein Mensch glaubt denn wohl, zu solchen Mitteln aus der untersten Trickschublade greifen zu müssen, um seine Bedürfnisse von seinem Umfeld erfüllt zu bekommen? Und das sogar von den eigenen Kindern! Was vermutest du, wird solch ein Mensch wohl tief in seinem Herzen über sich selbst denken? Wird er sich für liebenswert halten? Hat er das Gefühl, in einer ihm freundlich gesinnten Welt zu leben, in der andere Menschen sich ihm gerne zuwenden und in der er keine Angst haben muss, dass seine wahren Bedürfnisse nicht erfüllt werden? Das ist natürlich eine rhetorische Frage. Aber denken wir den Gedanken ein bisschen weiter. Wie wird so ein Mensch wohl aufgewachsen sein? Vielleicht weißt du ja bereits ein bisschen über die Kindheit deiner Mutter. Ansonsten wäre auch jetzt wieder ein guter Zeitpunkt, hier genauer nachzufragen und das Gespräch zu suchen. Es könnte mal eine andere Art von Gespräch sein, mit anderen Ergebnissen, als die Gespräche, die ihr wahrscheinlich bereits aus der Vergangenheit miteinander kennt.

Denkst du, dass deine Mutter es von früh auf gewohnt war, dass ihre Eltern oder andere Menschen auf sie zugekommen sind, um sich um ihre wahren Bedürfnisse zu kümmern? Ist es wahrscheinlich, dass sie sich in ihrem bisherigen Leben wirklich gesehen gefühlt hat? Konnte sie sich auch einmal zurücklehnen im Vertrauen darauf, dass andere sich um alles Anstehende kümmern, wenn sie nicht aktiv dafür sorgt? Hat sie früher überhaupt mal jemand gefragt, wie es ihr geht?

Sehr wahrscheinlich nicht, denn solche Verhaltensmuster entstehen ja nicht aus Langeweile. Entweder hat sie ein ähnlich manipulatives Verhalten in ihren prägendsten Jahren selbst vorgelebt bekommen und es als Handlungsmodell verinnerlicht oder sie musste als Kind einen Weg finden, ihre Bedürfnisse bei ihren Eltern durchzusetzen, weil sie sonst zu wenig oder gar nicht die Beachtung gefunden hätte, die sie brauchte.

Wie muss sich ein Mensch wohl in seinem Inneren fühlen, der davon überzeugt ist, dass sogar seine eigenen Kinder ihn nicht um seiner selbst willen lieben, sondern nur, wenn er sie durch massive Schuldgefühle von sich abhängig macht? Genau diese Abhängigkeit ist es nämlich, die deiner Mutter ein Gefühl der Sicherheit gibt, dass du bleiben wirst. Denn sie braucht dich. Mehr noch, als eine »normal gute Mutter« ihr Kind braucht.

Doch tief in sich drin weiß sie natürlich, dass du sie irgendwann verlassen und auf eigenen Beinen stehen wirst. Möglicherweise bist du ja auch schon vor Jahren zu Hause ausgezogen und meldest dich nur noch sporadisch bei ihr (was dir hoffentlich Anlass für angemessene Schuldgefühle bietet). Doch indem sie versucht, dich immer wieder für ihr Leiden verantwortlich zu machen, hofft sie insgeheim, dich weiterhin an sie zu binden. Denn das kleine Kind in ihr spekuliert darauf, dass du auch künftig versuchen wirst, sie glücklich zu machen, obwohl das auf diesem Wege unmöglich ist. Oder es hofft, dass du dich zumindest so schuldig fühlst, dass du dich nicht traust, sie in ihrem Elend allein zurückzulassen.

Das Gewahrsein, wie es deiner Mutter geht, erleichtert es, weniger getriggert auf ihre Manipulationsversuche zu reagieren, was dich freier im Umgang mit ihr macht.

Falls du jetzt bei diesen Gedanken Mitgefühl für das kleine, verletzte Kind in deiner Mutter empfinden solltest, lasse es ruhig zu. Das bedeutet keinesfalls, dass du ihr deshalb ihr Verhalten weiterhin durchgehen lassen oder dich in ihr manipulatives Spiel mit hineinziehen lassen musst. Es bedeutet lediglich, dass du eine Ahnung von den Ängsten und wahren unerfüllten Bedürfnissen in ihrem Herzen bekommst, die sie wahrscheinlich schon ihr Leben lang zu solch einem Verhalten treiben.

Das ist deine Chance

Das Einzige, was überhaupt funktioniert, sofern deine Mutter nicht selbst in Therapie geht, ist eine Kombination aus liebevoller Abgrenzung und offenem Ansprechen der wahren Bedürfnisse und Ängste im Hintergrund. Es hilft dir, besser zu verstehen, was bei ihr abgeht, wenn sie sich verhält, wie sie sich eben verhält. Vielleicht gelingt es dir mit der Zeit, sie davon zu überzeugen, dass sie mit ihrem bisherigen Verhalten eher dafür sorgt, dass sich ihre Ängste eines Tages bewahrheiten könnten. Dann bist du bereits einen großen Schritt weiter. Doch das ist dann erst die halbe Miete. Die andere Hälfte schauen wir uns ein paar Absätze später an (Seite 143). Jetzt möchte ich das bisher Gesagte erst mal wieder mit einer Fallgeschichte aus der Praxis untermauern.

2. BEZIEHUNGSMUSTER ZWISCHEN SCHULDGEFÜHL INDUZIERENDEN ELTERN UND IHREN KINDERN

Fallgeschichte Marion: Schuldgefühle – täglich frisch zubereitet

Marion fiel dadurch auf, dass sie versucht hatte, die netteste und folgsamste Klientin zu sein, die man sich vorstellen kann. Während der Anfänge unserer Zusammenarbeit war sie mehr darauf bedacht, dass ich mich als Coach und Therapeut mit ihr wohlfühlte, als auf ihren eigenen Erfolg. Wenn ihr eine von mir vorgeschlagene Übung nicht auf Anhieb gelingen wollte, entschuldigte sie sich im Anschluss ausgiebig dafür und stellte absolut klar, dass es nicht an mir liege, dass ich einen hervorragenden Job mache und dass das Problem einzig und allein sie sei. Natürlich muss ich eigentlich nicht extra erwähnen, dass sie nie zu spät zu einer Sitzung kam, ihre Aufgaben vorbildlich erledigte und auch sonst nie mit irgendetwas nicht einverstanden war.

Einmal war sie schwer erkältet und befand sich in einem großen inneren Zwiespalt, weil sie nicht wusste, wie sie sich verhalten sollte. Auf der einen Seite würde sie sich schuldig fühlen, wenn sie mich ansteckte, auf der anderen Seite hätte sie Schuldgefühle, wenn sie einen vereinbarten Termin mit mir absagen müsste. Erst ein ausgiebiges Telefonat konnte die Situation etwas entspannen und sie ließ sich von mir überzeugen, dass es besser sei, wenn sie fit und ausgeruht in die nächste Sitzung kommen und sich selbst erst einmal die Ruhe gönnen würde, die sie jetzt brauchte. Sich Ruhe gönnen, das schien in ihrem Wortschatz nicht vorzukommen. Es war anfangs, als würde sie solche Worte zwar intellektuell verstehen, sie würden für sie aber einfach keinen Sinn machen. Das passiert, wenn Menschen ihr Leben lang darauf gedrillt wurden, auf die Bedürfnisse anderer zu schauen. Sie nehmen dann ihre eigenen gar nicht mehr wahr oder können sich noch nicht einmal vorstellen, dass sie überhaupt welche haben. Die Angst, einen anderen zu enttäuschen, wiegt einfach zu schwer.

Marions Mutter war der Archetyp der Schuldgefühl induzierenden Mutter. Sie ließ keine Gelegenheit aus, Marion immer wieder unterzujubeln, wie viel sie sie gekostet hatte. Sie erzählte einmal beispielsweise geschlagene anderthalb Stunden davon, wie sehr Marion sie schon während der Schwangerschaft »gequält« habe, was für ein »schwieriges Kind« sie schon vor ihrer Geburt gewesen sei – und das alles führte sie aus, als die Eltern einer neuen Schulfreundin von Marion diese vom Spielen abholen wollten. Am Ende schaute sie Marion an und sagte: »Aber das hast du bestimmt nicht so gemeint damals. Oder, mein Schatz?« Marion war die Situation so unangenehm, dass sie am liebsten im Erdboden versunken wäre.

Als Marion mit dem Volleyballspielen anfangen wollte, gab es wochenlange Tiraden von ihrer Mutter, dass sie auch gerne so ein Leben hätte wie ihre Tochter. Komplett auf Kosten der Eltern leben, nach Lust und Laune Volleyball spielen und auch sonst einfach nur ein bisschen in die Schule gehen, eine oder zwei Stunden täglich Hausarbeiten verrichten und das war's. Da war Marion acht oder neun Jahre alt.

Als sie mit 17 den ersten Freund mit nach Hause brachte, war dies eine gefundene Gelegenheit für die Mutter, ihr deshalb erneut Schuldgefühle einzureden. »Weißt du, ich hätte auch gerne einen Jungen geheiratet, der wirklich gut zu mir ist und den ich liebe. Aber du wolltest ja anscheinend unbedingt auf die Welt kommen. Ich habe deinen Vater nie geliebt, aber was sollte ich machen? Du brauchtest ja einen Vater. Aber das soll dich nicht abhalten. Du musst dich nicht schlecht fühlen, dass du einen Jungen hast, den du magst, nur weil ich nicht so viel Glück hatte. Schließlich ist es doch das Wichtigste, dass es dir gut geht.« Und das mit so viel Ironie und Selbstmitleid ausgesprochen, dass Marion gar nicht anders konnte, als sich immer in den Momenten am schlechtesten zu fühlen, wenn es gerade mit ihrem ersten Freund richtig gut lief.

Diese Beispiele sind exemplarisch angeführt für ein Leben, in dem Marion tagein, tagaus für das Leiden ihrer Mutter verantwortlich gemacht wurde.

Einmal beschloss sie, es sich selbst schlecht gehen zu lassen, weil sie dachte, dann Ruhe zu haben. Das Gegenteil war der Fall. »Da habe ich mein Leben lang wegen dir auf alles verzichtet und dann hängst du hier so depressiv rum die ganze Zeit. Du solltest dich schämen!«

Bei einer anderen Gelegenheit hatte sie gegen das manipulative Verhalten ihrer Mutter aufbegehrt. In einer rebellischen Phase während der Pubertät gab es eine Zeit, in der sie das Verhalten ihrer Mutter so satt hatte, dass sie nur noch abwertend und gereizt reagierte und ihre Mutter teilweise sogar provozierte. Natürlich hielt sie diese Phase nicht lange durch. Zum einen entsprach es nicht Marions Charakter, sich so zu verhalten, und zum anderen verstand ihre Mutter es exzellent, Marions »undankbares« Verhalten zu nutzen, um daraus ein großartiges und klebriges Netz neuer Schuldgefühle zu weben, in dem sich Marion immer tiefer verfing. Nun hatte sie ihr das Futter geliefert, womit sie bei jeder Gelegenheit anschaulich demonstrieren konnte: »Schau, wie schlecht du mich behandelst. Kein Wunder, dass es mir so mies geht. Aber das wundert mich ja eigentlich nicht. Du hast es ja schon immer darauf abgesehen, mich fertigzumachen.« Und Marion gingen immer mehr die Argumente und die Kraft aus, gegen sie anzuarbeiten.

Marion verglich die Rebellion gegen das manipulative Verhalten ihrer Mutter mal mit dem Gefühl, auf einen nassen Klumpen Ton einzuschlagen: »Der Ton schluckt jeden deiner Schläge, während du selbst immer müder wirst.«

Diese Episode zwischen Marion und ihrer Mutter illustriert das Perfide an genau dieser Konstellation. Mit den üblichen Mitteln der Anpassung oder Rebellion hast du bei Schuldgefühl induzierenden Müttern noch weniger Erfolg als bei den meisten anderen Mustern. Wie ein geschickter Kampfkünstler verwendet eine Schuldgefühl induzierende Mutter alles, was von dir kommt, gegen dich.

Wann immer sich Marion und ihre Mutter heute sehen, ist das Verhältnis angespannt. Meistens drückt Marion sich um die Treffen mit ihr, stellt von vornherein klar, dass sie nicht lange Zeit hat, oder verlässt die Treffen vorzeitig unter einem Vorwand, wenn sie es nicht mehr aushält. Ich muss sicher nicht erwähnen, dass ihre Mutter auch dieses Verhalten von Marion bestens als Anlass für neue Schuldgefühle zu nutzen versteht. Und natürlich zeigt die jahrelange Bearbeitung durch ihre Mutter Wirkung bei Marion. Sie ist mehr davon überzeugt, dass sie eine schlechte Tochter ist, als davon, dass das Verhalten ihrer Mutter sehr fragwürdig ist. Natürlich sieht sie das intellektuell ein, doch es fühlt sich eben anders an. Das zeigt sich auch daran, dass sie trotz aller Schwierigkeiten, die sie mit ihrer Mutter hat, permanent darum bemüht ist, ihre Mutter in Schutz zu nehmen und ihr Verhalten zu entschuldigen. So hat sie mir gegenüber so ziemlich jede negative Bemerkung, die sie in unserer Zusammenarbeit über ihre Mutter gemacht hat, im Nachsatz sofort abgeschwächt: »Nicht, dass Sie jetzt denken, meine Mutter sei ein schlechter Mensch. Sie hat auch ihre guten Seiten. Jede Menge sogar. Ich möchte nicht, dass hier ein einseitiges Bild entsteht. Im Grunde ist sie ein ganz lieber Mensch. Sie hatte es ja auch sehr schwer im Leben. Und ich bin sicher auch nicht immer einfach.«

So reagiert ein Mensch, dessen schlimmste Angst die ist, schuldig zu werden. Dabei geht es gar nicht so sehr um die Reaktionen ihrer Mutter oder anderer Menschen. Sie selbst ist über die Jahre zu ihrem größten Kritiker und Richter geworden. Die permanenten Schuldgefühle, die ihre Mutter in ihr erzeugt hat, haben sie emotional so wund werden lassen, dass sie kein einziges Gramm zusätzliches schlechtes Gewissen mehr aushalten kann. Schuldgefühle sind die ihr am meisten vertraute Kategorie von Gefühlen überhaupt.

Marion ist auch ein Musterbeispiel für jemanden, der nicht nur den Anspruch hat, ja niemand anderen zu enttäuschen oder zu verletzen, sondern der auch nie gelernt hat, seine eigenen Bedürfnisse wahrzunehmen, wertzuschätzen und durchzusetzen.

In unserer Zusammenarbeit musste Marion zunächst in ganz kleinen Schritten lernen, das Gefühl auszuhalten, andere Menschen zu frustrieren. Das war für sie eine völlig neue und extrem unbequeme Erfahrung. Doch mit der Zeit hat sie gemerkt, dass die Welt sich weiterdreht, auch wenn jemand mal nicht begeistert von ihren Versuchen ist, sich mehr nach den eigenen Bedürfnissen zu richten. Nach und nach fand sie Gefallen an der neuen Freiheit, die ihr das Wörtchen »nein« bescherte. Plötzlich entstanden Wahlmöglichkeiten dort, wo es zuvor nur eine einzige Reaktion zu geben schien, und zwar unabhängig davon, wie sie eigentlich reagieren wollte. Dabei stellte sie auch fest, dass es ihr anfangs zwar noch unheimlich schwerfiel, zu empfinden oder, was noch mal etwas ganz anderes ist, auszusprechen, was sie wollte. Doch was sie nicht wollte, das spürte sie schon lange zunehmend deutlicher und mit ein wenig Übung gelang es ihr auch immer besser, es auszusprechen.

ERST MAL WISSEN, WAS MAN NICHT WILL

Typisch für solche Entwicklungsprozesse ist, dass es uns anfangs viel besser gelingt, uns von etwas wegzubewegen und abzugrenzen, das wir nicht beziehungsweise nicht mehr wollen. Dieser Zugang steht auch dann offen, wenn ein Mensch sich ansonsten kaum spürt. Für den Anfang ist es hilfreich, das eigene Bedürfnis auf der Gegenseite von dem zu suchen, was man nicht oder nicht mehr möchte. Die Präzisierung und Ausdifferenzierung von dem, was man stattdessen will, kann dann später viel leichter folgen, wenn diese Basis sauber gelegt wurde.

Nachdem Marion eine ganze Zeit lang an anderen Menschen geübt hatte, die sie nicht weiter kannte und die ihr nicht viel bedeuteten, gelang es ihr auch besser, sich ihrer Mutter gegenüber abzugrenzen. Äußerlich hatte sie das über die Jahre aus der Not heraus ohnehin schon immer besser geschafft. Nun konnte sie immer öfter Nein sagen, ohne sich dabei schlecht und schuldig zu fühlen. Das fiel auch ihrer Mutter auf und sie merkte, dass die alten roten Knöpfe bei Marion nicht mehr funktionierten. Nachdem sie festgestellt hatte, dass sie auch mit weiteren Eskalationen bei ihr nichts mehr erreichte, herrschte erst mal ein Jahr Funkstille zwischen beiden. Anfangs dachte Marion, es würde sie innerlich vor Schuldgefühlen zerreißen, doch schon nach kurzer Zeit wunderte sie sich, dass diese sich einfach nicht einstellen wollten. Stattdessen dachte sie häufiger mit einem gewissen Mitgefühl an ihre Mutter. Sie sah zunehmend auch das Leid hinter dem Verhalten ihrer Mutter, ohne ihr jedoch zu erlauben, sie weiter schlecht zu behandeln. Nach etwa einem Jahr trafen die beiden sich zufällig beim Einkaufen und führten ein zwar etwas verlegenes und kurzes, aber recht normales Gespräch miteinander. Marion fiel auf, dass ihre Mutter sich darin über gar nichts beklagte. Das war neu.

Daraufhin griff Marion am nächsten Tag spontan zum Hörer und fragte ihre Mutter, ob sie Lust habe, einen Kaffee mit ihr trinken zu gehen. Sie trafen sich in einem Eiscafé und redeten drei Stunden über alles, was gewesen war. Marion schilderte ihre Erlebnisse mit ihrer Mutter aus ihrer Sicht und Marions Mutter hörte zu und hatte Tränen in den Augen. Doch diesmal waren es andere Tränen. Sie sollten keine Schuldgefühle bei Marion erzeugen, sondern kündeten von den Schuldgefühlen, die sie wegen ihres Verhaltens Marion gegenüber hatte und die sie nun zulassen konnte. Auch wenn Marions Mutter später immer mal wieder ganz kurz in das alte Verhalten zurückkippte, fanden die beiden schnell wieder heraus. Zu dem relativ entspannten Verhältnis, das sie heute haben, hat sicherlich auch beigetragen, dass die Mutter die unglückliche Ehe mit Marions Vater in der Zwischenzeit beendet hat.

Marion beschreibt ihr Verhältnis heute als das zweier guter Freundinnen oder Schwestern: »Meine Mutter ist noch zu schwach, um wirklich eine Mutter zu sein. Aber wir haben als Freundinnen zusammengefunden und ich muss nicht mehr ihre Mutter spielen, damit sie glücklich ist.«

Initialzündung bei den Eltern

Dieser Fall zeigt noch einen weiteren häufig zu beobachtenden Umstand in solchen Entwicklungsprozessen. Marion hat durch ihre Veränderung anscheinend etwas bei ihrer Mutter angestoßen. Als diese merkte, dass Marions neues Verhalten nicht einer oberflächlichen Taktik, sondern einer echten inneren Veränderung entsprang und dass das alte Muster zwischen ihnen einfach nicht mehr funktionierte, stürzte sie das zunächst in eine tiefe persönliche Krise, die sie auf sich selbst und ihr Verhalten zurückwarf. Und was sie da sah, gefiel ihr gar nicht.

So hat die Veränderung ihrer Tochter die Veränderung in ihr ausgelöst. Natürlich können die Veränderungen der Kinder dabei nur die Initialzündung sein. Verändern müssen sich die Eltern schon selbst und sie müssen es auch wollen. Nicht in jedem Fall klappt es so gut. Aber es geschieht gar nicht so selten.

3. AUSWIRKUNGEN AUF DIE KINDER

Töchter und Söhne von Schuldgefühl induzierenden Müttern beziehungsweise Eltern haben es häufig schwer, in ihren Beziehungen glücklich zu werden. Wir alle gehen ja, wie du bereits weißt, mit unserer verletzten Kinderseele auf Partnersuche. Das bedeutet, wir suchen uns mit einiger Zuverlässigkeit im späteren Leben Partner, die den Menschen in wesentlichen Charakterzügen ähnlich sind, welche uns am stärksten geprägt haben und mit denen wir nach wie vor ein ungelöstes Thema haben. In den meisten Fällen sind diese Personen unsere Eltern.

Die Töchter

Töchter von Schuldgefühl induzierenden Müttern stecken häufig in einer tiefen Loyalitätsbindung am Leiden ihrer Mütter fest. Immerhin haben ihre Mütter es ja so schwer im Leben gehabt und das, wie sie immer wieder zu hören bekommen haben, hauptsächlich ihretwegen. Da wäre es ja geradezu unverschämt, wenn sie als Töchter es sich nun gut gehen lassen würden. Das schlägt sich auch häufig in der Partnerwahl nieder, indem sie Partner wählen, die möglicherweise ebenfalls den Schuldgefühlknopf in ihnen drücken oder in irgendeiner anderen Form nicht zu ihren wahren Bedürfnissen passen.

Doch selbst wenn der Partner gut passen sollte, so gibt es ja immer noch ungezählte Möglichkeiten, die Beziehung zu ihm so zu gestalten, dass an echte Erfüllung nicht zu denken ist. In vielen Fällen heißt das, dass die Töchter später als Erwachsene ungefragt ihre Bedürfnisse für ihren Mann und ihre Familie aufopfern und dann darunter leiden, dass sie so unerfüllt sind. In diesem Aspekt sind sie dann ihren Müttern gar nicht so unähnlich. In ihrem Leiden fühlen sie sich diesen tief verbunden, was ihnen nicht unbedingt bewusst ist. Auf jeden Fall umgehen sie somit die Schuldgefühle, die sie sich machen würden (und ihre Mütter ihnen möglicherweise auch), wenn es ihnen wirklich gut ginge.

Man traut sich eben im Leben häufig nicht so hoch zu fliegen, wenn es den eigenen Eltern nicht gut geht oder sie es besonders schwer (mit einem) hatten.

Wenn sie also nicht das Verhalten ihrer Mütter durch Lernen am Modell eins zu eins verinnerlicht haben und nicht selbst zu Schuldgefühl induzierenden Müttern beziehungsweise Partnerinnen werden, dann leiden sie still. Allerdings fehlt ihrem Leiden dann der Appellcharakter, denn es speist sich nicht so sehr aus dem Wunsch, andere zu manipulieren, als aus der Hoffnung, sich durch ihr eigenes Leid weniger schuldig zu fühlen.

Die Söhne

Söhne von Schuldgefühl induzierenden Müttern suchen sich mit großer Regelmäßigkeit Partnerinnen, die ähnlich unerfüllt sind, wie ihre Mütter es sind oder waren. Dahinter könnte man natürlich den Wunsch ihres verletzten inneren Kindes vermuten, die Mutter, vertreten durch die neue Partnerin, nun doch noch zu retten. Zumindest würden sie sich nicht so sehr als Versager und auch nicht so ohnmächtig fühlen, wenn es ihnen gelänge, wenigstens ihre Partnerin zu retten, wo es bei der eigenen Mutter schon nicht geklappt hat.

Sollte ihnen das tatsächlich gelingen, führt dies jedoch meist auch nicht zur eigenen Glückseligkeit, denn dann geht ein wesentliches Element ihres Selbstwertgefühls verloren: Was gibt es für einen geborenen (beziehungsweise dressierten) Retter noch zu tun, wenn niemand mehr gerettet werden muss? Nicht selten brechen die Partnerschaften dieser Söhne an der Stelle auseinander, sobald sie tatsächlich erfolgreich waren und ihre Partnerinnen gerettet haben. Beispielsweise aus einer Depression oder Unselbstständigkeit oder aus den Folgen einer schweren Trennung vom vorherigen Partner.

Soll die Partnerschaft dennoch Bestand haben, müssen sie nach neuen Wegen suchen, ihr Selbstwertgefühl auf eine solide Basis zu stellen und zu gestalten, anstatt dadurch, Menschen retten zu wollen, die eigentlich gar nicht gerettet werden wollen. Sonst kann es ihnen passieren, dass sie von Rettung zu Rettung springen, ohne jemals anzukommen.

4. WAS ENTLASTET?

Sofern deine Schuldgefühl induzierende Mutter verstanden hat, dass ihr Verhalten ihr auf Dauer eher das Gegenteil von dem einbringt, was sie insgeheim damit bezwecken möchte, kannst du ihr helfen, ihre Ängste Schritt für Schritt abzubauen. Du kannst sie darin unterstützen, indem du ihr beispielsweise durch dein Verhalten zeigst, dass du dich viel eher von dir aus bei ihr meldest oder Zeit mit ihr verbringen möchtest, wenn sie sich auf nicht manipulative Weise verhält.

Sie muss über einen längeren Zeitraum erleben (und du solltest es auch immer wieder offen kommunizieren), dass du nicht mehr bereit bist, in das alte Spiel zwischen euch beiden einzusteigen. Dass du weg bist, sobald sie versucht, dir ein schlechtes Gewissen einzureden, sobald sie dich für ihr Leid verantwortlich machen möchte oder wieder ihre Opferstory darüber erzählt, dass du ihr ja schon bei der schweren Schwangerschaft so viel Kummer bereitet hast und was sie alles für dich getan hat.

Und lasse sie spüren, wie angenehm entspannt die Atmosphäre zwischen euch sein kann, wenn sich deine Mutter offen und eben nicht manipulativ verhält. Wenn beispielsweise euer letztes Treffen harmonisch verlief, belohne ihr Verhalten dadurch, dass du dich dafür bedankst, und rufe sie ein paar Tage später von dir aus noch einmal an, um zu erfahren, wie es ihr geht. Das wird sie vor allem beeindrucken, wenn du das sonst nicht getan hast.

Der Umlernprozess kann eine Weile dauern

Überlege mal, wie viele Jahre sich das alte Muster in ihr (und dein) Gehirn eingebrannt hat. Wenn du also den ehrlichen Versuch bei ihr erkennen kannst, etwas zu ändern, sei gnädig mit ihr. Solche alten Angewohnheiten springen häufig automatisch an, ohne dass man es beabsichtigt hätte. Wichtig ist für den Anfang nur, wie sie damit umgeht, wenn sie es bemerkt, und dass sie sich bereit erklärt, wirklich etwas an ihrem Verhalten zu ändern. Je mehr sie feststellt, dass sie auf die neue Weise des Umgangs mit dir viel eher bekommt, was sie sich eigentlich wünscht, desto leichter wird ihr dies fallen.

Und eines ist ganz wichtig: Leiden darf sie! Sie darf – zumindest in der Übergangszeit – so viel von ihrem Leiden erzählen, wie sie möchte. Das ist kein Grund, sich von ihr abzugrenzen. Viele Menschen stellen über ihre eigene Opferstory und die »Tatsache«, dass sie immer ein großes Problem haben oder schwer unter etwas leiden, das Gefühl der eigenen Bedeutsamkeit her. Insbesondere, wenn sie meinen, dass sie sonst nicht besonders viel vorweisen können.

Wenn nötig: angemessene Abgrenzung

Das Einzige, was von dir mit angemessener Abgrenzung beantwortet werden sollte, ist, wenn sie wieder versucht, dich für ihr Leiden verantwortlich zu machen oder dafür, dass dich ihr Leiden nicht ausreichend interessiert. Was im Einzelfall »angemessene« Abgrenzung bedeutet, musst du jeweils selbst entscheiden. Die Erfahrung zeigt, dass die meisten Menschen dazu tendieren, in ihren Reaktionen ein wenig »drüber« zu sein, wenn sie sich jahrzehntelang zu viel haben gefallen lassen und sich nun vornehmen, nur noch das Gegenteil zu machen. Hinzu kommt, dass sich über die Jahre viele Emotionen angestaut haben, die häufig ungebremst zum Vorschein kommen, wenn der Damm erst einmal gebrochen ist.

Manchmal reicht zur angemessenen Abgrenzung einfach schon ein kurzer Satz wie: »Mutter, du machst es schon wieder. Hast du es bemerkt?« In vielen Fällen wird sie dann von selbst bereit sein, ihr Verhalten zu ändern. Andernfalls steht es dir frei, deine Konsequenzen zu ziehen. Das kann beispielsweise bedeuten, dass du die Situation verlässt.

In ein paar Tagen oder Wochen könnt ihr es ja erneut probieren. Manchmal wirst du ihr auch helfen müssen, genau zu verstehen, was du meinst.

Bitte gehe in einem solchen Fall nicht immer gleich davon aus, dass sie absichtlich so tut, als würde sie dich nicht verstehen, und dass sie nur wieder ihre Spielchen mit dir treiben will (passive Aggressivität). Das kann natürlich der Fall sein. Weitaus wahrscheinlicher ist es aber, dass sie es im Einzelfall tatsächlich nicht bemerkt.

Wenn wir ein bestimmtes Verhaltensmuster über viele Jahre hatten und es in unserem psychischen System eine oder mehrere wichtige Funktionen erfüllt (hat), dann sind wir oft erstaunlich blind dafür. Es ist uns so vertraut und entspricht so sehr unserem bisherigen Denken, dass wir erst nach und nach die Wahrnehmungsfähigkeit dafür schärfen können.

JUPITER-VÄTER

Der Kampf David gegen Goliath geht in der Realität nicht immer so gut für den unterlegenen Gegner aus wie in dem alten Bibeltext. Einem Kind, dessen Jupiter-Vater sein persönlicher Goliath ist, fehlt meist auch die Steinschleuder, um ihm Paroli zu bieten. Der würde ihn ohnehin nur auslachen, um ihm erneut zu beweisen, wie klein und nichtig er im Vergleich zu ihm ist. Als Kind eines Jupiter-Vaters hast du nur die Wahl zwischen aussichtsloser Rebellion und völliger Selbstaufgabe. Zum Glück stehen dir als Erwachsenem mehr Optionen zur Verfügung.

1. WORAN ERKENNT MAN JUPITER-VÄTER?

Als Jupiter-Väter bezeichne ich einen bestimmten Typ Vater, der sich ausgesprochen patriarchalisch verhält und dazu tendiert, das Selbstwertgefühl und Selbstvertrauen seiner Kinder und nicht selten auch seiner Frau permanent herabzusetzen. Benannt nach dem römischen Göttervater Jupiter (griechisch Zeus), der über allem zu stehen meinte und keinen gegen sich hochkommen lassen wollte. Natürlich stand er in Wahrheit nicht über allem, sondern war selbst voller Fehler und moralisch fragwürdiger Verhaltensweisen, doch da er sich für unfehlbar hielt, wäre er der Letzte gewesen, dem dies aufgefallen wäre oder der seine eigenen Fehltritte gar für Unrecht gehalten hätte. Und dass sich besser auch niemand anders trauen sollte, ihm seine Verfehlungen unter die Nase zu reiben, versteht sich fast von selbst. Sein »heiliger« Zorn hätte diesen Frevler sonst umgehend zermalmt.

Jupiter-Väter stehen meist für hohe Werte ein. Sie schätzen beispielsweise Tüchtigkeit, Aufrichtigkeit, Rückgrat, Durchsetzungskraft, harte Arbeit und so weiter. Nicht immer werden sie selbst diesen Werten in jeder Situation gerecht, doch sie sind wie ein Kompass, der ihr Lebensschiff navigiert. Von anderen fordern sie die Einhaltung dieser Werte bedingungslos ein, ungeachtet der Konsequenzen. Dabei respektieren sie niemanden, der in dieser Hinsicht in ihren Augen schwach ist. Hattest du einen Jupiter-Vater, der beispielsweise harte körperliche Arbeit für das Nonplusultra im Leben hielt, und du selbst bist eher der musisch-intellektuelle Typ, wird er dir bei jeder Gelegenheit zu verstehen gegeben haben, wie wenig er von dir hält und wie schwach und lebensuntüchtig du bist.

Die heiligen Werte eines Jupiter-Vaters sind austauschbar. Bei manchen sind es Tugenden wie Fleiß oder Pünktlichkeit, bei anderen die Höhe des Einkommens oder der soziale Status.

Es kann durchaus sein, dass ein Jupiter-Vater, der aus der Arbeiterklasse kommt, kein gutes Haar an denen lässt, die eine akademische Laufbahn eingeschlagen haben, oder auch umgekehrt. Es geht also nicht in erster Linie darum, wie viel Erfolg du in deinem Leben hast, wenn du dir den Respekt deines Jupiter-Vaters »verdienen« möchtest, sondern darum, ob es die Art von Erfolg ist, die er für die richtige hält. »Verdienen« ist hier übrigens wörtlich gemeint, denn den Respekt eines Jupiter-Vaters gibt es nie umsonst und er gilt auch nicht dir als Mensch, sondern deinen Errungenschaften und Charaktereigenschaften, sofern sich diese mit denen decken, die er für wichtig hält.

Allerdings wird dir ein waschechter Jupiter-Vater in vielen Fällen auch dann seinen Respekt verweigern, wenn du nach seinem Schema überaus erfolgreich bist und dich an seine Regeln hältst. Diese Väter halten es nämlich schwer aus, jemanden nicht runterputzen zu können. Sie hätten das Gefühl, dadurch weniger zu werden. Jupiter-Väter sind nämlich in ihrem Inneren genauso schwache Väter wie die kastrierten Väter (Seite 167). Durch ihr joviales Auftreten wirken sie jedoch nach außen stark.

Deshalb loben Jupiter-Väter so gut wie nie. Sie brauchen das Gefühl, besser als alle anderen zu sein. Dieses »Besser« kann dabei alles Mögliche bedeuten. Jedenfalls solltest du es dir gut überlegen, ob du deinen Jupiter-Vater damit provozieren möchtest, dass du ihn in irgendeiner Disziplin schlägst. Manchmal erwirbst du dir damit seinen Respekt. In vielen Fällen geht der Schuss jedoch vollkommen nach hinten los und wird zu einem Bumerang, der früher oder später wieder auf dich zurückschlägt.

ANDERS ALS DOGMATISCHE ELTERN

Jupiter-Väter glauben an die eine unumstößliche Wahrheit: ihre eigene! Darin ähneln sie dogmatischen Eltern (Seite 107) und tatsächlich gibt es hier Überschneidungen, doch sind Jupiter-Väter viel stärker von Dominanz und Konkurrenzdenken getrieben und können dabei sehr aggressiv sein.

Mir ist ein Fall bekannt, in dem ein Jupiter-Vater einen Monat nicht mehr mit seinem Sohn sprach, nachdem dieser sich erdreistet hatte, ihn bei einem Tischtennisspiel zu schlagen. Dieses Verhalten ist natürlich zutiefst kindisch, aber damit keinesfalls weniger unangenehm für die Betroffenen. Deshalb überlegen es sich viele Kinder und Frauen von Jupiter-Vätern mit der Zeit zweimal, ob es sich wirklich lohnt, gegen den »großen« Mann aufzubegehren oder Widerworte zu haben. Dabei geht es einem Jupiter-Vater häufig nicht nur darum, die eigene Überlegenheit zu beweisen, sondern seinen Opponenten regelrecht zu demontieren und zu vernichten. Er lebt nach dem Alles-oder-nichts-

Prinzip. Bist du nicht hundertprozentig für ihn, bist du in seinen Augen automatisch gegen ihn. Mit allen damit einhergehenden Konsequenzen.

Gewalt möglichst, wenn keiner hinschaut

In vielen Fällen ist der Jupiter-Vater auch körperlicher Gewalt nicht abgeneigt. Psychischer Gewalt ohnehin nicht. Diese setzt er mit Vorliebe dort ein, wo die Gesellschaft es nicht mitbekommt – nämlich in der eigenen Familie hinter verschlossenen Türen –, und immer gegen vermeintlich Schwächere. Es macht ihm nämlich große Angst, herausgefordert zu werden und zu unterliegen. Es würde seinen Allmachtsstatus infrage stellen, an den er sich klammert. Darin ist er einem Narzissten nicht unähnlich.

Typisch für Jupiter-Väter ist die Entwertung ihrer Familienmitglieder und häufig auch anderer Menschen oder Bevölkerungsgruppen, etwa der Anhänger bestimmter Religionen oder politischer Ideologien oder auch nur der Fans eines konkurrierenden Fußballclubs. Sie kritisieren nicht einfach ein bestimmtes Verhalten oder eine gewisse Eigenschaft an ihren Kindern und an anderen, sie stellen deren Wert als Ganzes infrage. Während von »normalen« Eltern Sätze kommen könnten wie »Wenn du dich beim nächsten Mal nicht etwas mehr anstrengst, kann es dir passieren, dass du wieder eine Sechs schreibst, und dann bleibst du womöglich sitzen«, würde ein Jupiter-Vater auf die gleiche Situation eher reagieren mit: »Du bist wirklich zu dumm zu allem. Du bist zu nichts zu gebrauchen, aus dir wird nie etwas werden.«

Einen Jupiter-Vater zufriedenstellen – fast unmöglich

Sich die Anerkennung eines Jupiter-Vaters zu verdienen, ist nahezu unmöglich. Manchmal gelingt es, wenn du all deine eigenen Strebungen über Bord wirfst, nach dem vorgegebenen

Schema deines Jupiter-Vaters erfolgreich wirst (aber nicht erfolgreicher als er) und ihn niemals infrage stellst. Stattdessen musst du ihn aufrichtig bewundern und seinem Vorbild nachstreben, ohne seine Größe jemals erreichen zu dürfen. Du zahlst also einen verdammt hohen Preis, wenn du versuchst, deinen Jupiter-Vater zufriedenzustellen. Dieser Preis wird umso größer, je älter du bist. Du verzichtest auf diesem Weg schlichtweg auf jegliche Form von Selbstverwirklichung und degradierst dich selbst zur Marionette deines Jupiter-Vaters.

2. BEZIEHUNGSMUSTER ZWISCHEN JUPITER-VÄTERN UND IHREN KINDERN

Fallgeschichte Johannes: Kein Verständnis vonseiten des Vaters

Johannes' Vater war ein sehr unzufriedener Mann. Es gab so gut wie nichts, an dem er nichts auszusetzen hatte. Politik, sein Job, die Wirtschaftslage, Johannes' Mutter, das Wetter und natürlich Johannes selbst. Wenn er von der Arbeit nach Hause kam, kippte die Stimmung automatisch, sobald sich der Schlüssel im Schloss drehte. Vorher hatten er und sein jüngerer Bruder meistens eine gute Zeit mit ihrer Mutter, die versuchte, den Kindern so viele schöne und liebevolle Momente wie möglich zu verschaffen. Wahrscheinlich um den Schaden zu begrenzen, den der Vater anrichtete.

Wenn er von der Arbeit kam, hatte das Essen auf dem Tisch zu stehen und die Familie versammelt um den Essenstisch zu sitzen. Wehe, das war nicht der Fall oder das Essen war noch nicht fertig, wenn er hungrig von der Arbeit kam! Dann waren seine Entwertungen Johannes' Mutter gegenüber noch schlimmer als sonst. Auch die Kinder bekamen seinen Zorn darüber, dass die Welt nicht so eingerichtet war, wie er es gern gewollt hätte, dann noch ungefilterter ab.

Johannes' Vater hatte selbst einen überstrengen Vater und war der Meinung, diese Erziehung hätte ihm nicht geschadet, sondern fürs Leben genutzt. Wie sehr sie ihn offensichtlich hatte emotional erkalten lassen, konnte oder wollte er nicht wahrnehmen. So gab er diese Erziehung natürlich auch an seine eigenen Kinder weiter.

Johannes ist es bis heute unklar, ob sein Vater wirklich glaubte, er tue den Kindern damit einen Gefallen, oder ob es einfach nur eine Rechtfertigung dafür war, dass er sie tyrannisieren konnte, wie er wollte. Meistens tendiert Johannes in seiner Sichtweise jedoch zu Letzterem.

Es war schwer, etwas Positives über seinen Vater zu sagen. Sicher, er versorgte anstandslos die Familie, auch wenn er das Haushaltsgeld seiner auf seinen Wunsch oder besser Befehl hin nicht berufstätigen Frau und das Taschengeld der Kinder extrem knapp hielt, ohne dass es dafür irgendeine Notwendigkeit gab.

Beruflich war der Vater sehr erfolgreich und hoch angesehen. Er war Jugendrichter. Auf der Arbeit hatte er täglich Beispiele vor sich, was passierte, wenn man seine Kinder an der langen Leine ließ – so seine Auffassung. Ohnehin war mangelnde Strenge in der Erziehung für ihn der einzig denkbare Grund, warum Kinder und Jugendliche straffällig wurden. Sie hätten einfach nicht genug Angst vor den Konsequenzen und man habe ihnen keinen Respekt beigebracht. Dass auch häuslicher körperlicher Missbrauch oder emotionale Misshandlungen und fehlende Liebe im Elternhaus Gründe dafür sind, dass Kinder später auf die schiefe Bahn geraten, ließ er kaum gelten. Zumindest zu Hause nicht.

Johannes hatte sich wiederholt gefragt, wie er es mit dieser Einstellung geschafft hatte, ein so erfolgreicher Richter zu werden. Aber vermutlich entschied er dort strikt nach Gesetz, auch wenn er innerlich manchmal vielleicht anderer Meinung war, so Johannes' Vermutung. Die seltenen und wortkargen häuslichen Gespräche seitens des Vaters glichen einem Verhör, ob denn auch alle brav die ihnen zugedachten Aufgaben in Schule und Haushalt erledigt hätten. Für anderes war er nicht empfänglich.

Als Johannes mit 16 erzählte, dass er ein Mädchen kennengelernt habe, und sich daraus mehr entwickelte, rastete der Vater beinahe aus. »Für solche Ablenkungen hast du Zeit, wenn du etwas geleistet hast. Du Pimpf hast ja noch nicht mal Abitur, hast noch keinen einzigen Cent deines Geldes selbst verdient, aber willst schon wie ein Großer die Rute schwingen. Lächerlich!«

Was Johannes wirklich gebraucht hätte, wäre väterlicher Rat und Verständnis für seine Unsicherheit im Umgang mit der neuen Situation gewesen. Aber sicher nicht eine weitere Entwertung.

Diese Art der Kommunikation war typisch. Johannes konnte sich in unserer Zusammenarbeit an kein einziges Mal erinnern, bei dem sein Vater ihn gelobt hätte. Selbst als er sein Abitur als einer der Jahrgangsbesten bestanden hatte, war alles, wozu sich sein Vater durchringen konnte: »Gut. Dann kommt jetzt das Studium. Bis Ende des Monats möchte ich wissen, ob du Jura oder Medizin studieren willst.« Ob Johannes überhaupt vorhatte, eines dieser Fächer zu studieren, darüber war zuvor gar nie gesprochen worden.

Johannes ist heute 38 Jahre alt, verheiratet und hat zwei eigene Kinder. Seit seine Mutter vor drei Jahren früh verstorben ist, beschränkt sich der Kontakt zwischen ihm und seinem Vater auf einen kurzen Anruf jeweils zum Geburtstag des anderen. In letzter Zeit merkt Johannes, dass sein Vater mehr Interesse an ihm zeigt, offene Fragen stellt, und obwohl er nie direkt davon gesprochen hat, gewinnt Johannes den Eindruck, sein Vater wünsche sich mehr Kontakt zu ihm. »Vermutlich, weil er vollkommen einsam ist, jetzt wo meine Mutter tot ist und er mit seiner unsympathischen Art auch überhaupt keine Freunde hat«, vermutet Johannes.

Das Gute im Schlechten

Zu dem Zeitpunkt, zu dem ich diese Zeilen schreibe, ist noch nicht klar, wohin die Reise geht. Johannes ist noch zögerlich, ob er sich auf eine neue Art von Beziehung zu seinem Vater einlassen möchte, weil er skeptisch ist, ob dieser sich tatsächlich ändern kann. Zwischen ihnen steht noch so viel Unausgesprochenes und unzählige unaufgearbeitete Ressentiments. Trotzdem verspürt Johannes einen zarten Wunsch, mehr Zeit mit seinem Vater zu verbringen und den Menschen dahinter vielleicht zum ersten Mal in seinem Leben wirklich kennenzulernen.

In unserer weiteren Zusammenarbeit wollen wir gemeinsam den Weg dafür bereiten und uns überraschen lassen, was in Zukunft möglich sein wird. Seinen eigenen Kindern gegenüber ist Johannes jedenfalls ein ganz anderer Vater. »Wenn ich es mir recht überlege, habe ich es der Art meines Vaters zu verdanken, dass ich mit meinen Kindern heute so bewusst umgehe. Hat der alte Brummbär doch mal was Gutes bewirkt, wenn auch unabsichtlich.« Die beiden scheinen auf einem guten Weg zu sein.

3. AUSWIRKUNGEN AUF DIE KINDER

Krieg oder Unterwerfung

Im Umgang mit Jupiter-Vätern gibt es für die betroffenen Kinder eigentlich nur zwei Wege. Entweder sie begehren permanent gegen ihre Väter auf, was die Gefahr mit sich bringt, gebrochen zu werden, oder sie unterwerfen sich ihnen vollständig und himmeln sie regelrecht an. Aufgrund der üblichen Vater-Sohn-Rivalität, die auch in nicht gestörten Familiendynamiken vorkommt, wählen Jungen häufig den Weg der Rebellion und versuchen, bei jeder Gelegenheit gegen ihren Vater zu protestieren.

Die Söhne von Jupiter-Vätern

Natürlich ist dies für einen kleinen Jungen, dessen Kräfte und Verstand von Natur aus nicht mit denen eines erwachsenen Mannes konkurrieren können, ziemlich frustrierend, denn er muss eine Niederlage nach der anderen einstecken. Das führt häufig dazu, dass die Söhne von Jupiter-Vätern irgendwann die Unmöglichkeit ihres Unterfangens einsehen und sich schließlich nach einer längeren Phase erfolgloser Rebellion doch noch ihren Vätern unterwerfen, was von den Vätern meist mit Zustimmung belohnt wird (wenngleich diese nicht offen gezeigt wird oder nur im Weglassen beziehungsweise Austauschen kritischer Bemerkungen besteht) und damit lernpsychologisch verstärkt wird.

Paradoxerweise findet diese Unterwerfung häufig dann statt, wenn die jungen Männer eigentlich in der Entwicklung ihrer eigenen Kräfte gar nicht mehr so weit davon entfernt wären, ihren Vätern zumindest ebenbürtig zu sein. Denn während die Kräfte der Väter mit zunehmendem Alter schwinden, nähern sich die der Söhne ihrem Höhepunkt. Dennoch wagen es viele Söhne nicht, ihre Väter wirklich zu besiegen oder ihre neu gewonnene Überlegenheit zu demonstrieren. Sie haben ein intuitives Gespür dafür, wie sehr das Familiengefüge in Schieflage geriete, wenn sie ihre Väter vom Thron stoßen würden.

Unter den Jupiter-Vätern gibt es nur wenige, die die neu erstarkte Kraft ihrer Söhne respektvoll anerkennen würden. Die meisten würden sich eher in die Steigerung alter Verhaltensweisen flüchten, um so zu versuchen, das alte Kräfteungleichgewicht wieder herzustellen. In anderen Fällen, in denen das Verhältnis zwischen Vater und Sohn oberflächlich nur noch von Hass erfüllt zu sein scheint, erklären die Söhne ihre Väter zum absoluten Feindbild und solidarisieren sich mit anderen Opfern ihrer Jupiter-Väter wie schwächeren Geschwistern und fast in jedem Fall mit den eigenen Müttern. Diese versuchen sie dann märtyrerhaft gegen ihre Väter zu verteidigen und zu schützen, was je nach Kräfteverhältnis und Alter der Söhne verzweifelt und chancenlos wirken kann, während es in anderen Fällen zu schweren körperlichen Auseinandersetzungen mit ernsthaften gegenseitigen Verletzungen kommt. Doch das ist zum Glück die Ausnahme.

Probleme mit Autoritäten

Söhne, die in der Rebellion mit ihren Jupiter-Vätern verharren, übertragen diese Rivalität später im Leben häufig auf andere archetypische Vaterfiguren. Fast schon klassisch sind da die eigenen Vorgesetzten im Beruf oder vorher beim Zivildienst beziehungsweise bei der Bundeswehr (als es noch eine Wehrpflicht gab). Aber auch viele andere Bereiche drängen sich hier auf. So fällt es diesen Söhnen häufig schwer, sich an Regeln zu halten oder Autoritätspersonen anzuerkennen. Die Reaktionen reichen hier von permanentem Infragestellen von allem, was der Vater tut, denkt und sagt, bis hin zu offensichtlicher Befehlsverweigerung.

Ich kenne einen jungen Mann, der die Rebellion gegen seinen Jupiter-Vater auf Autoritätspersonen in Uniform übertrug und keine Gelegenheit ausließ, sich mit Polizisten, Politessen oder Mitarbeitern des Ordnungsamts zu streiten. Die Streits gingen dabei stets von ihm aus. Er versuchte regelrecht, diese Autoritäten herauszufordern bis zu dem Punkt, an dem sie ihm kraft ihres Amtes erneut ihre Überlegenheit bewiesen beziehungsweise er sich selbst seine eigene Unterlegenheit. In diesem Verhalten war er wie ferngesteuert, getrieben von dem, was damals schon Sigmund Freud einen »Wiederholungszwang« nannte.

Jetzt könnte man denken, dieser Mann wäre irgendein primitiver Halbstarker. Aber das stimmt nicht. Er ist ein hochgebildeter Akademiker mit eigener Familie, mit der er fast schon überliebevoll umgeht. Nur bei Respektspersonen im Amt setzt es bei ihm aus und er rutscht in einen kindlichen Persönlichkeitsanteil, der in seinem Gegenüber stets den übermächtigen Vater aus Kindertagen erkennt, den es mit allen Mitteln zu bekämpfen gilt.

In solchen Fällen wird nicht etwa der Sieg über eine Autoritätsperson gesucht, sondern die Wiederholung der Ursprungserfahrung, die immer mit einer Niederlage endet. Wenn solche Übertragungen mit körperlicher Gewalt einhergehen, werden in der Regel nicht etwa schwächere Gegner zum Verprügeln gesucht, sondern scheinbar stärkere Gegner, um verprügelt zu werden. Natürlich nachdem man sich zuvor tapfer geschlagen hat.

Der hohe Preis von Rebellion und Unterwerfung

Der Preis, den Söhne von Jupiter-Vätern für ihre Rebellion zahlen, ist also extrem hoch. Er liegt nicht nur in den permanenten Niederlagen, zusätzlichen Demütigungen und direkten Herabsetzungen in der Kindheit und Jugend, sondern ebenfalls in der massiven Unfreiheit im eigenen Verhalten in späteren Jahren. Denn natürlich versaut man sich mit solch einem Verhalten trotz durchaus vorhandener Fähigkeiten schnell die eigene Karriere und verbaut sich auch sonst diverse Chancen im Leben.

Der Preis, der für die Unterwerfung zu entrichten ist, fällt allerdings auch nicht geringer aus. Er äußert sich nur anders. Die Unterwerfung und das standesgemäße Anhimmeln des eigenen Jupiter-Vaters in Verbindung mit der vollständigen Übernahme seines Wertesystems gehen natürlich vordergründig erst einmal mit weniger Kampf und Krieg einher.

Ein Jupiter-Vater, dem du vorbehaltlos zustimmst, wird weniger Anlass haben, dich unangespitzt in den Boden zu rammen. Aber glaube nicht, dass du somit seinen aufrichtigen Respekt erringst.

Er wird es dir vielleicht nicht offen ins Gesicht sagen, aber mit einiger Sicherheit wird er dich unterschwellig für die Huldigung seiner Person verachten. Er wird dich nicht für voll nehmen, weil du nicht versucht hast, dich gegen ihn durchzusetzen, und es ihm in seiner begrenzten Denkweise schwerfällt, jemanden zu respektieren, der einer

Auseinandersetzung aus dem Weg geht. Vielleicht sagt er es dir nicht. Aber du wirst es zu spüren bekommen. In der Art, wie er manches betont, wenn er mit dir oder mit anderen über dich spricht. In den Beispielen, die er heranzieht für Menschen, die er nicht respektiert und die dir in manchen Eigenschaften merkwürdig zu ähneln scheinen. Oder er übergeht dich immer wieder bei Entscheidungen und gibt keinen Pfifferling auf deine Meinung. Wenn er dich subtil verachtet, wirst du es spüren, egal, wie er dies zum Ausdruck bringt.

WIE MAN ES DREHT UND WENDET …

Da sind wir schon wieder bei einem klassischen Doublebind des Jupiter-Vaters – einer Verhaltensweise oder kommunikativen Botschaft deines Gegenübers, auf die es keine richtige Reaktion gibt, beziehungsweise einer Situation, bei der das Endergebnis von vornherein feststeht und du versuchen kannst, was du möchtest, du wirst nicht gewinnen.

Einen Kampf, den du nicht gewinnen kannst, solltest du nicht kämpfen. So verlockend es ist, dieser Kampf frisst deine Lebensgeister und vernichtet deine Zeit und Energie.

Am Beispiel des Jupiter-Vaters wird besonders deutlich, dass der Weg, selbst groß und erwachsen zu werden, in diesem Fall nicht über deinen Vater (auch nicht über deine Mutter) geht. Denn egal, was du tust, du verlierst. Wenn du gegen ihn aufbegehrst und den Kürzeren ziehst, verlierst du. Wenn du gegen ihn aufbegehrst und gewinnst, verlierst du. Wenn du dich ihm unterordnest, verlierst du. Auf diesem Weg gibt es für dich keinen Weg, um groß und eigenständig zu werden. Erst wenn es dir gelingt, dich von deinem Jupiter-Vater zu befreien, indem du weder danach trachtest, ihn zu besiegen oder es ihm heimzuzahlen, noch um seine Zustimmung buhlst, gewinnst du deine Freiheit. Es ist eine dieser Paradoxien, die das Leben immer wieder mit sich bringt. In manchen asiatischen Kampfkünsten heißt es daher nicht umsonst, nicht derjenige sei der größte Krieger, der die meisten Gegner besiegt, sondern derjenige, der die meisten Kämpfe vermeidet.

Und die Töchter?

Töchter von Jupiter-Vätern rebellieren erfahrungsgemäß weniger häufig, und wenn doch, dann nicht so vehement und verbissen wie deren Söhne. Nicht nur, dass hier die übliche Vater-Sohn-Rivalität nicht greift, auch bieten Töchter meist weniger Angriffsfläche für einen Jupiter-Vater. Dafür interessieren Jupiter-Väter sich jedoch auch sehr selten für ihre Töchter. Höchstens, wenn diese versuchen, ihren Vätern die besseren Söhne zu sein und sich vollständig wie ein Junge zu gebärden.

Das muss nicht heißen, dass sie sich die Haare kurz schneiden und wie Jungen anziehen. Vielmehr können sie manchmal die Aufmerksamkeit ihrer Väter erregen, wenn sie in deren Lieblingsbereichen Erfolge erringen. Selbstredend keine Erfolge, die größer sind als die des Vaters, denn das käme einer Gotteslästerung gleich. Wobei auch das wieder nicht in jedem Falle gilt, denn für manche Jupiter-Väter sind Frauen (somit auch Töchter) eine Kategorie von Mensch, die sie ohnehin nicht für voll nehmen. Daher sehen sie sich manchmal auch weniger in Konkurrenz zu ihnen, wohingegen es für andere Jupiter-Väter nichts Demütigenderes gibt als den Gedanken, dass ihre oder eine andere Frau in einer Männerdomäne besser sein könnte als sie selbst.

Töchter von Jupiter-Vätern scheinen während ihrer Kindheit und Jugend einen geringeren Preis zu bezahlen als ihre Brüder. Dafür werden ihre späteren Liebesbeziehungen aber offensichtlich stärker von dieser Vater-Tochter-Konstellation beeinflusst. Denn diese Töchter haben ein Problem mit schwachen Männern, doch meist ohne dies zu wissen. Häufig suchen sie einen Mann, der das genaue Gegenteil des Vaters zu sein scheint.

JETZT MACHE ICH ES GANZ ANDERS

Hier greift das aus der Beziehungspsychologie bekannte »Gegenwahlprinzip«. Es besagt, dass wir mit einiger Sicherheit, nachdem wir zuletzt einen Partner (Vater) hatten, der sich am einen Extrem eines Spektrums befand, hinterher ausgehungert einen neuen Partner (Vaterersatz) wählen, der sich am anderen Ende dieses Spektrums befindet. Das kann nicht funktionieren! War der frühere Partner beispielsweise egomanisch und hat sich nicht für sie interessiert, wird die Tochter sich mit einiger Sicherheit von einem Partner angezogen fühlen, der ihr die Welt zu Füßen legen möchte, der jede einzelne Sekunde nur an sie denkt und keine Gelegenheit auslässt, ihr dies ständig mitzuteilen.

Wenn wir ausgehungert nach Anerkennung, Wärme und Wertschätzung lechzen, hat ein solcher Partner anfänglich einen unheimlichen Charme. Bis uns sein Werben zu den Ohren raushängt und wir uns eingeengt fühlen. Weil es jetzt genauso zu viel ist, wie es vorher zu wenig war.

Das Gegenwahlprinzip gilt auch für Töchter von Jupiter-Vätern. Während der eigene Vater ihnen kaum Aufmerksamkeit geschenkt hat, nur von sich selbst eingenommen war und sich den Gefühlen anderer gegenüber wie die sprichwörtliche Axt im

Walde verhalten hat, suchen sie sich später in vielen Fällen einen Mann, für den sie der Mittelpunkt der Welt sind. Und stellen nach einer anfänglichen Honeymoon-Phase fest, dass sie ihn nicht respektieren können, weil er ihnen zu schwach ist und ihnen aus der Hand frisst. Hätten sie sich früher nichts mehr gewünscht, als dass ihr Vater weniger dominant und egoistisch wäre, ertragen sie es nur schwer, wenn ein Mann nicht sagt, was Sache ist, und nicht den Ton und die Richtung angibt (ob diese nun sinnvoll ist oder nicht). Intuitiv spüren sie, dass sie selbst es sind, die die Zügel nun in der Hand halten. Sie wünschen sich einen Mann zum Anlehnen, doch wenn sie ihn haben, verlieren sie das Interesse, weil sie einen Mann brauchen, an dem sie sich reiben können.

Hier zeigt sich einmal mehr, wie paradox sich die menschliche Psyche immer wieder verhält.

Man könnte denken, das kleine Mädchen in den Töchtern von Jupiter-Vätern würde sich diesen Erfolg als Sieg auf die Fahne schreiben und feiern, dass ihr endlich die Quadratur des Kreises gelungen ist. Doch das Gegenteil ist meist der Fall. Wenn es ihr gelingt, einen solchen Mann umzudrehen, dann zweifelt sie eher daran, ob er ihrem Vater denn wirklich ähnlich ist. Deutlich wahrscheinlicher erscheint es ihr da, dass sie nicht genau genug hingesehen hat, sonst hätte sie erkennen müssen, dass dieser Mann viel schwächer als ihr Vater ist. Schließlich ist es ihr hier gelungen und bei ihrem Vater nicht. Deshalb muss dieser Mann schwächer sein als ihr Vater. Den Fehler dafür schreibt sie sich dann selbst zu und sucht sich beim nächsten Mal ein Exemplar, das noch jupitermäßiger daherkommt.

Ein weiteres Problem bekommen diese Töchter häufig, wenn ihre scheinbar allmächtigen Väter im Alter an Glanz verlieren. Wenn sie unbeholfener und hilfsbedürftiger werden. Wenn sie vielleicht sogar verwirrt, klein, gebrechlich sind oder ein Pflegefall werden. So ging es Julia, einer Paradetochter eines besonders stattlichen Jupiter-Vaters nach dessen Schlaganfall.

»Plötzlich saß dieser große, starke Mann, der immer alles und alle nach seiner Pfeife tanzen ließ, da im Rollstuhl. Sabbernd. Konnte sich nicht artikulieren, machte unbeholfene Gesten, versuchte zu lächeln. Wie ein kleines Kind, nur würdeloser. Ich musste da raus, ich konnte ihn in diesem Zustand nicht ertragen.« So schilderte sie den ersten Krankenhausbesuch nach dem Schlaganfall ihres Vaters. Umgehend verlor sie die Achtung vor ihm.

Das zeigt, wie sehr diese unnatürliche Achtung nicht dem eigentlichen Menschen, sondern seinem Verhalten und Auftreten gilt. Verschwindet die Dominanz, verschwindet auch die Achtung. Der Mensch dahinter ist seinem Umfeld meist nur rudimentär bekannt.

Paradoxerweise werden die Väter durch ein solch einschneidendes Erlebnis häufig milder, während die Töchter und manchmal auch die Söhne den Respekt verlieren und sich nicht selten den alten Tyrannen zurückwünschen, der weniger bedürftig und dafür wesentlich stärker gewirkt hat und an dem man sich zumindest orientieren konnte.

4. WAS ENTLASTET?

Auch in einem Jupiter-Vater gibt es ein kleines verletztes Kind. In diesem Falle eines, das meint, seine Ziele nur dann erreichen zu können, wenn es sich wie ein Tyrann aufführt und seine gesamte Umwelt herabsetzt. Zum einen kann man sich leichter größer fühlen, wenn man andere kleinmacht und deren Auffassungen verteufelt – anstatt sich durch eigene Leistungen und Errungenschaften wirklich selbst zu erhöhen. Zum anderen hat das innere Kind im Jupiter-Vater vielleicht erlebt, dass sein eigener Vater auf die gleiche Weise mit ihm umgesprungen ist. Dann gibt er unreflektiert weiter, was er selbst erfahren, verinnerlicht und am Modell gelernt hat. Vielleicht wurde er auch von seinen eigenen Eltern so sehr auf einen Thron gehoben, dass er sich nun für Gottes Geschenk an die Menschheit hält und an dem Frust darüber zerbrochen ist, dass die Welt das nicht zu schätzen weiß.

Reagiere als Erwachsener auf deinen Vater

Wie auch immer das verletzte Kind in einem Jupiter-Vater in den Zustand versetzt wurde, in dem es sich befindet – eines ist klar: Du befreist dich nur dann vom Einfluss deines Vaters, wenn du eben dieses verletzte und herrschsüchtige kleine Kind hinter seinem Verhalten erkennst und übst, darauf aus deinem Erwachsenen-Ich beziehungsweise aus deinem erwachsenen Selbst heraus zu reagieren anstatt aus deinem eigenen angepassten oder rebellischen Kind-Ich-Anteil (Seite 25 ff.).

Dann ist es, als würdest du seine Spieleinladungen nicht mehr annehmen. Während sich dein Vater auf die übliche Weise verhält, weigerst du dich mitzumachen. Weder kuschst du vor seiner Pseudo-Autorität, noch hast du das Bedürfnis, ihn zu bekämpfen. Wenn du das kleine Kind in deinem Jupiter-Vater erkennst, kannst du im Umgang mit ihm bei dir und dem bleiben, was du möchtest.

Du merkst, wie weit du in deiner eigenen Entwicklung und Unabhängigkeit deinem Vater gegenüber fortgeschritten bist, wenn du es schaffst, relativ unemotional auf seine üblichen Verhaltensweisen zu reagieren.

Einige Jupiter-Väter werden dies nach einer Weile akzeptieren. Sie werden deine Entwicklung nachvollziehen und dir vielleicht sogar Respekt dafür zollen. Andere werden ihr altes Verhalten noch verstärken und versuchen, dich dadurch wieder in die gewohnte unterlegene Position zu drängen.

Natürlich kann es eine Weile dauern, bis es so weit ist. In einigen Fällen wird es erforderlich sein, den Kontakt abzubrechen. Wenn dein Vater nicht bereit ist, dir auch nur einen Zollbreit entgegenzukommen, sondern sein altes destruktives Verhalten sogar noch steigert, solltest du den Umgang mit ihm auf das Nötigste beschränken. Zumindest bis er einlenkt und bereit ist, fair und auf Augenhöhe mit dir zu verkehren.

Denke an dieser Stelle bitte auch daran, dass wir häufig mit einem veralteten und nicht mehr aktuellen inneren Bild unserer Eltern herumlaufen. Vielleicht ist dein Vater längst nicht mehr so schlimm, wie du ihn als Kind erlebt hast. Nur siehst du ihn noch gefiltert durch die Brille deiner kindlich-unterlegenen Gefühle von damals. Solltest du dies feststellen, ist es an dir, das innere Bild deines Vaters zu korrigieren und auf den aktuellen Stand zu bringen, wenn du an einer echten Begegnung zwischen euch und einem Kennenlernen auf einer neuen Ebene, die zuvor nicht möglich war, interessiert bist. Gar nicht so selten finden Eltern erst mit ihren erwachsenen Kindern eine Ebene des Umgangs, die für beide tragfähig ist.

Da sie selbst sich auch verändert haben können, sehen und handhaben sie heute vielleicht vieles anders als damals. Auch Jupiter-Väter sind lernfähig. Ob sie tatsächlich auch gelernt haben, steht jedoch auf einem anderen Blatt. Einen Versuch dürfte es aber in den meisten Fällen wert sein

WENN ES GAR NICHT ANDERS GEHT: KONTAKTABBRUCH

Der Kontaktabbruch mit den eigenen Eltern ist zwar manchmal erforderlich, sollte aber stets die letzte Option sein. Da deine Eltern ein elementarer Teil von dir sind, nimmst du dir mit einem Kontaktabbruch immer auch einen Teil von dir selbst. Deshalb sollte er nur erfolgen, wenn du dir damit weniger schadest, als es deine Eltern beziehungsweise der betreffende Elternteil tun würde, wenn ihr weiterhin Kontakt hättet.

KASTRIERTE VÄTER

Kinder brauchen starke Väter. Haben sie keinen, dann machen sie sich einen und halten die Illusion aufrecht, solange es geht. Als sein Sohn bleibst du zu schwach, um wirklich stark zu sein. Als seine Tochter musst du zu früh stark sein, um später noch schwach sein zu können. Es sei denn, du hörst auf, Stärke außerhalb von dir selbst zu suchen.

1. WORAN ERKENNT MAN KASTRIERTE VÄTER?

Als kastrierte Väter bezeichne ich Väter, die nicht in der Lage sind, sich durchzusetzen, ihren moralischen Verpflichtungen nachzukommen, eine Position zu beziehen und notfalls auch zu verteidigen, und die auch sonst eher klein beigeben oder sich passiv wegducken, anstatt für sich selbst und in vielen Fällen auch für ihre Familie einzustehen. Es sind schwache Väter, die so sehr aus ihrem bedürftigen inneren Kind-Ich-Zustand heraus leben, dass sie mit ihren Aufgaben als erwachsene Männer und Familienväter schlichtweg überfordert sind.

Während Jupiter-Väter häufig ihre Kinder für deren vermeintliche Schwäche verachten, werden kastrierte Väter später nicht selten von ihren eigenen Kindern für ihre Schwäche verachtet. Indem sie sich feige verhalten, sind sie ihren Kindern kein brauchbares Vorbild eines erwachsenen Menschen beziehungsweise Mannes, an dem man sich orientieren und reiben kann – beides wäre jedoch elementar wichtig für eine gesunde Reifung der eigenen Persönlichkeit aufseiten der Kinder. Mit ihrer Passivität setzen sie sich auch nicht für ihre Familie ein, geschweige denn für die eigenen Interessen. Sie haben die Neigung, jedem Druck aus dem Weg zu gehen, davor zu flüchten oder ihn durch passiv-aggressives Vermeidungsverhalten gleich von vornherein zu umschiffen. Wenn sie dem Stress äußerlich nicht entfliehen können, ziehen sie sich innerlich zurück.

Lieber überlassen sie anderen das Feld. Beispielsweise der eigenen Ehefrau. Was hier häufig als Zurücktreten dargestellt wird, um dem anderen Raum zu lassen, ist in Wahrheit eher die Angst vor Konfrontation, Disharmonie, Ablehnung und den Emotionen der anderen. Kastrierte Väter sind in einigen oder mehreren Lebensbereichen unfähig, die Dinge auf die Reihe zu bekommen. Dadurch, dass sie es anderen zu sehr recht machen wollen, müssen sie selbst und ihre Familie viele Nachteile in Kauf nehmen.

Statt sich durchzusetzen, kreisen sie dann lieber wie ein Satellit um ihre Frauen oder ziehen sich resigniert in die Passivität und Unerreichbarkeit zurück. Intuitiv spüren sie das und empfinden sich selbst nicht als richtige Männer, womit sie entweder so umgehen, dass sie sich damit abfinden und mit der Rolle als Weichei identifizieren, oder sie kompensieren in harmlosen Bereichen über, indem sie ihr fehlendes Durchsetzungsvermögen durch gewaltverherrlichende Filme oder demonstratives, gleichwohl zahnloses Machogehabe zu überspielen versuchen.

Die Menschen in ihrem Umfeld spüren, dass ihr Wort keinen Gehalt hat und ihm selten Taten folgen.

Anderen fällt es schwer, sie für voll zu nehmen. Das gilt für die Ehefrau und die Kinder ebenfalls, obwohl diese nicht selten zunächst einen scheinbaren Vorteil aus dem schwächlichen Verhalten des Vaters ziehen. So finden sich beispielsweise häufig die Töchter von kastrierten Vätern mit Männern in einer Partnerschaft zusammen, die den schwachen Vätern in nichts nachstehen. Das können selbst Söhne schwacher Väter sein oder die gebrochenen angepassten Söhne von Jupiter-Vätern (Seite 149), aber auch andere schwache

Männer. Dazu kommt es vor allem dann, wenn sich die Tochter der Aufgabe verschrieben hat, einen schwachen Mann dadurch zu retten, dass sie ihn »aufbaut«. Diese Rolle liegt ihr, denn sie spielt sie ohnehin schon ihr Leben lang.

Schwacher Mann, starke Frau

Das ist wie so oft gut gemeint, hat jedoch in der Praxis einen hohen Preis. Da der Mann schwach ist, muss die Frau stark sein, um ihn stark zu machen. Damit der Mann sich jedoch nicht unterlegen fühlt beziehungsweise seine Unterlegenheit nicht zu deutlich empfindet, muss eine starke Frau sich in seiner Gegenwart betont schwach verhalten, um ihm das Gefühl der Stärke zu vermitteln. In anderen Fällen übernimmt die Frau die Aufgaben in der Familie und der »Welt da draußen« mit, die eigentlich in den Bereich ihres Mannes fallen würden. Einfach, weil sie es kann.

So verfallen kastrierte Männer noch mehr in Passivität und richten es sich in diesem Zustand nicht selten bequem ein, da ihnen ja jegliche unbequemen Aufgaben außerhalb der eigenen Komfortzone von ihren Frauen abgenommen werden. Natürlich ziehen sich solche Konstellationen anfangs aufgrund der hohen Übereinstimmung der persönlichen Lebensthemen gegenseitig an. Nur ist diese Form der Anziehung nicht längerfristig tragfähig.

Den starken Frauen von kastrierten Männern wird es auf die Dauer nämlich immer schwerer fallen, ihre schwachen Männer zu respektieren. Entsprechend lauter werden mit der Zeit ihre Klagen über seine Passivität und dass er »keine Eier« hat. Doch diese Kritik wird von schwachen Männern häufig mit stoischer Gelassenheit im Zustand der Erstarrung und Resignation ertragen und lediglich als Beweis für die eigene Unzulänglichkeit genutzt, anstatt sie als Anreiz zu nehmen, die Ärmel hochzukrempeln und endlich mal Rückgrat und Initiative zu zeigen.

Was auf diese Weise völlig fehlt, ist der Wachstumsreiz, der einen kastrierten Mann zwingen würde, sich aus seiner Komfortzone zu begeben und sich dem Leben zu stellen. Denn nur wenn dies geschieht, kann er sich seine Sporen in der Welt verdienen und durch die nötige Reibung seinen Charakter so formen, dass er als Gegenüber greifbar wird. Solange er sich vollständig in der eigenen Geschichte verfangen hat oder bei den kleinsten Anforderungen seiner Umwelt an ihn regelrecht implodiert, wird eine starke Frau die anstehenden Aufgaben lieber schnell selbst erledigen, anstatt sich wieder ihrem Frust über die Unfähigkeit und Unwilligkeit ihres schwachen Mannes auszusetzen.

Natürlich sinkt ihr Frust dadurch nicht. Denn auch starke Frauen haben ein Bedürfnis danach, sich mal fallen zu lassen – was ihr Mann die ganze Zeit schon tut, indem er sich auf ihre Stärke verlässt. Bleibt dieses Bedürfnis zu lange unerfüllt, führt es häufig in die Verbitterung oder sogar zum Ende der Beziehung.

Die große Enttäuschung

Von Frauen wird die Schwäche ihrer Partner häufig als Empathiefähigkeit und tiefe Empfindsamkeit missdeutet. Und natürlich versuchen sie, ebenso wie die Kinder von kastrierten Vätern, die Illusion so lange wie möglich aufrechtzuerhalten. Der Wahrheit ins Gesicht zu sehen und zu erkennen, dass der eigene Partner beziehungsweise Vater zu schwach war, um wirklich für sie da zu sein und sich über seine enge Komfortzone hinaus für sie einzusetzen, würde zu sehr schmerzen.

Viele Kinder sind enttäuscht, dass ihre kastrierten Väter sich in Erziehungsdingen stets auf die Seite der Mutter schlagen, da sie größere Angst haben, sich mit ihrer Frau auseinanderzusetzen, als die eigenen Kinder zu frustrieren.

Darüber hinaus spüren die meisten Frauen, dass die Beziehung zu ihrem Partner in dem Moment unwiederbringlich beendet ist, in dem sie die Achtung vor ihm verlieren, auch wenn sie äußerlich mit ihm zusammenbleiben. Oft wird es noch nicht einmal ausgesprochen und doch wissen alle Beteiligten darum.

Archetypische Mutter- und Vaterrollen

Für die Entwicklung eines Kindes sind Mutter und Vater gleichermaßen bedeutungsvoll. Die Frage ist nicht, wessen Beitrag für das Gedeihen des Kindes wertvoller ist, sondern was der jeweilige Beitrag ist und in welcher Lebens- und Entwicklungsphase des Kindes er von Bedeutung ist. Dem widerspricht auch nicht die Erfahrung, dass alleinerziehende Eltern einen Teil des fehlenden Elternteils in der Erziehung auffangen können. Natürlich geht das. Es ist nur eben nicht der Idealfall.

Dabei ist die Mutter umso wichtiger für das Kind, je jünger es ist. Meist kommen von ihr wichtige Prägungen, die das Selbstwertgefühl und auch das Urvertrauen des Kindes stark beeinflussen werden. Hierdurch entsteht in vielen Fällen ein enorm starkes Band zwischen Mutter und Kind.

Was in den ersten Jahren so wertvoll ist, kann sich in späteren Jahren zum Problem entwickeln, sofern keine altersgerechte Ablösung zwischen Mutter und Kind erfolgt, die sowohl für die Mutter als auch für das Kind nie einfach ist. Je größer die Nestwärme, desto schwieriger ist in den meisten Fällen die Abnabelung, was umso mehr gilt, je älter das Kind wird. Hier liegt dann auch eine der wichtigen Aufgaben des Vaters, nämlich sowohl der Mutter als auch dem Kind zu erleichtern, sich vertrauensvoll voneinander zu lösen, um dem Kind Stück für Stück mehr Freiheit und Eigeninitiative zu gewähren.

So sieht die Aufgabenverteilung von Mutter und Vater aus, überspitzt dargestellt. Selbstverständlich finden wir in der Realität eine Vielzahl von Differenzierungen.

Es ist in dieser Phase am Vater, das Kind an die Hand zu nehmen und ihm zu zeigen, dass es jenseits der Mutter noch eine weitere Welt da draußen gibt, die zwar nicht immer so warm, herzlich und gefahrlos ist wie die mütterliche Wärme, dafür aber voller Abenteuer, die es zu bewältigen gilt, um ein erwachsener und reifer Mensch zu werden.

DAS FEHLEN VON ÜBERGANGSRITUALEN

Gerade am Beispiel kastrierter Väter wird ein großes Versäumnis unserer westlichen Kulturen deutlich. Hier wurden über die Jahrhunderte authentische Übergangsrituale nahezu ausgemerzt, die Jungen halfen, ins Mannbewusstsein zu wechseln. Das Wenige, was übrig geblieben ist, liegt meist in verzerrter Form vor und erfüllt seinen Zweck nicht im Geringsten – man denke nur an Besäufnisse von Jugendlichen (»Kampftrinken«).

Kein Wunder, dass viele Jungen verzweifelt nach Heldenfiguren suchen, mit denen sie sich identifizieren können (wovon Hollywood mit seinen Actionfilmen nicht gerade wenig profitiert), oder sich Jugendbanden anschließen, in der Hoffnung, sich damit männlicher und als geschätzter Teil einer Gruppe zu fühlen.

In früheren Kulturen und auch heute noch bei indigenen Völkern gab und gibt es ab einem gewissen Alter beziehungsweise Reifegrad der Jungen Rituale, bei denen metaphorisch gesprochen der Junge sterben muss, damit der Mann geboren werden kann. Diese Rituale muten uns teilweise brutal und unnötig rau an, denn sie gehen häufig mit starken Strapazen und großen Schmerzen einher und nicht selten müssen sich die Jungen ihren tiefsten Ängsten stellen, indem sie etwa eine Zeit allein in der Wildnis verbringen.

Und doch können wir von ihnen einiges lernen, denn sie erfüllen einen wichtigen Zweck in der Entwicklung, besonders der Jungen. Dabei helfen die älteren, erfahrenen Männer den Jungen dabei, das zu entwickeln, was es braucht, um zum Mann und damit in die Gemeinschaft der Männer aufgenommen zu werden.

Die anhaltende Sicherheit, die Mütter ihren Söhnen bieten, bereitet diese nicht umfassend auf ein Leben als erwachsener Mann vor. Vielmehr wäre es notwendig, dass die Jungen aus dem Einflussbereich der Mütter »entfernt« werden. In den Kulturen mit stimmigen Übergangsritualen wissen die Mütter noch um die Wichtigkeit dieses Prozesses für die Entwicklung ihrer Söhne und unterstützen liebevoll aus dem Hintergrund den gesamten Vorgang, auch wenn es ihnen ebenfalls emotionale Schmerzen verursacht, ihre Söhne getrennt von sich und so leidend zu wissen. Am Ende wird ihr Kind als Mann zurückkehren.

Natürlich sind diese Zusammenhänge in Wirklichkeit viel komplexer. Sie können hier nur angedeutet werden.

Kastrierte Väter beziehungsweise Männer hatten nie die Chance, vom Jungen zum Mann zu werden. Sie sind fest im Jungenbewusstsein verankert, man könnte auch sagen: stecken geblieben. Im Bewusstsein eines kleinen überforderten Jungen, dem alles zu viel ist. Nicht selten hatten sie ebenfalls schwache Väter, die ihnen nicht beibringen konnten, wie man sich im Leben durchsetzt.

Um die Ansprüche der anderen von sich fernzuhalten, haben sie verschiedene Techniken perfektioniert. So wirken sie schon bei Kleinigkeiten überfordert. Das bezieht sich nicht nur auf zu erledigende Aufgaben, sondern auch auf die Emotionen ihrer Mitmenschen, die sie schnell als zu heftig empfinden, woraufhin sie sich dann meistens zurückziehen in ihre Passivität. Sie verlassen den Raum, gehen zum Sport, brechen zusammen oder flüchten sich in TV-Konsum oder Alkohol. Sie können nicht tun, was getan werden müsste. Ihnen geht jeglicher Pragmatismus ab.

Das Bedürfnis von Kindern nach starken Vätern

Wenn Kinder keinen starken Vater haben, bauen sie sich in Gedanken häufig einen. Damit ist die Neigung vieler Kinder gemeint, ihre kastrierten, schwachen Väter zu idealisieren und die Anzeichen und Auswüchse ihrer offensichtlichen Schwäche und mangelnden Durchsetzungsfähigkeit in positive und erstrebenswerte Eigenschaften umzudeuten.

Diese Neigung hält häufig so lange an, bis die Schwächen des eigenen Vaters so überdeutlich und für jeden erkennbar zutage treten, dass sie auch von den eigenen Kindern nicht mehr geleugnet werden können. Unterstützt wird diese Idealisierung auch dadurch, dass kastrierte Väter häufig zum Rationalisieren neigen und ihre schwachen Taten und Unterlassungen mit Begründungen versehen, die sie scheinbar in ein positives Licht rücken. Hier ein überspitztes Beispiel: Ein schwacher Vater, der sich gerade ohne jegliche Gegenwehr von einem anderen Mann vor den Augen seiner eigenen Kinder hat verprügeln lassen, begründet das damit, dass er zu viel Angst davor habe, was seine enorme Stärke anrichten könnte, und dass er sich nur deshalb nicht zur Wehr gesetzt habe, weil er instinktiv gewusst habe, dass der andere es sonst vermutlich nicht überlebt hätte.

Das soll nicht heißen, dass starke Väter sich prügeln. Es ist eine Metapher, sonst nichts.

Natürlich möchten die eigenen Kinder solch einen Nonsens so lange glauben, wie sie können. Doch dann kippt die vormalige Über-Idealisierung und Bewunderung häufig in Verachtung. Aber nicht immer.

In den meisten Fällen lernen die Kinder schnell, sich ihren schwachen Vätern nicht voll zuzumuten, da sie spüren, dass diese damit überfordert wären. Sie regeln sich selbst runter, passen sich an, sind extra leise, machen möglichst wenig Ärger und klären ihre Probleme, Ängste, Sorgen und Nöte lieber selbst oder wenden sich damit an eine stärkere Person, in diesem Fall häufig die eigene Mutter. So bleiben die Väter schwach und die Kinder orientierungslos. In der Folge müssen die Mütter doppelt stark sein und das überlastet sie, unabhängig davon, ob sie sich diese Überlastung anmerken lassen oder sie überhaupt selbst wahrnehmen. Das können sie sich in den meisten Fällen ohnehin nicht erlauben, denn dann würde ja alles in sich zusammenfallen.

Doch genau das geschieht, wenn die Mutter beispielsweise einmal längere Zeit ausfällt, etwa durch einen Krankenhausaufenthalt. Wobei die meisten Mütter mit kastrierten Ehemännern dann trotzdem versuchen, vom Krankenbett aus die Dinge weiterhin zu regeln.

KEIN ZUFALL: WEN MAN SICH ALS PARTNER AUSSUCHT

Die Partnerwahl geschieht zumindest unbewusst nicht zufällig, davon dürfen wir ausgehen. Daher gibt es einen Grund, warum eine Frau sich einen schwachen Mann sucht. Und zwar ungeachtet dessen, wie sehr sie vielleicht an der Oberfläche über seine Passivität schimpft. Oft ist es ihr nicht einmal wirklich bewusst, aber dadurch, dass er sich so schwach verhält, gibt er ihr die Gelegenheit, stark zu sein.

Viele Menschen ziehen einen großen Teil ihres Selbstwertgefühls daraus, stark zu sein und für andere nahezu unersetzlich. So kommt es dazu, dass Frauen immer wieder versuchen, ihren kastrierten Mann in der alten Position zu halten, wenn dieser wirklich einmal von seiner eigenen Schwäche genug hat und zaghafte Versuche unternimmt, selbst stärker zu werden. Dies ist

Wie in jeder Konstellation ist es ratsam, sich das gesamte Gefüge anzusehen und nicht nur mit dem Zeigefinger auf einen Teil des Familiensystems zu deuten.

ein Punkt, der oft totgeschwiegen wird, und es ist den beteiligten Frauen auch selten wirklich bewusst.

2. BEZIEHUNGSMUSTER ZWISCHEN KASTRIERTEN VÄTERN UND IHREN KINDERN

Fallgeschichte Jessica: Immer nur Männer mit »Gummiwirbelsäule«

Jessica hat mich wegen Partnerschaftsproblemen aufgesucht. Sie selbst hatte den großen Wunsch nach einer tragfähigen Partnerschaft und einer eigenen Familie. Leider schien sie jedoch immer wieder an Männer zu geraten, mit denen so etwas nicht möglich war. Entweder wollten sich diese Männer nicht festlegen oder sie entpuppten sich nach kurzer Zeit als nicht belastbar oder zu stark in ihren eigenen Themen gebunden.

Einer hatte sie einmal verlassen, als sie eine schwere Grippe hatte und ein paar Tage das Bett hüten musste. Seine Begründung dafür war, er könne ihr Leiden nicht ertragen, es löse in ihm schlechte Gefühle aus.

Jessica meinte, sie sei wie ein Magnet für Männer mit »Gummiwirbelsäule«, also solche, die überhaupt kein Rückgrat hätten.

Ihr vorheriger Freund war spielsüchtig in allen Variationen und nicht in der Lage, finanziell auf eigenen Beinen zu stehen. Er lag ihr auf der Tasche und verspielte jeden Cent, den er übrig hatte, sofort im Kasino oder bei Onlineglücksspielen. Auch zu Hause saß er nur vor der Spielekonsole, die Jessica ihm dummerweise auch noch geschenkt hatte.

Der Freund davor hatte sie nach Monaten verlassen, als sie von ihm wissen wollte, wie verbindlich er die Beziehung sehe und ob er sich vorstellen könne, irgendwann mit ihr zusammenzuziehen. Plötzlich wurde ihm alles zu viel und er fühlte sich eingeengt. Jessica meinte, es sei wie verhext. Sie ziehe immer solche

Männer an, mit denen es unmöglich sei, eine gemeinsame Zukunft aufzubauen. Geschweige denn, dass sie sich bei so einem Mann selbst einmal anlehnen konnte. Sie musste immer die Starke sein. Die Rolle lag ihr, weil sie sie ihr Leben lang schon spielte.

Kontaktiert hatte Jessica mich, weil sie merkte, dass sie anfing, neuen männlichen Bekanntschaften mit einer gewissen Skepsis zu begegnen, und die Angst wuchs, dass der Nächste auch wieder in dieses Schema passen würde.

Jessica fürchtete, dass ihre Chancen, endlich anzukommen, immer geringer würden. Aber eigentlich wunderte sie das Ganze ihrer Aussage nach nicht wirklich, da ihr Leben, was das Thema anging, verflucht zu sein schien. Das Universum hatte ihr schon einen Vater geschickt, der nie für sie da war. Der so schwach war, dass sie Angst hatte, er würde davonwehen, wenn sie ihn einmal zu stark anpustete.

Sie konnte sich erinnern, dass er ihre gesamte Kindheit über irgendwie nie da war. Er war zwar immer körperlich anwesend, meist auf dem Sofa vorm TV und mit leeren Bierpullen vor sich, aber emotional war er nicht greifbar. Man konnte mit ihm nicht reden, er machte nichts ohne vorherige mehrmalige Aufforderung und selbst Kleinigkeiten schienen ihn zu überfordern.

Jessicas Vater war schwer depressiv und nie wieder auf die Beine gekommen, nachdem er seinen Job verloren hatte. Seither sorgte Jessicas Mutter für den Lebensunterhalt der Familie, den Haushalt, die Kinder. Ihr Vater saß einfach nur da.

Natürlich wird ihr Vater in Wahrheit nicht Jessicas gesamte Kindheit über lediglich auf dem Sofa gesessen haben, doch das war das Bild, das sich Jessica ins Gedächtnis eingebrannt hatte, und dieses Bild wirkte.

In unserer Zusammenarbeit war es wichtig, dieses Bild realistischer zu gestalten und Kontakt zu dem starken Teil in ihrem Vater aufzunehmen, um die heutige Beziehung zwischen beiden neu zu gestalten. Denn der Weg zu einer erfüllenden Partnerschaft ging für Jessica über die innere und in diesem Fall auch äußere Aussöhnung mit ihrem Vater und dem Bild, das sie von ihm in ihrem Herzen trug.

Erst danach war sie in der Lage, ihr Vaterbild nicht mehr unbewusst auf ihre Liebhaber zu projizieren und sich wiederholt in Konstellationen zu begeben, die ziemlich stark an ihre Kindheitserfahrungen mit dem schwachen Vater erinnerten. Auch das Verhältnis zu ihrem Vater verbesserte sich nach und nach, indem sie ihn immer weniger durch die Augen ihrer Mutter sah. Ihr wurde auch klar, dass die Erwachsene in ihr mittlerweile sehr stark und deutlich weniger auf einen starken Mann angewiesen war, als wenn sie in ihrem Kind-Ich-Zustand verweilte.

Nicht der Nächstbeste …

Jetzt, da ich diese Zeilen schreibe, ist Jessica noch Single – und das zum ersten Mal seit längerer Zeit. Sie hat ihre inneren Maßstäbe erhöht. Ein Umstand, der in der Psychologie als »Shifting Baselines« bekannt ist. Heute ist sie nicht mehr bereit, mit dem nächstbesten Mann eine Beziehung einzugehen, nur um nicht allein zu sein. Sie ist weniger mit ihrer verletzten Kinderseele auf Partnersuche als zuvor.

Momentan wartet sie mal mehr, mal etwas weniger gelassen darauf, dass ein passender Partner auf der Bildfläche auftaucht. Dieser hat dann mit ihr, da ist sie sich mittlerweile selbst sicher, wirklich Glück, denn sie ist eine Frau, die einem (nicht: dem!) richtigen Mann viel zu geben hat. Das hat sie mittlerweile auch selbst erkannt.

3. AUSWIRKUNGEN AUF DIE KINDER

Wer mit einem kastrierten Vater aufgewachsen ist, macht es sich wie erwähnt unter Umständen zur Lebensaufgabe, ihn stark zu machen. Wenn es bei ihm nicht funktioniert, dann zumindest hoffentlich bei seinen späteren Stellvertretern in Gestalt von Partnern, Kollegen, Chefs und so weiter. Dieser Aufgabe widmen sich meiner Erfahrung nach häufiger die Töchter kastrierter Väter. Die Söhne suchen sich in einigen Fällen ebenfalls schwache Vorbilder, mit denen sie ihre Ursprungserfahrung wiederholen, doch ist dies nicht ganz so verbreitet.

Die hilflosen Helferinnen

Die Töchter schwacher Väter finden sich mit hoher Wahrscheinlichkeit in helfenden Berufen wieder. Überall dort, wo es gilt, schwache Menschen wiederaufzubauen. Sei es als Altenpflegerin, (Kinder-)Krankenschwester, Rettungssanitäterin, Ärztin, Sozialarbeiterin oder Ähnliches.

Oder sie übernehmen diese Rolle aufopferungsvoll in der Familie und kümmern sich zuerst um die eigene pflegebedürftige Mutter, dann um die kranke Schwiegermutter, die sie eigentlich gar nicht leiden können, und schließlich um den lieben 96-jährigen Nachbarn nach seinem zweiten Schlaganfall.

Obwohl sich dieses Muster leichter auf schwache Männer übertragen lässt, macht es sich manchmal selbstständig und überträgt sich auf schwache, hilfsbedürftige oder allgemein unselbstständige Menschen oder Tiere.

Der naheliegendste Bereich, um die alten Spiele zu wiederholen, sind jedoch für die Töchter kastrierter Väter die eigenen Beziehungspartner. Natürlich werden hier mit Vorliebe schwache Charaktere »gewählt«, die man aufbauen kann. Wobei der Gewinn gar nicht immer im tatsächlichen Erfolg, also im Erstarken des Partners liegt, denn dann würde ja eine wichtige Säule des eigenen Selbstverständnisses wegbrechen.

Hinter manchem erfolgreichen Mann steht eine starke Frau

Die Schwäche der Partner ist nicht immer auf den ersten Blick offensichtlich. Manchmal handelt es sich dabei sogar um eher dominant, betont unabhängig und pseudo-maskulin auftretende Männer, die jedoch mindestens ein »großes Problem« haben, mit dem sie sich selbst und ihr Umfeld immer wieder in Schwierigkeiten bringen und das jede Menge Gelegenheiten bereithält, den »armen« Männern zu helfen und sie »selbstständiger« zu machen. Nur halt nicht zu selbstständig.

Häufig handelt es sich bei diesen Problemen um Süchte jeder Art. Spielsucht, Alkoholismus, Computersucht und so weiter. Oft sind auch arbeitslose beziehungsweise Männer in einer beruflichen Krise besonders interessant oder solche, die zwar ein großes Potenzial in einem bestimmten Bereich mit sich bringen, aber es beim besten Willen nicht allein hinbekommen, dieses für sich und die Ihren nutzbar zu machen.

Eigentlich könnten die Frauen im Hintergrund dann den Erfolg für sich einheimsen, denn oft sind sie nicht weniger qualifiziert als ihre durch sie erfolgreich gewordenen Männer. Aber ihr Spielgewinn liegt nicht im Erfolg, sondern darin, dass sie wissen, dass sie selbst der Grund für den Erfolg ihrer Männer sind und sich damit unentbehrlich gemacht haben.

Schade nur, wenn die Rechnung nicht aufgeht … Viele dieser Männer meinen auf dem Höhepunkt ihres Erfolges, diesen nur sich selbst zu verdanken, und ersetzen dann ihre Frau durch eine andere.

4. WAS ENTLASTET?

Der erste und wichtigste Schritt ist es, das verzerrte Bild deines Vaters vom Kopf auf die Füße zu stellen. Wenn du ihn bisher idealisiert hast, um seine Schwäche nicht sehen zu müssen, musst du ihn vom Thron stoßen – allerdings ohne dabei ins Gegenteil zu verfallen und ihn rundum abzulehnen. Wenn du ihn bisher vollständig entwertet hast, musst du anfangen, auch seine guten Seiten und seine verborgenen Stärken zu sehen, egal, wie selten sie durchkamen.

Mache dir bewusst, dass in dir der tiefe Wunsch nach einem starken Vater steckt und dass die Tatsache, dass du keinen Vater hattest, auf den du dich verlassen und auf den du dich stützen konntest, in dir einen Mangel zurückgelassen hat.

Dann betrachte dein Leben und insbesondere die Beziehungen zu den Männern in deinem Leben. Schaue dir an, wie du bisher versucht hast, die fehlende Stärke deines Vaters zu kompensieren beziehungsweise damit umzugehen.

Wenn du ein Mann bist

Frage dich: Hast du die Schwäche deines Vaters übernommen? Verhältst du dich in vielen Situationen passiv und fehlt dir der nötige Biss, um im Leben wirklich zu bestehen? Wie gehst du mit anderen Männern um? Fürchtest du dich vor Alpha-Männern? Ordnest du dich anderen schwachen Männern unter? Wie verhältst du dich deiner Partnerin gegenüber? Gibst du bei jeder Meinungsverschiedenheit automatisch klein bei, selbst wenn du im Recht bist, oder vermeidest du von vornherein jede mögliche Konfrontation mit ihr. Hast du eigene Kinder? Bist du ihnen eine Stütze oder verhältst du dich ihnen gegenüber eher so wie dein Vater im Umgang mit dir? Oder suchst du die Nähe zu schwächeren Männern, um dann auf ihnen herumzutrampeln und dich mächtig zu fühlen?

Wenn du eine Frau bist

Hast du einen helfenden Beruf gewählt, in dem du dich um hilfsbedürftige Menschen oder Tiere kümmerst? Hast du einen schwachen Partner, den du aufbauen kannst, damit er dir endlich die Stütze sein kann, die du schon immer vermisst hast? Oder hat es dich zu einem besonders starken Partner gezogen, bei dem du selbst passiv sein kannst und der alles für dich regelt – auch das, was du problemlos selbst erledigen könntest? Genießt du die Macht, die du über deinen Partner hast, oder hältst du dich selbst mit Absicht klein, damit er neben dir groß erscheinen kann? Bewunderst du starke Männer oder entwertest du schwache Männer oder jedes kleine Anzeichen von Schwäche bei einem normal starken Mann? Versuchst du, immer stark zu sein und alles allein geregelt zu bekommen, weil du gelernt hast, dass man sich auf andere (Männer) nicht verlassen kann?

Verschaffe dir in diesen Punkten zunächst Klarheit und dann beobachte und analysiere, wie weit sich dieses Muster in die Gestaltung deines bisherigen Lebens eingewoben hat. Sobald du das Ausmaß einschätzen kannst, schaue auf deine Mutter. Wie hat sie deinen Vater gesehen? Wie hat sie über ihn gesprochen? Hat sie sich ebenfalls selbst kleingemacht, weil sie wollte, dass er stark wirkt? Hat sie ihn idealisiert und seine Schwäche als Sanftheit und Sensibilität verklärt? Oder hat sie ihn bei jeder Gelegenheit abgewertet und kein gutes Haar an ihm gelassen?

Entferne die Sichtweise deiner Mutter aus deiner Wahrnehmung deines Vaters. Höre auf, ihn durch die Augen deiner Mutter zu sehen.

Dann konzentriere dich auf Gegebenheiten in eurer gemeinsamen Vergangenheit, die für das Gegenteil dessen stehen, wie du deinen Vater bisher wahrgenommen hast. Wenn du ihn vollständig für seine Schwäche abgewertet hast, suche jetzt gezielt nach Situationen, in denen er sich nicht schwach verhalten hat. Egal, wie banal sie dir erscheinen mögen. Wenn du ihn bisher idealisiert und verklärt wahrgenommen hast, stelle dich der Tatsache, dass er in einigen wesentlichen Punkten schwach war, ohne ihn komplett zu entwerten.

Zeichne ein immer realistischeres Bild deines Vaters und der Art und Weise, wie du mit seiner fehlenden Stärke umgegangen bist.

Die Geschichte deines Vaters

Lerne etwas über das Gewordensein deines Vaters. Sofern du es nicht genau kennst, mache dich auf die Suche nach Informationen über seine Kindheit und schaue, unter welchen Umständen er groß geworden ist und was ihn geprägt hat. Mache dir bewusst, dass ihm Wesentliches gefehlt haben muss, um die nötige Stärke zu entwickeln, oder dass sein Verharren in der Schwäche sogar ein emotionaler Überlebensmechanismus war, der ihm zu einem bestimmten Zeitpunkt seines Lebens dabei half, sich an widrige Umstände anzupassen.

Nimm ins Bewusstsein: Teile der Persönlichkeit deines Vaters sind offensichtlich in dieser kindlichen, schwachen Phase stecken geblieben und hatten bisher noch nicht die Möglichkeit, erwachsen zu werden.

Wenn dein Vater noch lebt und ihr im Kontakt seid, achte auf dein Verhalten. Verfalle nicht in deine früheren Muster. Kompensiere weder seine Schwäche, indem du ihm Dinge abnimmst, die er gut selbst erledigen kann – indem du beispielsweise deiner Mutter sagst, was ihn stört. Noch hacke ständig auf seiner Schwäche herum. Rede mit ihm wie mit einem Erwachsenen und beginne, ihm kleine Dinge zuzumuten, die du früher von ihm ferngehalten hast. Frage ihn nach seiner Meinung, auch wenn es ihm bisher schwergefallen ist, einen Standpunkt zu formulieren.

Richte dich immer wieder an den starken Teil in ihm, damit dieser die Gelegenheit bekommt, einen Teil seiner Entwicklung nachzuholen. Sobald du versucht bist, ihm wieder Dinge abzunehmen, weil er dir zu tollpatschig, hilflos oder langsam erscheint, widerstehe dem Drang und spiele ihm den Ball einfach immer wieder zurück. Ein Grund, warum er über die Jahre immer mehr in die Schwäche und Passivität abgerutscht ist, liegt auch in der Unterstützung, die er dabei von seinem Umfeld wieder und wieder erhalten hat. Doch das ist in dem Moment vorbei, in dem du dich weigerst, weiter deine alte Rolle zu spielen.

Erwachsen werden

In diesem Kapitel möchte ich dir eine Auswahl an Übungen vorstellen, die sich seit vielen Jahren in der Zusammenarbeit mit meinen Klienten bewährt und sie dabei unterstützt haben, emotional frei und erwachsen zu werden. Die Übungen wurden dabei so verändert, dass du sie allein durchführen kannst.

WISSENSWERTES ZU DEN ÜBUNGEN

Es ist nie zu spät, eine glückliche Kindheit zu haben.

UNBEKANNT

Wenn du dich und deine Eltern in einer oder mehreren der dargestellten Kategorien wiedergefunden hast, war die Lektüre sicherlich nicht immer leicht für dich. Und dennoch bist du bereit, weiter daran zu arbeiten, um auf eine gute Weise innerlich unabhängiger und freier vom Einfluss deiner Eltern auf deine Gedanken, Gefühle und Verhaltensweisen zu werden. Ich freue mich, dass du drangeblieben bist. Nun folgt ein ganz entscheidender Schritt, der dich deinem Ziel ein bedeutendes Stück näherbringen kann.

DIE REIHENFOLGE DER ÜBUNGEN

Die Abfolge der Übungen ist nicht zufällig, sie folgt vielmehr einem bewährten Pfad. Solltest du eine massive Abneigung gegen eine Übung verspüren, so ist das ein sicheres Zeichen für inneren Widerstand. Es könnte bedeuten, dass die Übung besonders wichtig für dich ist. Lasse sie für den Anfang dennoch beiseite und durchlaufe erst die anderen Übungen. Beobachte dabei, ob und, wenn ja, wie sich dein Gefühl zu dieser speziellen Übung verändert. Oft gelingt es viel leichter, sich auf eine Übung einzulassen, die man anfangs abgelehnt hat, wenn man im Prozess schon ein Stückchen weiter vorangekommen ist. Manchmal muss dann erst ein anderes Thema bearbeitet werden, damit der Weg frei ist, um sich auch der »Problem-Übung« stellen zu können.

> **WICHTIGER HINWEIS**
>
> Ein Selbsthilfebuch hat Grenzen. Sollte es schwere Traumatisierungen in deinem Leben gegeben haben oder solltest du wissen, dass du leicht zu triggern bist, an einer posttraumatischen Belastungsstörung (PTBS) beziehungsweise an einer relevanten psychiatrischen Erkrankung leiden oder aus irgendeinem anderen Grund (momentan) nicht stabil sein, dann möchte ich dir nahelegen, die folgenden Übungen unter Anleitung eines erfahrenen Therapeuten, einer erfahrenen Therapeutin durchzuführen. Stabilität geht immer vor Entwicklung.

DER ZEITLICHE RAHMEN

Menschliche Entwicklung funktioniert nach dem Zwiebelprinzip: Wenn du dich durch die äußeren und oben aufliegenden Schichten hindurchgearbeitet hast, werden mit der Zeit die darunterliegenden sichtbar und erfahrbar. Zwar kann es nerven, wenn immer wieder neue Themen auftauchen, doch es ist gleichzeitig auch ein wichtiger Hinweis dafür, dass du auf dem richtigen Weg und erfolgreich in dem bist, was du tust.

Plötzliche Unlust

Es kann vorkommen, dass du bei einer Übung verwirrt bist, eine große Unlust verspürst, sehr müde wirst, dich nicht konzentrieren kannst und so weiter. In Psychologenkreisen ist das ein bekanntes Phänomen und wird häufig als »die Nebelwand« bezeichnet. Wenn wir an Themen gelangen, die von hoher Bedeutung für uns sind und bei denen wir Angst haben, sie anzupacken, zieht uns unser Unbewusstes häufig für eine Weile quasi aus dem Verkehr, um uns – zumindest nach seiner Logik – zu schützen. Sollte das bei dir der Fall sein, so gibt es verschiedene Möglichkeiten, damit umzugehen:

- ◇ Wenn es nur ein oder zwei Mal vorkommt, so brich die jeweilige Übung ab und vertage sie einfach. Probiere es dann eine Woche später noch mal. Häufig hat unser Unbewusstes in der Zwischenzeit die nötigen Anpassungen vorgenommen und den Zugang zu dem entsprechenden Thema freigegeben. Manchmal muss auch zunächst ein anderes Thema bearbeitet werden, wie bereits angedeutet.
- ◇ Sollte der Widerstand gegen die Übung beziehungsweise die Nebelwand dauerhaft und unabhängig von dem, was du unternimmst, bestehen bleiben, gibt es meist ein unerkanntes und unerfülltes Bedürfnis, das nicht ausreichend beachtet wird. Damit du das Thema dennoch bearbeiten kannst, empfiehlt es sich, professionellen Beistand zu suchen, um über die Hürde hinwegzukommen, bis das zugrunde liegende Bedürfnis erfüllt ist, damit dein Unbewusstes das Thema zur Bearbeitung freigibt. Hier hat sich die Zusammenarbeit mit einem erfahrenen Coach oder Therapeuten sehr bewährt, um dir über diese Schwierigkeiten hinwegzuhelfen.

Hauruck-Aktionen sind nicht sinnvoll

Lasse dir sowohl bei den einzelnen Übungen als auch zwischen den Übungen so viel Zeit, wie du benötigst und wie dir angenehm ist. Du gewinnst nichts, wenn du versuchst, sämtliche Übungen so schnell wie möglich hintereinander zu durchlaufen.

Im Gegenteil. Jede Übung regt dann, wenn sie für dich greift, einen weiteren Veränderungsprozess an, der ebenfalls Zeit erfordert. Diese Zeit ist wichtig, damit sich die angestoßenen Veränderungen entfalten und später stabilisieren können. Schließlich haben sich neben der Beziehung zu deinen Eltern auch die meisten anderen Beziehungsgestaltungen in deinem Leben aufgrund deiner zugrunde liegenden Elternthemen gebildet beziehungsweise wurden von diesen beeinflusst. Wenn du nun innerhalb von ein paar Tagen alles anders machen würdest als zuvor und dich auch im Umgang mit deinen Mitmenschen im großen Stile neu verhieltest, brächte das eine Menge Unruhe in dein Leben und deine sozialen Systeme.

Soziale Systeme sind recht veränderungsträge. Je größer der Veränderungssprung, desto stärker wird das jeweilige System versuchen, dich über Druck, Schuldgefühle, Liebesentzug etc. wieder in deine gewohnte Rolle zu schieben.

Nicht nur deine Eltern würden mit Widerstand reagieren. Stelle dir beispielsweise vor, du hast durch deine Erziehung den inneren Drang entwickelt, es immer allen recht zu machen, und konntest bisher kaum nein sagen, wenn jemand mit einer Bitte an dich herangetreten ist. Nun hast du deinen Chef die letzten sechs Jahre daran gewöhnt, dass er dir so viele Zusatzarbeiten aufbrummen kann, wie er will, und du machst es immer bereitwillig und mit einem – wenn auch gespielten – Lächeln. Wie wird er jetzt wohl reagieren, wenn du von heute auf morgen aus heiterem Himmel und ohne Vorankündigung dein Verhalten ins genaue Gegenteil verkehrst? Natürlich wird er mit Druck reagieren und versuchen, dich wieder zu deinem alten Verhalten zu bewegen.

Veränderungen brauchen eine stabile Basis

Deshalb ist es wichtig, dass größere Veränderungen langsam und kontinuierlich verlaufen, denn nur so sind sie stabil genug, um auch im Alltag bestehen zu können. Schließlich strebst du ja keine einmalige Befreiungsaktion an, sondern möchtest dich selbst und einige Dinge in deinem Leben dauerhaft verändern. Gönne dir und deinem Prozess die Tiefe, die er benötigt. Denn Tiefe braucht immer Zeit.

Du kannst mit einem Tagebuch die Entwicklung dokumentieren

Vielleicht möchtest du über deine Erfahrungen mit den folgenden Übungen eine Art Tagebuch führen. Allein das Aufschreiben ist schon wertvoll. Notiere dabei auch, was dich jeweils besonders beschäftigt. Mit der Zeit verfügst du so über einen Gradmesser, der den Fortschritt in deinem Entwicklungsprozess aufzeigt. Nach einiger Zeit und Übung verlieren die Dinge, die dich anfangs beschäftigt haben, an Bedeutung, dafür rücken manchmal andere in den Vordergrund.

ERWACHSEN WERDEN BEDEUTET: DEINE GESCHICHTEN ÄNDERN

Egal, welche Probleme du mit deinen Eltern hast, ob sie sich nach wie vor in dein Leben einmischen, dir Schuldgefühle einreden, deine Grenzen nicht respektieren oder ob dich deine alten Elternthemen immer noch in deiner Partnerwahl beeinflussen – in jedem einzelnen Fall reagierst du auf etwas. Es gibt einen Auslösereiz, auf den eine Reaktion folgt. Dieser Auslösereiz kann alles Mögliche sein. Er kann äußerlich sein, beispielsweise eine blöde Bemerkung deines Vaters, die permanenten Anrufe deiner Mutter oder die Art, wie deine Eltern mit deinen Kindern umgehen. Er kann aber auch innerlich sein. Erinnerungen an deine Kindheit, die dich verfolgen, das Gefühl, dass deine Eltern dich nicht genug geliebt oder dir Wesentliches vorenthalten haben, oder eine starke Wut, die du jedes Mal verspürst, wenn deine Eltern wieder einmal mehr oder weniger subtil verlauten lassen, dass sie mit deinem Lebensstil und deinen Entscheidungen nicht einverstanden sind.

DIE LÜCKE NACH DEM AUSLÖSEREIZ

Die Abfolge scheint so auszusehen: erst der Auslösereiz, dann die Reaktion. Demnach wären wir automatisierte Reiz-Reaktions-Roboter und vollkommen unfrei in unseren Reaktionen. Doch das ist nicht der Fall. Zwischen Reiz und Reaktion gibt es eine Lücke. Diese Lücke ist der Ort, an dem wir Stellung beziehen. An diesem Ort entscheiden wir – wenn wir es trainiert haben –, welche Bedeutung wir dem Auslösereiz geben wollen oder mit anderen Worten: welche Geschichte wir uns selbst und manchmal auch anderen dazu erzählen. Diese Bedeutung oder Geschichte ist es, die unsere Reaktion bestimmt, nicht der Auslösereiz selbst.

Darin liegt eine unglaubliche Freiheit. In dieser Lücke zwischen Reiz und Reaktion findet die Entscheidung statt, ob du weiterhin aus deinem verletzten Kind-Ich-Zustand reagieren möchtest oder aus einem reiferen Teil deiner Persönlichkeit. Die wahre Abfolge sieht so aus:

Auslösereiz → Geschichte/Bedeutung → Reaktion

Wo der Hase im Pfeffer sitzt

Während wir normalerweise gewohnt sind, den Auslösereiz und/oder unsere Reaktion als das Problem zu definieren, liegt das eigentliche Problem so gut wie immer in der Geschichte, die wir uns über den Auslösereiz erzählen. Und genau hier ist auch unser archimedischer Hebelpunkt, an dem wir mit den gewünschten Veränderungen am effektivsten ansetzen können. Du erinnerst dich? Archimedes war derjenige, der gesagt hat: »Gebt mir einen fixen Punkt im Universum und einen Hebel, der lang und stabil genug ist, und ich hebe die Welt aus den Angeln.«

Natürlich gibt es Situationen, da ist es sinnvoll zu versuchen, auch den Auslösereiz zu beeinflussen. Manchmal ist das möglich. Sagen wir, deine Eltern rufen dich täglich an und erwarten, dass du sofort alles stehen und liegen lässt und dir anhörst, was sie zu sagen haben. Dann ist das durchaus etwas, woran man arbeiten kann und manchmal auch sollte. Dabei kannst du leider nur Wahrscheinlichkeiten beeinflussen. Du kannst alles Mögliche versuchen, um deine Eltern dazu zu bringen, deine Grenzen zu respektieren. Ob sie es tun oder nicht, liegt letztendlich jedoch nicht in deiner Hand.

In vielen Fällen ist es unmöglich, den Auslösereiz selbst zu verändern.

Man kann auch direkt bei der eigenen Reaktion ansetzen. Die Verhaltenstherapie macht beispielsweise nichts anderes, als zu versuchen, (konditionierte) Reaktionen direkt zu verändern. In den meisten Fällen ist dies ein mühsamer Weg, der viel Fleiß und Ausdauer erfordert.

Schließlich kann man auch versuchen, an allen drei Punkten gleichzeitig zu arbeiten. Der stärkste Hebelpunkt liegt jedoch immer bei unserer Geschichte. Hier sind wir uneingeschränkt handlungsfähig. Solange wir bei Verstand und Bewusstsein sind, kann uns nichts und niemand davon abhalten, unsere Geschichten so zu verändern, dass sie uns stärken anstatt zu schwächen.

Egal, ob der Auslösereiz äußerlich (eine konkrete Beobachtung meist einer Verhaltensweise deiner Eltern) oder innerlich ist (ein Gedanke, Gefühl, eine Erinnerung etc.), unsere problematische Reaktion darauf findet meist auf einer von drei Ebenen statt:

- ◇ Kampf
- ◇ Flucht
- ◇ Totstellreflex

Der Mensch als Tier

Wir Menschen haben ein Beutetiergehirn und folglich sind unsere Stressreaktionen vergleichbar mit denen anderer Beutetiere. Auf einen Stress auslösenden Reiz, egal ob äußerlich oder innerlich, reagieren wir entweder im Kampfmodus (rebellischer Kind-Ich-Zustand) – werden wütend, machen Vorwürfe, schreien rum und so weiter – oder im Fluchtmodus (angepasster Kind-Ich-Zustand): Dann versuchen wir, uns unsichtbar zu machen, meiden Situationen oder fliehen aus ihnen, wollen beschwichtigen und es anderen recht machen und so weiter. Hilft beides nicht, verfallen wir häufig in eine Art Lähmungszustand, in dem wir unter starker Spannung stehen, ohne dass eine äußerlich sichtbare Reaktion erfolgt. In diesem Zustand spalten wir uns häufig auch zumindest vorübergehend von unseren Gefühlen ab (Dissoziation).

Häufig durchlaufen wir diese Reaktionen in genau der gegebenen Reihenfolge. Wenn wir das Gefühl haben, eine Situation durch Kampf für uns entscheiden zu können, ist dies unsere erste Wahl. Wenn wir nicht glauben, im Kampf bestehen zu können, versuchen wir, unseren Gegner zu beschwichtigen oder die Situation zu verlassen und in Zukunft zu vermeiden. Ist beides unmöglich oder führt nicht zum gewünschten Ergebnis, verfallen wir vorübergehend oder dauerhaft in einen passiven Zustand.

Dazu muss gesagt werden, dass die Entwicklung unserer Persönlichkeit natürlicherweise auch verschiedene Phasen durchläuft, in denen wir dem einen oder dem anderen mehr zugeneigt sind. Man denke beispielsweise an die Trotzphase bei Kindern oder an die Pubertät. Gleichzeitig hat jeder von uns natürlich auch einen bestimmten Grundcharakter. Der eine verfügt eher über ein cholerisches Gemüt und wird daher eine gewisse Affinität zum Kampfmodus haben, während ein melancholisches Gemüt sicher eher zu einer Reaktion auf der zweiten oder sogar dritten Stufe neigt.

Doch wie erwähnt handelt es sich dabei um Stressreaktionen. Diese basieren nur zu einem geringen Teil auf dem Auslösereiz und zum weitaus größeren Teil auf den Geschichten, die wir uns über diesen Auslösereiz erzählen und die uns an ihn, unsere Vergangenheit und die immer gleichen destruktiven Reaktionen ketten.

MIT ÜBUNGEN ÜBER DAS ERKENNEN HINAUSGEHEN

Schauen wir uns nun an, wie die Sache mit den Geschichten beziehungsweise der Bedeutungsgebung funktioniert, und untersuchen anschließend, welche ungünstigen Geschichten du dir bisher über dich, deine Eltern und das Leben erzählt hast, damit du sie überwinden kannst. Lasse uns mit einer Vorübung beginnen, die du regelmäßig unabhängig von den nachfolgenden, aufeinander aufbauenden Übungen machen kannst. Sie trägt nicht nur zum leichteren Gelingen dieser Übungen bei, sondern sie hilft dir auch, in aktuellen Situationen mit den Eltern mehr und mehr im Erwachsenen-Ich-Zustand zu bleiben.

ÜBUNG 1: KONTAKT MIT DEM KIND-ICH DER ELTERN

Wenn du spürst, dass du gut im Erwachsenen-Ich-Zustand verankert bist, rufe dir eine Situation aus den letzten Wochen oder Monaten in Erinnerung, in denen etwas, das deine Eltern gesagt oder getan haben, in dir ein schlechtes Gefühl verursacht hat. Das muss auf einer Skala von 0 bis 10 keine 11 gewesen sein. Gutes Mittelfeld reicht für diese Übung vollkommen aus. Vielleicht haben sie einfach nur einen missbilligenden Kommentar über etwas losgelassen, das du getan oder gesagt hast, oder sie haben dich mit Fragen gelöchert, die dich dazu veranlassen sollten, dich nach ihrem Schema zu verhalten. Etwa: »Wann suchst du dir denn mal eine vernünftige Arbeit (Frau, Wohnung, ...)?« Oder: »Wann wollt ihr denn endlich heiraten? Ihr seid doch schon zwei Jahre zusammen.«

Stelle sicher, dass du in deinem Erwachsenen-Ich bleiben kannst, wenn du dir die Szene in Erinnerung rufst. Manchmal hilft die Vorstellung, du würdest die Szene durch eine Glaswand betrachten, hinter der niemand dich sieht. So kannst du die Situation neutral auf dich wirken lassen.
Betrachte nun genau den betreffenden Elternteil in dieser Situation, die du nacherlebst. Waren beide Eltern beteiligt, konzentriere dich zunächst erst mal nur auf einen, und zwar auf denjenigen, dessen Verhalten dich am meisten angepikst hat. Während er oder sie in dieser Situation tut und sagt, was auch immer er oder sie damals getan oder gesagt hat, stelle dir vor, derjenige würde leicht durchsichtig werden, sodass du das ängstliche, verletzte Kind in seinem Inneren siehst.
Das Kind spielt in dieser Situation eine Rolle, die man ihm früher beigebracht hat und von der es denkt, es müsse diese eben spielen. Vielleicht ist es auch von sich aus zu der Überzeugung gelangt, sich so verhalten zu müssen, um emotional zu überleben. Sieh genau hin, wie das verletzte innere Kind in deiner Mutter oder deinem Vater in dieser Situation dessen Verhalten steuert und ihm die Gedanken, Gefühle und Worte eingibt, die dieser Elternteil zu dir gesprochen hat.
Dann mache einen Sprung in der Zeit zurück. Wenn dir hier die Informationen fehlen, ist es vollkommen in Ordnung, wenn du eine passende Geschichte aus den wenigen Informationen zusammenbaust, die du zur Verfügung hast. Es kommt für den Moment nicht darauf an, ob sich diese Geschichte mit den tatsächlichen Ereignissen in der Vergangenheit deiner Mutter oder deines Vaters deckt.
Sieh nun deinen Elternteil, als er selbst noch ganz klein war. Etwa in dem Alter, auf das du das innere Kind in ihm schätzen würdest, das du hinter dem Einwegglas in ihm erkennen kannst. Sieh oder fantasiere die damaligen Lebensumstände deines Elternteils. Was hat dieses hilflose und ungeschützte kleine Kind seinerzeit wohl dazu gebracht, diese Überzeugungen und Verhaltensweisen anzunehmen? Wovor musste es sich selbst schützen? Was hat es erlebt? Wie

wurde es erzogen und geprägt? Wie waren seine Lebensumstände und wie waren die seiner Eltern? Wie sind seine eigenen Eltern mit ihm umgegangen? Hatte es Geschwister? Älter oder jünger? Brüder oder Schwestern? Wie wurde es von diesen behandelt? Was hat dieses Kind an einschneidenden Erfahrungen in seinem Leben erlebt? Wovor hatte es Angst? Durfte es so sein, wie es war, oder musste es schnell lernen, eine Rolle zu spielen?
Du kannst dir selbst weitere Fragen dieser Art stellen, bis du ein Gefühl für die Lebensumstände bekommst, innerhalb derer sich die Wesenszüge deines Elternteils ausgebildet haben, die heute zu Spannungen zwischen euch führen.
Nun spüre in dich hinein. Wie geht es dir mit diesem kleinen Kind? Was empfindest du ihm gegenüber? Ist da Unverständnis? Wut? Oder sogar etwas Mitgefühl für dieses kleine Wesen, das versucht, seinen Platz in der Welt zu finden und sich so anzupassen, dass es Strafen entgeht und Zuwendung erfährt? Was würdest du diesem Kind gerne sagen oder geben?
Kehre nun behutsam in Gedanken bewusst zu deiner Position hinter dem Einwegglas zurück, betrachte noch einmal das verletzte Kind in deinem Elternteil und nimm all die neuen Erkenntnisse, die du soeben über es und seine eigene Entwicklung gewonnen hast, mit in deine Betrachtung hinein. Sieh die Szene dann noch mal ablaufen und prüfe, ob und, wenn ja, wie sich deine Gefühle dieser Situation gegenüber verändert haben.

HILFREICHE TIPPS FÜR ÜBUNG 1

Wenn es dir Schwierigkeiten bereitet, dich emotional auf dieses kleine Kind in deinen Eltern einzulassen, dann kommen diese meist daher, dass wir befürchten, wir würden unseren Eltern die Absolution für ihr schädigendes Verhalten erteilen, wenn wir uns mit dem verletzten Kind in ihnen verbrüdern.

Doch das ist gar nicht Sinn und Zweck dieser Übung. Du machst sie nicht für deine Eltern. Du musst ihnen auch nichts davon erzählen. Sie brauchen wirklich nichts davon zu wissen.

Und es ist dein gutes Recht, ihnen ihr Verhalten auch nach dieser Übung noch genauso krumm zu nehmen wie vorher, sofern dir danach sein sollte. Du machst diese Übung nur, um freier zu werden und deinen Blick zu weiten. Wie wir bereits vorher herausgefunden haben, ist unser Blick auf unsere Eltern nämlich meist sehr einseitig. Das Blickfeld zu erweitern und auch unsere Eltern besser in ihrem Gewordensein zu verstehen, kann uns und unser Verhältnis zu ihnen deutlich entlasten.

Solltest du bei der Übung feststellen, dass dir ganz wesentliche Informationen über die Kindheit und Jugend deiner Eltern oder eines Elternteils fehlen, frage sie danach, wenn möglich. In den allermeisten Fällen verändert allein das wirklich offene, nicht wertende und ehrlich interessierte Nachfragen über das Leben und das, was deine Eltern geprägt hat, euer Verhältnis auf nachhaltige und natürliche Weise. Und zwar nicht nur innerlich, sondern äußerlich greifbar in verändertem Verhalten und offenerer Kommunikation.

Deine Erfahrungen schriftlich festzuhalten ist wertvoll

Wenn du möchtest, kannst du dir hierzu ein paar Notizen machen und deine Erfahrungen aufschreiben. Das Aufschreiben von Gefühlen ist eine bewährte Methode aus dem Bereich des therapeutischen Schreibens, die leider viel zu häufig unterschätzt wird. Wenn du sie dir zur Gewohnheit machst, kann sie deinen Prozess der gesunden Abnabelung von deinen Eltern massiv unterstützen und vertiefen. Du entscheidest, ob du deine Aufzeichnungen dabei in Stichwortform oder in ganzen Sätzen, ähnlich einem Aufsatz, machen möchtest. Aus eigener Erfahrung und den Erfahrungen meiner Klienten kann ich dir jedoch sagen, dass die zweite Form zwar mehr Arbeit macht und etwas mehr Zeit erfordert, dafür aber bei den meisten auch emotional gesehen deutlich tiefer geht.

Mache die Übung 1 immer wieder

Wenn du möchtest, kannst du die Übung im Anschluss noch mit weiteren Szenen aus der Vergangenheit wiederholen. Dabei müssen es nicht nur problematische Situationen sein. Sofern du dich auch an besonders positive Situationen mit deinen Eltern erinnerst, kann auch das sehr spannendes Material ergeben. Und natürlich solltest du diese Übung auch mit dem anderen Elternteil wiederholen. Bestimme selbst nach deinem Gefühl, wie oft und in welchen Abständen du sie machen möchtest.

Mit der Zeit wird es dir viel leichter gelingen, auch in Situationen in der Gegenwart auf das innere Kind hinter dem Verhalten deiner Eltern zu fokussieren, was dir hilft, mehr im Augenblick und bei dir selbst zu bleiben. Sogar dann, wenn es zwischen euch emotional gerade hoch hergehen sollte.

DEIN AUSGANGSPUNKT FÜR DIE ÜBUNGEN

Gehen wir für die folgenden Übungen am besten von einem Auslösereiz aus (Seite 190), wie er bei den typischen Interaktionen zwischen dir und deinen Eltern entsteht. Hier helfen uns die Kategorien aus dem vorherigen Teil des Buches, denn je nachdem, zu welcher Kategorie deine Eltern tendiert haben beziehungsweise tendieren, folgen typische Auslösereize, die sich immer wieder um ähnliche Themenkomplexe gruppieren.

In welcher Kategorie hast du dich und deine Eltern im vorherigen Teil des Buches wiedergefunden? Waren beide Eltern in der gleichen Kategorie oder waren sie in unterschiedlichen? Hast du einen Elternteil eventuell sogar in mehr als einer Kategorie wiedererkannt? Auch das kann vorkommen. Nachdem du dir das noch einmal ins Gedächtnis gerufen hast, stelle dir als Nächstes die Frage: »Was ist das größte Problem, das aus meinen Erfahrungen mit meinen Eltern entstanden ist und das mein Leben noch heute belastet und einschränkt?«

Liegt das größte Problem im Verhalten deiner Eltern, weil sie bis heute deine Grenzen nicht respektieren und unangekündigt vor der Tür stehen? Oder hat das Problem gar nicht direkt mit dem heutigen Verhalten deiner Eltern zu tun, sondern liegt vielmehr in den Prägungen, die sie dir mit auf den Weg gegeben haben? Versuchst du beispielsweise immer noch, es allen anderen recht zu machen, wie du damals schon versucht hast, es deiner Mutter recht zu machen, um dadurch vielleicht doch noch etwas von ihrer Aufmerksamkeit zu erlangen? Oder fürchtest du dich davor, etwas falsch zu machen, weil ein Teil von dir nicht vergessen hat, was damals geschah, wenn dein Vater dich bei einem Fehler erwischt hat? Bekommst du vielleicht, sobald jemand nicht mit dir einverstanden ist, massive Schuldgefühle und bist bereit, dich zu verbiegen, bis derjenige wieder gut mit dir ist? Oder erkennst du in deiner Partnerwahl immer wieder deinen Vater wieder beziehungsweise hast sozusagen deine Mutter geheiratet?

Vielleicht entdeckst du jedoch auch, dass du heute in einigen Punkten mit deinen eigenen Kindern umgehst, wie es deine Eltern früher mit dir getan haben, und das, obwohl du nie so werden wolltest wie sie. Traust du dich insgeheim nicht, erfolgreicher als dein Vater zu sein, und sabotierst deshalb immer wieder unwillkürlich deine beruflichen Aufstiegschancen trotz bester Ausgangslage? Oder traust du dich nicht, aus dem Radius deiner Eltern wegzuziehen, aus Angst, dass sie sich dadurch im Stich gelassen fühlen könnten?

DAS HAUPTPROBLEM

Natürlich ist es eher unwahrscheinlich, dass du nur ein einziges Problem mit deinen Eltern hast. Es werden in der Regel verschiedene sein. Viele davon haben wahrscheinlich eine gemeinsame Wurzel.

Was auch immer der konkrete Fall bei dir ist, es hat sich sehr bewährt, den Prozess zum inneren Erwachsenwerden mit dem Problem zu beginnen, das dir momentan am meisten Stress verursacht. Es ist in der Regel auch dasjenige, auf das du am heftigsten emotional reagierst und über das du am häufigsten nachdenkst. Im Folgenden möchte ich dir helfen, dieses Kernproblem ein bisschen besser einzugrenzen, damit du möglichst präzise damit arbeiten kannst.

Und so gehst du erst mal vor

Verschaffe dir zunächst einmal Klarheit, ob sich dieses Kernproblem immer wieder ergibt, wenn du und deine Eltern aufeinandertreffen. Und ob es nicht oder kaum existent ist, solange kein

Kontakt besteht. Sollte dies der Fall sein, dann resultiert das Problem mit einiger Sicherheit aus einer konkreten Verhaltensweise deiner Eltern und deiner eigenen bisherigen Einschränkung, mit dieser Verhaltensweise konstruktiv umzugehen. Wann immer dies der Fall ist, musst du zunächst lernen, das unerwünschte und unpassende Verhalten deiner Eltern aktiv und konsequent zu begrenzen. Im Idealfall auf eine Weise, die eure Beziehung möglichst wenig belastet. Die gesamte Kommunikation mit deinen Eltern muss dann darauf ausgerichtet sein, erwünschtes Verhalten zu verstärken und unerwünschtes zu unterbinden. Das kann beispielsweise so aussehen, dass du bei unangekündigten Besuchen deiner Eltern in Zukunft einfach nicht mehr die Tür öffnest, wenn du ihnen zuvor bereits mehrfach und unmissverständlich gesagt hast, dass du nicht möchtest, dass sie ohne Vorankündigung einfach bei dir hereinschneien. Es kann auch bedeuten, dass du mitten im Gespräch aufstehst und das Haus deiner Eltern oder das Restaurant verlässt, wenn dein Vater nicht aufhört, dich mit seinen Sprüchen herabzusetzen, oder deine Mutter weiterhin versucht, dir Schuldgefühle einreden zu wollen. Natürlich nachdem du zuvor ebenfalls konkret, wiederholt und unmissverständlich zu verstehen gegeben hast, dass du dieses Verhalten in Zukunft nicht mehr dulden wirst.

Möglicherweise musst du über einen sehr langen Zeitraum konsequent in deinen Reaktionen gegenüber deinen Eltern sein.

Widerstand vonseiten der Eltern nicht ausgeschlossen

In vielen Fällen versuchen Eltern zunächst einmal beharrlich, bei ihrem alten Verhalten zu bleiben, und wenn sie merken, dass sie damit keinen Erfolg mehr bei dir haben, werden sie ihre Bemühungen auf derselben Schiene sehr wahrscheinlich erst einmal sogar noch verstärken. Die meisten unserer intuitiven Lösungsversuche funktionieren nun einmal nach dem Schema »mehr vom selben«. Wenn sie dann aber erleben, dass sie auf die alte Weise einfach nicht mehr weiterkommen, sind viele Eltern bereit, ihr Verhalten zu überdenken und anzupassen. Doch das trifft nicht auf alle zu.

Egal, was passiert, das alte Verhalten kannst du nicht mehr dulden.

Wie willst du deine Eltern dazu bringen, deine Grenzen zu respektieren, wenn du es selbst nicht einmal tust? Das mag dir in dieser Konsequenz hart vorkommen, und das ist es auch. Vor allem bist du gewohnt, dich auf die alte Weise deinen Eltern gegenüber zu verhalten, und da kommt einem das Gegenteil schnell gemein vor. Wichtig bei alledem ist deshalb, dass du auch nicht ins Gegenteil verfällst. Wenn du dir 40 Jahre lang alles hast gefallen lassen, wäre es übertrieben, jetzt bei der kleinsten Kleinigkeit deine Eltern fertigzumachen und in die Schranken zu weisen. Bitte gehe mit gesundem Menschenverstand und Augenmaß an die Neugestaltung eurer Beziehung, so schwer das auch manchmal fallen mag.

Signalisiere Offenheit

Dabei ist es wichtig, dass du – sofern nicht wirklich gravierende Gründe vorliegen – den Kontakt zu deinen Eltern nicht pauschal unterbindest. Zumindest nicht für eine längere Zeit, denn wie bereits dargelegt (Seite 166) ist der vollständige Kontaktabbruch zu den eigenen Eltern wirklich der letzte Schritt und hat immer auch Auswirkungen auf das eigene Lebensgefühl. Es fehlt ganz einfach ein Stück der eigenen Identität und Geschichte, ein wichtiger Bezugspunkt. Die Tür sollte in den meisten Fällen zumindest einen Spaltbreit geöffnet bleiben, damit eine Annäherung zu einem späteren Zeitpunkt und unter Wahrung deiner Bedingungen (und gegebenenfalls ihrer, sofern sie fair und vertretbar sind) noch möglich ist.

Am besten signalisierst du Offenheit, wann immer deine Eltern sich an deine Grenzen halten, und bleibst konsequent, aber so wertschätzend wie möglich, wo dies nicht der Fall ist. Wenn du Glück hast, lernen deine Eltern auf diese Weise, dass das, was sie sich von dir wünschen, durchaus möglich ist, doch dass ihr ursprüngliches Verhalten eher dazu beiträgt, dass sie es nicht bekommen können, während das neue, gewünschte Verhalten ihnen einen relativ unbeschwerten Umgang mit dir und eventuell ihren Enkelkindern ermöglicht. Da jeder andere Eltern hat und du deine Eltern am besten kennst, bleibt es deinem Fingerspitzengefühl überlassen, herauszufinden, wie viel notwendig und wie viel genug ist.

Konsequent bleiben!

Es ist wichtig, auf der Ebene der Auslösereize (Seite 190) für klare Verhältnisse zu sorgen und Orientierung zu geben, damit du nicht Gefahr läufst, deinen Eltern immer wieder etwas durchgehen zu lassen und lediglich deine Geschichte zu ändern. Was äußerlich eingegrenzt werden muss und kann, sollte eingegrenzt werden. Somit findet jede weitere Entwicklung in einem sicheren, geschützten Rahmen statt.

Hierzu kann es hilfreich sein, wenn du dich einmal in Ruhe hinsetzt und dir Gedanken dazu machst, welches Verhalten deiner Eltern dir am meisten zu schaffen macht. Dieses Verhalten bildet den Kern dessen, was du in Zukunft konsequent begrenzen möchtest. Um diesen Kern herum kannst du dir weitere Verhaltensweisen deiner Eltern denken, die dich, je weiter entfernt sie sich vom Kern befinden, zunehmend weniger stören. Es ist ähnlich wie bei einer Zielscheibe. Das Schwarze im Inneren hat direkte Konsequenzen zur Folge. Verhalten auf dem ersten Ring wird bei nächster Gelegenheit angesprochen und Verhalten, das du auf dem äußersten Ring ansiedeln würdest, kannst du auch einfach mal so durchgehen lassen, ohne es später noch »korrigieren« zu müssen.

Auf diese Weise bekommst du mehr Klarheit und Sicherheit für den Umgang mit deinen Eltern und läufst nicht Gefahr, wegen Kleinigkeiten überzureagieren und eure Beziehung unnötig zu belasten.

ÜBUNG 2: GRUNDLAGENFORSCHUNG

Mache dir Notizen zu all den folgenden Fragen. Wenn dir weitere einfallen, die für dich relevant sind, füge sie einfach hinzu. Bitte nimm dir für diesen kreativen Suchprozess ausreichend Zeit. Er geht sehr tief und ist nichts, was mal eben in einer Viertelstunde nebenbei erledigt werden sollte. Gehe in die Natur oder mache, was immer dir hilft, um in dir die nötige Ruhe und Sammlung zu erzeugen. Du leistest mit diesem Schritt wertvolle Vorarbeit für dein Erwachsenwerden. Über manches, was hier angesprochen wurde, wirst du wahrscheinlich zum ersten Mal in deinem Leben nachdenken. Da ist es gut, diesen Fragen die verdiente Aufmerksamkeit zu geben.

Rufe dir zunächst ins Bewusstsein, was dich in Bezug auf deine Eltern am meisten belastet. Wenn du möchtest, mache dir Notizen dazu. Gehe nun verschiedene Situationen im Geiste noch einmal durch, in denen das Problem stark auftritt. Mache dir bewusst, auf welche Weisen es dich beim Leben deines Lebens behindert. Was genau löst bei dir eine ungewünschte emotionale Reaktion aus? Ist es eine konkrete Verhaltensweise deiner Eltern, eine Erinnerung, ein Gefühl, ein Gedanke, …? Gehe durch dein Leben und finde die Verästelungen, wie dieses Thema in alle deine Lebensbereiche hineinwirkt.

Frage dich dann, was anders wäre, wenn dieses Thema gelöst wäre? Woran würdest du es bemerken? Würde deine Reaktion anders ausfallen? Würdest du weniger daran denken? Könntest du gelassener mit deinen Eltern oder deinem Partner umgehen? Würdest du andere Entscheidungen treffen? Finde auch hier die verschiedenen Verästelungen all der Auswirkungen, die es auf dein Leben haben wird, wenn dieses Thema gelöst ist.

Wer würde es außer dir zuerst bemerken und woran? Welche weiteren Vorteile hätte es, wenn das Thema gelöst wäre, die gar nicht unmittelbar ersichtlich sind? Wie würde es deinen durchschnittlichen Stresslevel beeinflussen, wenn das Thema Geschichte wäre? Welche neuen Möglichkeiten stünden dir offen? Wer würde sich noch darüber freuen? Wer würde auf welche Weise von deiner Veränderung profitieren?
Und wer könnte etwas dagegen haben, dass du dieses Thema in deiner Vergangenheit lässt? Was könntest du selbst nicht mehr tun beziehungsweise welche Ausreden würden dir verloren gehen, um bestimmte Dinge nicht tun zu müssen? Und welche Möglichkeiten findest du, konstruktiv mit möglichen Widerständen in und außerhalb von dir umzugehen, um deine wichtige Veränderung auf jeden Fall zu initiieren?
Welche weiteren Veränderungen könnte deine Veränderung per Dominoeffekt nach sich ziehen? Welche davon sind gewünscht und welche machen dir Sorgen? Wie kannst du Letztere minimieren? Wie kannst du unerwünschte Folgen abmildern, ohne deine gewünschte Veränderung in Gefahr zu bringen? Und worin findest du die Stärke, um mit den verbleibenden unerwünschten Folgen umzugehen, sodass du dich von ihnen nicht ausbremsen lässt? Wie kannst du größer werden als alle deine Befürchtungen?

DEINE ALTE GESCHICHTE LOSLASSEN

Nachdem du mit der vorangehenden Übung die Vorarbeit geleistet hast, ist es nun Zeit dafür, tiefer in deine bisherige Geschichte einzusteigen. Sofern sie bei dir zu einer unerwünschten emotionalen Reaktion führt, enthält sie Opferelemente. Deine alte Geschichte ist damit immer auch eine Opfergeschichte. Die Faktenlage kann uns Schmerz zufügen, doch Leiden entsteht immer erst durch das Hinzufügen einer Opfergeschichte. Schmerz ist im Leben unvermeidlich. Leiden ist optional. Wenn deine Eltern dich nicht sonderlich liebevoll behandelt haben, fügt dir das Schmerz zu. Wenn du aufgrund dessen eine Opfergeschichte um diese Tatsache herumbaust, die beinhaltet, du wärst nicht liebenswert, fügst du dem Schmerz Leiden hinzu. Der Großteil deines Leidens, besonders in deinen späteren Lebensjahren, entsteht dann nicht mehr aus der ursprünglichen Situation, sondern aus der von dir aufrechterhaltenen Opfergeschichte um diese Ursprungssituation herum.

Lasse mich das an einem Beispiel verdeutlichen. Angenommen, dein Vater hat dich Zeit seines Lebens geschlagen, selbst noch, als du bereits erwachsen warst. Nun ist dein Vater gestorben. Er kann dich nie wieder schlagen und dir damit nie wieder Schmerzen zufügen. Das bedeutet aber noch lange nicht, dass damit auch dein Leiden endet. Sehr wahrscheinlich wirst du im Zusammenhang damit eine Opfergeschichte haben, die dir Leid verursacht, auch 30 Jahre nachdem dein Vater gestorben ist.

Du hast alles Recht der Welt, eine Opfergeschichte zu haben. Daran ist nichts verkehrt. Und es ist eine Tatsache, dass sie dir Leiden bereitet.

Was wir in unserem Leben an Schmerzen erfahren haben, ist an und für sich schon schlimm genug. Ich wünsche dir und jedem anderen, dass ihr es schafft, diesen Schmerz nicht noch mit zusätzlichem und immer selbst gemachtem Leiden anzureichern und damit noch weiter zu vergrößern.

Doch der Verzicht auf deine Opferstory verlangt dir einiges ab. Sie ist Teil deiner Identität geworden. Was würde sich besser dafür eigenen, uns und der Welt deutlich zu machen, wer wir sind und wo unsere Möglichkeiten und Begrenzungen liegen, als unsere Opferstory! Sie verleiht vielem in unserem Leben Sinn und Verstehbarkeit. Wenn wir uns für nicht liebesfähig halten, dann aufgrund der mangelnden Liebe in unserem Elternhaus. Wenn wir beruflich scheitern, dann weil uns unsere Eltern nicht genügend gefördert haben. Wenn wir heute ein Alkoholproblem haben, dann … Na, ich denke, du hast verstanden, wie die Sache funktioniert.

Diese Sichtweise der Dinge ist nicht falsch. Sie hält uns nur davon ab, heute die volle Verantwortung für unser Leben zu übernehmen und in Ordnung zu bringen, was in Ordnung gebracht werden muss. Da ist es viel bequemer, uns weiterhin mit den alten Geschichten einzulullen. Je schlimmer sich unsere Eltern verhalten haben, desto plausibler ist unsere Opferstory.

WAS MACHT RESILIENZ AUS?

Doch was ist mit all den Menschen, die die denkbar schlimmste Kindheit hatten und heute dennoch als glückliche und erfolgreiche Menschen durch die Gegend wandeln? In vielen Fällen haben sie schlimmere Dinge erlebt, als wir uns überhaupt nur vorstellen können, und beginnen dennoch jeden Tag mit einem Lächeln und blicken optimistisch in die Zukunft. Wie ist das möglich? Die Antwort ist einfach. Sie geben ihrer Vergangenheit und den Dingen in ihrem Leben eine Bedeutung, die sie stärkt und ihre Möglichkeiten erweitert, statt sie auf ein Mindestmaß ihrer selbst zurechtzustutzen. Mit anderen Worten: Sie haben bessere Geschichten über die Dinge in ihrem Leben.

Auf die eigene Opferstory zu verzichten, ist unbequem. Wir müssen alle Ansprüche an unsere Eltern fallen lassen, um erwachsen zu werden. Wenige haben die Kraft dazu.

Noch ein weiterer Aspekt sollte bei unserer Opferstory nicht unbeachtet bleiben. Ebenfalls ein Aspekt, auf den nur wenige bereit sind zu verzichten. Die eigene Opferstory lädt uns mit

Bedeutung auf. Und wir müssen nicht mal was dafür tun. Um Karriere zu machen beispielsweise (ein anderer Weg, um uns äußerlich mit Bedeutung aufzuladen), müssen wir uns mächtig anstrengen. Für die Opferstory müssen wir nichts tun. Je größer das ist, was man uns angetan oder vorenthalten hat, desto größer ist die Verlockung, es dazu zu benutzen, uns mit Bedeutung aufzuladen. Auch daran ist nichts verkehrt und du hast nicht unrecht, wenn du das tust. Es wird dir lediglich nicht gerecht.

Du bist so viel größer als das, was dir widerfahren ist.

Wenn du dich für deine Opferstory entscheidest, entscheidest du dich dafür, als eine viel kleinere Version von dir selbst zu leben, als du eigentlich bist. Irgendwann geht die Rechnung für die meisten nicht mehr auf, denn egal, was uns in unserem Leben zugestoßen ist, nichts fügt unserer Seele so viel Schmerz zu wie nicht gelebtes Leben.

ABSCHLIESSEN MIT DER VERGANGENHEIT

Um dir zu helfen, die Opferelemente deiner Vergangenheit hinter dir zu lassen, braucht es drei Schritte. Hier siehst du erst einmal im Überblick das Charakteristische jedes Schritts. Auf den nächsten Seiten werden wir uns dann die drei Schritte genauer ansehen.

◇ **1. Schritt:** Es ist wichtig, deine Eltern und ihr Verhalten in ihrem Gewordensein zu erkennen. Auch deine Eltern haben ihre Lebens- und Leidensgeschichte. Dabei geht es nicht darum, deren Verhalten leichtfertig zu entschuldigen, als wäre es gar nicht so schlimm, was sie dir womöglich angetan haben, nur weil sie es selbst in ihrem Leben nicht leicht hatten. Es geht darum, das Bild deiner Vergangenheit und von deinen Eltern zu vervollständigen und dichter an die Wahrheit zu gelangen. Du erinnerst dich? Leiden entsteht immer in der Lücke zwischen dem Auslösereiz und unserer Reaktion darauf: nämlich in der Bedeutung, die wir dem Auslösereiz beimessen (Seite 191). Je näher sich beides kommt, desto geringer wird das Leid.

◇ **2. Schritt:** Hier geht es darum, umzufokussieren auf all das Gute, das aus dem Schlechten entstanden ist. Viele deiner heutigen Stärken hast du nur entwickelt, weil du dich mit dem destruktiven Verhalten deiner Eltern auseinandersetzen musstest. Den Fokus auf diese Stärken und das Gute, das aus dem Schlechten entstanden ist, zu legen, hilft dir, metaphorisch gesprochen, »die Hand von der Kehle deiner Eltern zu nehmen« und frei zu werden.

- **3. Schritt:** Gib deinen Eltern den Teil ihrer Lasten zurück, den du für sie mitgetragen hast und der doch niemals deiner war. Lasse ihren Teil der Verantwortung bei ihnen und – das ist entscheidend – übernimm deinen Teil der Verantwortung für dein Leben voll und ganz. Das bedeutet auch, damit aufzuhören, deine Eltern und deine Kindheit für deine heutigen Defizite verantwortlich zu machen. Du hast keine Verantwortung dafür, wie sich deine Eltern verhalten haben, aber du trägst die volle Verantwortung für das, was du aus deinem Leben machst, unabhängig von deinen Ausgangsvoraussetzungen.

1. SCHRITT: DEINE ELTERN IN IHREM GEWORDENSEIN ERKENNEN

Oft wissen wir erstaunlich wenig über unsere Eltern, auch wenn wir viele Jahre mit ihnen unter einem Dach gelebt haben. Ich kenne genügend Menschen, die nicht mal sagen können, was genau ihr Vater eigentlich beruflich gemacht hat oder wo ihre Mutter aufgewachsen ist. Noch dazu erzählen viele Eltern von sich aus nicht besonders viel über ihre Kindheit und erst recht nicht über das Negative, das sie geprägt hat. Dies gilt natürlich besonders für die Kriegsgeneration, doch auch heute noch ist es eher die Ausnahme als die Regel, dass Eltern viel über ihr eigenes Leben erzählen.

Wenn Eltern Großeltern werden

Hinzu kommt noch, dass wir als Kinder unsere Großeltern meist anders erleben und sich viele Großeltern den Enkelkindern gegenüber vollkommen anders verhalten als damals gegenüber den eigenen Kindern – also deinen Eltern –, was nicht nur dein Bild verfälscht, sondern auch nicht selten dazu führt, dass Eltern neidisch werden, wenn sie sehen, wie der eigene Vater die Enkelkinder mit Liebe und Zuneigung überschüttet, während sie selbst die gesamte Kindheit über nicht einmal in den Arm genommen wurden.

Die Gründe hierfür sind vielfältig: Häufig wollen die Großeltern später an den Enkeln wiedergutmachen, was sie bei den eigenen Kindern versäumt haben, oder sie genießen es einfach, dass ein Kind, für das sie nicht verantwortlich sind, neuen Schwung in ihr angestaubtes Leben bringt. Da kann man sich dann schwer vorstellen, dass der eigene Vater unter diesen wunderbaren Eltern gelitten haben soll.

Aus der Ferne bekommt man ein umfassenderes Bild

Hier kann es sehr hilfreich sein, im Geiste einen Schritt zurückzutreten und zu versuchen, einen möglichst neutralen und objektiven Blick auf die Eltern und ihr Leben zu werfen. Das ist, wie bereits schon zuvor gesagt, ein wichtiger Schritt auf dem Weg zum inneren Erwachsenwerden.

Es hilft ungemein, das Verhalten der Eltern im Kontext ihrer Zeit, ihrer Lebensumstände und ihrer eigenen Erziehung, Entwicklung und übernommenen Werte zu betrachten.

Sehr hilfreich ist es da, sich mit anderen Familienmitgliedern oder – noch besser – mit weniger voreingenommenen Freunden, Arbeitskollegen, Vereinskameraden, Nachbarn oder Bekannten deiner Eltern zu unterhalten. Das, was sie über deine Eltern sagen, kann dein Bild von ihnen realistischer gestalten und farbiger, umfangreicher, vielseitiger machen und sich damit dem, wie deine Eltern vermutlich wirklich waren und was sie geprägt hat, mehr annähern.

Bedenke dabei aber immer, dass auch die Menschen, die du dazu befragst, oft ein einseitiges Bild von deinen Eltern haben. Doch mit ein bisschen Glück und Weitsicht kannst du aus vielen verschiedenen einseitigen Bildern ein größeres Bild zusammensetzen. Das wird dir helfen, deine Eltern mehr in ihrem Gewordensein zu verstehen.

AUS DEM SOZIALEN MOSAIK EIN BILD ENTSTEHEN LASSEN

Als Kinder unserer Eltern ist es das Normalste der Welt, dass unser Bild von ihnen einseitig ausfällt. Der gemeinsame Erfahrungsschatz reicht für gewöhnlich von der frühesten Kindheit über teilweise schwierige Phasen wie Pubertät und frühe Adoleszenz bis ins heutige Erwachsenenalter hinein.

Besonders in unserer Kindheit und Jugend, als sich der gewichtigste Teil dieses Bildes in uns verankert hat, haben wir die Eltern meist sehr einseitig erlebt. Wenn sie unseren Wünschen und Bedürfnissen entsprachen, löste dies meist gute Gefühle in uns aus. Verweigerten sie uns die Erfüllung unserer Wünsche oder enttäuschten unsere Erwartungen, so entwickelten wir Gefühle der Frustration und Ablehnung.

DAS LEBEN DER ELTERN

Um innerlich erwachsen zu werden, müssen wir ein realistischeres Bild von unseren Eltern bekommen. Ein Bild, das dichter an der Wahrheit über unsere Eltern ist und sich nicht ausschließlich an unserem kindlichen Narzissmus orientiert, der nach dem Schema verfährt: »Erfüllst du meine Bedürfnisse, bist du gut. Tust du es nicht, bist du schlecht.«

Ein solches, vom kindlichen Narzissmus befreites Bild eignet sich viel besser, um zu verstehen, was für Menschen unsere Eltern wirklich sind beziehungsweise waren.

Dazu gehört auch, dass wir ein Gefühl für die Situationen entwickeln, in denen sie sich früher befanden. Der äußere Rahmen spielt eine nicht unwesentliche Rolle dabei, wenn wir beurteilen wollen, ob ein Mensch von Grund auf böse oder einfach nur zutiefst gestresst und voller Ängste und Sorgen ist, wenn er sich verhält, wie er sich eben verhält.

Als Kinder beziehen wir alles in unserer Welt auf uns. Je jünger wir sind, desto mehr trifft dies zu. Andere Menschen haben unsere Eltern in anderen Lebensphasen, anderen Situationen, Kontexten und Rollen erlebt. Sie können uns einiges über unsere Eltern erzählen, das wir bisher nicht wussten. Sie können uns helfen, das Bild unserer Eltern in uns abzurunden und vom Kopf auf die Füße zu stellen.

Was mögen sich die Eltern dabei gedacht haben?

Auch der Versuch, etwas über die tatsächlichen Absichten hinter einem bestimmten Verhalten herauszufinden, kann sehr heilsam sein. Ich kenne Eltern, deren Kinder zu einer Zeit aufgewachsen sind, als es in den gängigen Erziehungsratgebern noch hieß, man dürfe die Kinder auf keinen Fall verzärteln und solle sie auch nicht mit Berührungen oder Liebe verwöhnen, da die Kinder sonst später lebensuntüchtig würden. Aus heutiger Sicht ein unheimlich trauriger Quatsch. Einige dieser Eltern sind schon in meiner Praxis unter Tränen und Schuldgefühlen ihren Kindern gegenübersitzend zusammengebrochen. So sagte einmal eine Mutter zu ihrem Sohn: »Dein Vater und ich haben so oft mit unterdrückten Tränen im Nebenzimmer gesessen, wenn wir gehört haben, wie bitterlich du geweint und nach uns geschrien hast, und alles in uns wollte augenblicklich zu dir ins Zimmer stürmen, um dich zu trösten und in den Arm zu nehmen, und wir mussten uns mit aller Gewalt davon abhalten, weil wir wirklich dachten, wir würden dir schaden, wenn wir dir unsere Liebe zu deutlich zeigen. Wir würden die Zeit so gerne zurückdrehen, es tut uns so unendlich leid, was wir gemacht haben. Wir haben dir und uns selbst damit Gewalt angetan, dass wir dir unsere Liebe vorenthalten haben.« Das war ein sehr ergreifender Moment für alle Beteiligten.

Man kann kein Verhalten beurteilen, wenn man nicht die Beweggründe kennt.

Fallgeschichte Silvia: Der Vater – zu Hause ein Patriarch, in der Arbeit gern zu Späßen bereit

Ich erinnere mich an meine Klientin Silvia, die ihren Vater für einen strengen Patriarchen ohne jeglichen Sinn für Humor gehalten hatte und nicht schlecht staunte, als sie viele Jahre nach seinem Tod einen ehemaligen Arbeitskollegen des Vaters kennenlernte, der unzählige Geschichten darüber zu erzählen wusste, wie

Silvias Vater früher mit seinen Witzen und Prominenten-Imitationen jede Betriebsfeier aufgeheitert hatte und wie beliebt er unter den Kollegen gewesen war. Diese Seite ihres Vaters hatte Silvia nie kennengelernt.

WENN BILDER STARK VONEINANDER ABWEICHEN

So etwas kann zunächst einmal hart sein, denn es wirft neue Fragen auf. Wenn Silvias Vater auf der Arbeit offenbar so viel lockerer und herzlicher war als zu Hause bei der Familie, woran lag das?

Die am nächsten liegende und aus unserer kindlichen Angst, nicht geliebt zu werden, gespeiste Antwort wäre, dass ihr Vater sie und die Familie nicht geliebt hat. Doch solche Antworten sind nur in den seltensten Fällen zutreffend.

Silvia hatte daran eine ganze Weile zu knabbern, bis sie sich entschloss, tiefer zu graben. Sie nahm noch mal mit dem ehemaligen Arbeitskollegen Kontakt auf und schilderte ihm, wie sie ihren Vater zu Hause erlebt hatte. Dass er dort in ihrer Erinnerung alles andere als lustig und unterhaltsam war, sondern ein strenges Regiment führte und penibel darauf achtete, dass die kleine Silvia und ihr Bruder sich anständig benahmen und gute schulische Leistungen erbrachten. So hatte sie viele Jahre das Gefühl gehabt, um ihre Kindheit betrogen worden zu sein.

Erst weitere Gespräche mit entfernten Verwandten und ehemaligen Freunden ihres Vaters sowie auch mit ihrer Mutter, nachdem die beiden sich einander angenähert hatten, offenbarten ein ganz anderes Verständnis des Verhaltens ihres Vaters.

Zunächst musste Silvia feststellen, dass ihre Erinnerung viel zu einseitig war. Natürlich war ihr Vater auch zu Hause öfter mal lustig gewesen. Er verstand halt nur keinen Spaß, wenn die Kinder ihre Aufgaben nicht erledigten oder Ärger machten. Dann konnte er sehr streng und autoritär werden. Dass Silvia ein eher aufmüpfiges Kind war, das so gut wie nichts unhinterfragt hinnahm, hat die Situation damals sicher nicht verbessert, musste sie sich eingestehen.

DAS DIENT NICHT ALS ENTSCHULDIGUNG!

Hier geht es übrigens in keiner Weise darum, den Kindern den schwarzen Peter zuzuschieben. Nach dem Motto: »Selbst schuld, Silvia. Hättest du mal besser klein beigegeben.« Natürlich ist es nicht unbedenklich, wenn Eltern unangemessen streng zu ihren Kindern sind oder Schlimmeres. Doch das ist nicht der Punkt.

Es geht hier nicht um moralische Wertungen, sondern darum, unser inneres Bild von den Eltern um alternative Sichtweisen zu erweitern. Ohne damit irgendetwas zu entschuldigen.

Dennoch kann es vorkommen, dass sich unsere Gefühle zu den Eltern verändern, wenn wir ihren Verhaltensweisen andere Bedeutungen geben oder sie durch die Augen anderer Menschen erleben. Wenn das passiert, ist es gut. Wenn nicht, ist es auch gut. Und natürlich haben nicht alle Eltern edle Motive für ihr teilweise destruktives Verhalten. Aber es kann sich lohnen, zumindest einmal danach zu suchen.

Ihrem Bruder erging es anders mit dem Vater. Seine Trotzphase war nicht sonderlich ausgeprägt und er war eher ein gut angepasstes Kind. Entsprechend wenig Ärger hatte er auch mit dem gemeinsamen Vater. Silvia hatte bisher immer gedacht, das läge daran, dass ihr Vater lieber zwei Jungs gehabt hätte anstatt ein Mädchen und einen Jungen. Jetzt musste sie sich eingestehen, dass dies vielleicht nie der Grund dafür gewesen war, warum ihr Verhältnis zu ihrem Vater so viel angespannter war.

Neue Fragen bringen neue Antworten

Was wäre gewesen, wenn sie sich auch mehr angepasst hätte? Wäre ihr Vater dann wirklich genauso streng zu ihr gewesen oder wäre ihr Verhältnis so entspannt wie das zwischen ihrem Bruder und ihrem Vater gewesen? Lag es vielleicht gar nicht daran, dass sie ein Mädchen war?

Zu einem späteren Zeitpunkt kam heraus, dass Silvias Vater einen kleinen Bruder gehabt hatte, über den niemand in der Familie sprach. Schon gar nicht ihr Vater. Diesen Bruder hat ihr Vater offenbar sehr geliebt und, da er selbst der ältere war, sich auch verantwortlich für ihn gefühlt. Leider geriet der auf die schiefe Bahn, kam mit Drogen in Kontakt und verstarb mit 15 Jahren an den Folgen einer Überdosis. Genaueres ist nicht bekannt.

Dieses neue Bild und weitere Erzählungen von Verwandten veränderten Silvias Bild ihres Vaters nun vollends. Sicher ließe sich über den Weg streiten, den Silvias Vater eingeschlagen hatte, um seine guten Absichten, dass die eigenen Kinder niemals solch ein Schicksal ereilen würde, in die Tat umzusetzen. Doch es zeichnete sich zunehmend ab, dass er mehr von der panischen Angst getrieben war, seinen Kindern könnte es eines Tages ähnlich ergehen wie seinem jüngeren Bruder, und dass er deshalb in die Rolle des strengen Familienoberhaupts verfiel, wann immer er befürchtete, seine Kinder könnten auch nur minimal vom »guten Weg« abkommen. Er war nicht einfach nur ein strenger, herzloser Vater. Angst lässt uns manchmal diejenigen am schwersten verletzen, die wir am meisten lieben.

Natürlich hätte es bessere Wege gegeben, die die Beziehung zwischen Silvia und ihrem Vater nicht so stark belastet hätten. Aber diese schienen ihm in seinem Verhaltensrepertoire zum damaligen Zeitpunkt nicht zugänglich zu sein. Der ehemalige Arbeitskollege konnte sich erinnern, wie Silvias Vater ihm einmal nach ein paar Bier zu viel erzählt hatte, wie sehr er unter dem angespannten Verhältnis zwischen ihm und seiner geliebten Tochter leide, dass er aber nicht wisse, wie er es besser machen könne.

Die Mosaiksteinchen zusammenfügen

So wie Silvia ist es schon vielen ergangen. Doch es gibt wie gesagt auch andere Fälle. Zum Glück sind diese deutlich seltener. Wenn es auch auf die meisten Eltern zutrifft, dass sie keine schlechten Absichten ihren Kindern gegenüber hegen, so doch leider nicht auf alle.

Es gibt tatsächlich Fälle, da bleibt auch bei intensivsten Nachforschungen nur die bittere Erkenntnis, dass die eigenen Eltern ihre Kinder offenbar kaum geliebt haben. Einige Menschen haben viel Dunkelheit in sich und sind nicht in der Lage, wirklich zu lieben. Und manchmal bekommen auch diese Menschen Kinder, die dann häufig stark unter den Defiziten und seelischen Wunden ihrer Eltern leiden müssen.

Die meisten werden jedoch durch die folgende Übung Erkenntnisse gewinnen können, die einige vergangene Verletzungen ein Stück weit relativieren und das Bild ihrer Herkunftsfamilie verändern. Die wenigen anderen werden möglicherweise bestätigt finden, dass ihre Eltern sie tatsächlich nicht geliebt haben. Auch sich darüber die Wahrheit zu sagen, ist dann ein zwar sehr schmerzvoller, aber wesentlicher Schritt auf dem Weg zum inneren Erwachsenwerden. Wichtig ist nur, das eine nicht mit dem anderen zu verwechseln.

ÜBUNG 3: DAS GESAMTBILD VERVOLLSTÄNDIGEN

Hier geht es darum, das höchst subjektive innere Bild unserer Eltern, das wir seit Jahren mit uns herumschleppen, zu erweitern und durch das Hinzufügen anderer Sichtweisen realistischer zu gestalten.
Versuche mit so vielen Menschen wie möglich zu sprechen, die deinen jeweiligen Elternteil kannten. Am besten mit Menschen aus verschiedenen Lebensbereichen deiner Mutter oder deines Vaters. Mit anderen Verwandten, Arbeitskollegen, Vereinskameraden, alten Schulfreunden, aber auch deinem anderen Elternteil, den Großeltern, sofern sie noch leben, Geschwistern und so weiter.
Berücksichtige jedoch bei jedem Menschen, mit dem du sprichst, dass auch dessen Bild subjektiv eingefärbt ist. Niemals erleben sich zwei Menschen ungefiltert. Mache dir also bewusst, welches Verhältnis der oder die Befragte und dein Elternteil hatten. War es eher gut, neigen Menschen dazu, mehr Gutes über den anderen zu erzählen. Auch Schuldgefühle und Loyalität können ein Anlass sein. War das Verhältnis eher schlecht, geht die Tendenz in die andere Richtung und derjenige wird dir vermutlich ein eher negatives Bild zeichnen. Doch je mehr Menschen du befragst, desto klarer wird das Mosaik deines Elternteils erkennbar werden. Achte dabei auch auf Muster und Übereinstimmungen. Wenn mehrere Personen Ähnliches zu erzählen wissen, dann erhöht sich die Wahrscheinlichkeit, dass dein Elternteil die besagte Eigenschaft tatsächlich wiederholt an den Tag gelegt hat. Auf jeden Fall lernst du sie oder ihn dadurch auf eine tiefere Weise kennen und vielleicht auch etwas besser verstehen.

2. SCHRITT: PARADOXES ANKLAGEN – DAS GROSSE BILD SEHEN

Egal, wie deine bisherige Geschichte über deine Eltern auch ausgefallen ist, sie enthält mit großer Wahrscheinlichkeit diverse Anklagen und Vorwürfe. Manchmal sind diese ganz offensichtlich und werden auch offen vorgetragen. Manchmal sind sie versteckt unterhalb der Oberfläche. Ich lade dich ein, als Erstes deine bisherige Opferstory in Bezug auf deine Eltern zu untersuchen und all die Vorwürfe herauszufiltern, die du ihnen bisher bewusst oder unbewusst gemacht hast. Denn genau diese Vorwürfe sind es, die dafür sorgen, dass du alle Macht und Verantwortung für dein Leben an deine Eltern delegierst. An dieser Stelle bleibst du an sie gebunden.

Es sind unsere Geschichten, die uns gefangen halten. Der Großteil dessen, was du deinen Eltern vorwirfst, ist längst Vergangenheit. Insbesondere dann, wenn deine Eltern bereits verstorben sind. Durch deine Geschichten darüber, was sie alles hätten mehr, nicht oder anders machen sollen, hältst du die alten Bindungen aufrecht. Damit meine ich nicht nur die Bindung an deine Eltern, sondern auch die Bindung an deine alte Geschichte über deine eigenen Defizite im Leben und als Persönlichkeit, indem du als Begründung dafür immer wieder das heranziehst, was deine Eltern hätten unterlassen oder besser machen sollen. Diese Geschichten zwingen dich, dein Leben als eine viel zu kleine Version deiner selbst zu leben. Zeit, das hinter dir zu lassen!

Leiden entsteht durch ungünstige Geschichten, die nur aus einer zu begrenzten Perspektive gesehen werden: unserer eigenen. Dabei ist es nicht mal nötig, dass du aufhörst, deine Eltern anzuklagen. Ich möchte nur, dass du es effektiver und bewusster tust. Wenn wir unsere Eltern anklagen, sagen wir meistens nur die halbe Wahrheit. Ganz unabhängig davon, dass wir die meisten unserer Anklagen aus einer früheren, jüngeren Version von uns selbst sehen, gefiltert durch unseren kindlichen Narzissmus, vergessen wir die wichtigere Hälfte beim Anklagen. Würden wir die Angeklagten selbst fragen, würden sie uns eine ganz andere

Der Teil, den wir beim Anklagen regelmäßig vergessen, betrifft all das Gute, das aus dem sogenannten Schlechten entstanden ist.

Geschichte erzählen, und würden wir eine neutrale dritte Person befragen, würde das Ergebnis noch mal anders ausfallen. Unsere Geschichten sind immer subjektiv und wir leiden, wenn wir die Dinge zu begrenzt und selbstbezogen sehen, ohne uns dessen gewahr zu sein.

ÜBUNG 4: BEWUSSTES ANKLAGEN

Schreibe dir zunächst all die alten Vorwürfe in deiner Geschichte heraus, die du deinen Eltern zumindest in Gedanken schon ein Leben lang machst. Nutze dabei am besten folgendes Schema: »Ich werfe meiner Mutter, meinem Vater vor, dass …« Nimm dir für deine Liste ausreichend Zeit. Wenn dir später noch etwas einfällt, ergänze es einfach.

Dann gehe jeden einzelnen Punkt durch und stelle dir die Frage, aus wessen Perspektive der Vorwurf formuliert ist. Frage dich, wie wohl die Story des »Angeklagten« zu diesem Sachverhalt aussähe.

Wenn dein Vorwurf an deinen Vater beispielsweise lautet, dass er nie zu Hause war, frage dich als Erstes, ob das tatsächlich so war und ob dies auf Tatsachen beruht oder auf einer anderen Geschichte, die du dir selbst oder jemand anderes dir über deinen Vater erzählt hat. In vielen Fällen stammen unsere Geschichten nämlich von anderen, häufig vom anderen Elternteil, insbesondere dann, wenn sich die Eltern nicht besonders grün waren und ein Elternteil versucht hat, dich als Kind auf seine Seite zu ziehen und gegen den anderen aufzubringen.

Dann überlege dir, welche Geschichte wohl der Betreffende über den gleichen Sachverhalt hat. Sofern dein jeweiliger Elternteil noch lebt und ihr in gutem Kontakt steht, kannst du ihn auch selbst danach fragen, wie er die Sache damals gesehen hat. Manchmal ist dies hilfreich, manchmal nicht. Beispielsweise dann, wenn derjenige nicht darüber sprechen möchte und dich mit Schutzbehauptungen abspeist. Einen Versuch ist es jedoch häufig wert. Wenn du denjenigen nicht fragen kannst oder willst und/oder keine vernünftigen

Antworten erhältst, frage dich selbst, wie seine Geschichte darüber wohl lauten mag. Warum war er denn (gefühlt) nie zu Hause? War es vielleicht deshalb, weil er beruflich so eingespannt war, um das Geld für den Familienunterhalt zu verdienen? Und wenn er dann wenig Zeit und Energie für dich hatte, war es wirklich, weil er sich nichts aus dir gemacht hat, oder vielleicht auch deshalb, weil sein Beruf so anstrengend war, dass seine Energie einfach nicht mehr ausgereicht hat, um einem fordernden Kind die Aufmerksamkeit zu geben, die es braucht?

Gehe auf diese Weise deine komplette Liste durch. Es kann sein, dass sich deine alte Geschichte nur allmählich verändert. Das macht nichts. Nimm dir in diesem Fall einfach von Zeit zu Zeit die Liste erneut vor und wiederhole die Übung.

Nachdem du das gemacht hast, ist es an der Zeit, deine Geschichte zu ändern beziehungsweise zu vervollständigen. Es ist an der Zeit, die alten Fesseln zu lösen und dich auf das zu fokussieren, was dich wirklich stärkt. Die zweite Seite der Medaille in den Vordergrund zu rücken.

Beginne mit der Frage, welche deiner guten Eigenschaften du daraus entwickelt hast, dass deine Eltern sich so verhalten haben, wie sie es taten, und welche positiven Folgen daraus für dich entstanden sind.

Hier ein Beispiel für eine ursprüngliche Anklage: »Ich werfe dir vor, dass du nie für mich da warst, nie erreichbar für mich warst. Eigentlich hatte ich nie einen Vater. Du warst immer nur mit deiner Arbeit beschäftigt, hast mir nie Aufmerksamkeit und Liebe gegeben und so weiter.«

Und nun ein Beispiel für eine neue Anklage: »Ich werfe dir vor, dass ich nie so eine Kämpferin geworden wäre, wenn du dich mir gegenüber nicht so mies verhalten hättest. Alles nur, weil ich immer wollte, dass du stolz auf mich bist. Ich hätte mich nie so ins Zeug gelegt, wenn du mir mehr Liebe geschenkt hättest. Ich werfe dir vor, dass meine Kinder eine gute Ausbildung bekommen haben und nicht in einer Fastfood-Kette jobben müssen, weil ich mich so sehr angestrengt habe, dich zu beeindrucken und wenigstens so ein bisschen Aufmerksamkeit von dir zu bekommen und Karriere zu machen, dass ich heute durch meinen Erfolg genug Kohle habe, um ihnen das Studium zu finanzieren. Ich werfe dir vor, dass ich heute zu meinen Kindern ein ausgesprochen liebevolles Verhältnis habe, weil ich mir geschworen habe, dass es ihnen mit mir nicht so ergehen soll wie mir damals mit dir!«

3. SCHRITT: RÜCKDELEGATION UND EIGENVERANTWORTUNG ÜBERNEHMEN

Im nächsten Schritt geht es darum, die Lasten, die du für deine Eltern mitgetragen hast und die nicht zu dir gehören, symbolisch an sie zurückzugeben. Als Kinder tragen wir häufig die Lasten unserer Eltern mit. In den meisten Fällen geschieht dies aus Loyalität und Liebe, und zwar unabhängig davon, wie unser Verhältnis an der Oberfläche ist. Die Erfahrung zeigt sogar, dass die unbewusste Loyalität häufig besonders stark ist, wenn das Verhältnis schwer belastet ist.

Kindliche Logik folgt ihren eigenen Gesetzen

Im Bereich der systemischen Familientherapie sind hierzu immer wieder beeindruckende Phänomene zu beobachten, die bestimmten Mustern folgen. So werden Kinder häufig ebenfalls krank, wenn ein Elternteil schwer erkrankt. Die Kinderlogik scheint hier zu sagen: »Mama, Papa, das mit der schweren Krankheit übernehme ich für euch.« In anderen Fällen fungieren Kinder als Symptomträger, die eine wichtige Funktion im Familiensystem erfüllen. Häufig hat diese Funktion damit zu tun, große Mengen an Energie und Aufmerksamkeit zu binden und so das Familiensystem zusammenzuhalten. Das kommt zum Beispiel oft vor, wenn Eltern sich eigentlich trennen wollen. Dann entwickeln Kinder nicht selten Krankheiten oder Verhaltensauffälligkeiten, sodass die Eltern erst mal damit beschäftigt sind, sich um das Kind beziehungsweise das Chaos, das es anrichtet, zu kümmern, und sich nicht trennen (können). Natürlich tun die Kinder dies in den seltensten Fällen bewusst.

WAS (ERWACHSENE) KINDER AUF SICH NEHMEN

Wenn die Eltern selbst schwere Schicksale tragen, können die Kinder häufig das Glück in ihrem Leben nicht annehmen. Waren beispielsweise die Eltern selbst nie glücklich und sind nur wegen der Kinder zusammengeblieben oder sind sie beruflich nie auf einen grünen Zweig gekommen oder dergleichen, dann sabotieren die Kinder später aus einer kindlichen Loyalität häufig ihr eigenes Lebensglück, indem sie beispielsweise weit unter ihren Möglichkeiten bleiben, auf die schiefe Bahn geraten, ihre Erfolge kurz vorm Ziel zunichtemachen, immer wieder ähnlich unpassende Partner anziehen und so weiter. Die Zusammenhänge sind hier ebenso vielschichtig wie tiefgreifend und würden ein eigenes Buch erfordern. Du sollst einfach nur eine Idee davon bekommen, was gemeint ist.

Solange diese falsch verstandene Loyalität besteht, ist es den Kindern unmöglich, selbst erwachsen zu werden und ein eigenständiges Leben zu führen. Hier ist es von großer Bedeutung, die Lasten, die stellvertretend für die Eltern mitgetragen wurden, an diese zurückzugeben und sie ihnen zuzumuten, damit sie ihr eigenes Schicksal in Würde tragen können. Denn natürlich wird durch diese kindliche Loyalität auch das Leid der Eltern nicht verringert. Im Gegenteil. Es wird eher größer, denn nun geht es nicht nur den Eltern schlecht, sondern auch den Kindern. Oft wird es verdreifacht, denn den meisten Eltern geht es zusätzlich schlecht, wenn es den eigenen Kindern schlecht geht. Bekommen die Eltern eine Ahnung davon, dass es den Kindern ihretwegen so schlecht geht, wird das Leid metaphorisch gesprochen sogar vervierfacht, denn die wenigsten Eltern wollen, dass ihre Kinder unnützerweise Lasten tragen, die nicht zu ihnen gehören und auch zu groß für sie sind. Darüber hinaus nimmt es den Eltern die Würde.

Kinder, die für ihre Eltern selbst zu einer Art Eltern werden, nennt man parentifizierte Kinder. Sie versuchen meist ein Leben lang, andere zu retten.

Natürlich gibt es auch Eltern, die diese Vorgänge bewusst verstärken, indem sie sich schwach geben und Stärke bei ihren Kindern suchen. Dann werden die Kinder in eine Dynamik hineingezogen, die sie zwingt, selbst eine Art Elternrolle für ihre eigenen Eltern zu übernehmen.

Jeder Mensch muss sein eigenes Leben leben

Hier ist es besonders wichtig, den Eltern rituell und symbolisch ihr eigenes Schicksal zurückzuüberantworten, damit sie es in Würde tragen können und die Kinder selbst wieder frei werden, ihr Leben zu gestalten. Unabhängig davon, wie alt die Kinder bereits sind. Jeder Mensch kann immer nur sein eigenes Schicksal tragen. Wir können andere Menschen zwar dabei unterstützen, mit ihrem Schicksal besser zurechtzukommen, doch wir können und dürfen es ihnen niemals abnehmen wollen.

Zu beachten ist hier auch, dass Kinder sich selbst überhöhen und eine Rolle im Familiensystem übernehmen, die ihnen nicht zusteht und die nicht für sie gedacht ist. Man sagt, es handelt sich hierbei um eine Verletzung der systemischen Ordnung. Die Kinder maßen sich aus Liebe und Loyalität an, etwas zu tragen, das ihnen nicht gehört und nicht zusteht. Manchmal unterstützt durch schwache Eltern, die dies auch noch fördern. Dadurch überhöhen die Kinder ihr Selbstwertgefühl, weil sie sich dadurch als groß und mächtig empfinden, indem sie sich in die Angelegenheiten der »Großen« einmischen. Dies führt die Kinder in eine destruktive Dynamik, die oft ein Leben lang anhält und im Laufe des Lebens viel Leid verursacht.

Gib zurück, was nicht zu dir gehört

Deshalb ist es von so großer Wichtigkeit, alles zurückzudelegieren, was nicht zu einem selbst gehört, und somit die Verantwortung für das zu übernehmen, was übrig bleibt: das eigene Leben.

In meiner Praxis nutze ich dafür je nach Schwere der Last, die stellvertretend für die Eltern getragen wurde, und nach Statur der jeweiligen Klientin, des jeweiligen Klienten Kugelhanteln in verschiedenen Ausführungen zwischen 8 und 32 Kilo. Dieses Gewicht lasse ich meine Klienten während unserer Sitzung eine Weile tragen, bis sie seine ganze Schwere spüren und auf der körperlichen Ebene (Embodiment) die Erfahrung machen, was sie sich da die ganze Zeit auf der seelischen Ebene aufgehalst haben.

Dann übernehme ich die Stellvertreterrolle für den jeweiligen Elternteil. Als dieser lasse ich mir die Last meines eigenen Schicksals symbolisch zurückgeben, damit ich es selbst in Würde tragen kann. Dazu lasse ich meinen Klienten sogenannte »lösende Sätze« sprechen, wie sie auch in der systemischen Familientherapie Verwendung finden. Es kommt bei den »lösenden Sätzen« nicht so sehr auf das exakte Wording an als vielmehr auf die Intention hinter den Sätzen. Daher kannst du den Formulierungsvorschlag auf Seite 229 gern nach deinen Vorgaben abwandeln. Das gilt auch für das Ritual als Ganzes.

ÜBUNG 5: RITUAL ZUR BESITZERGREIFUNG DEINES LEBENS

Dieses Ritual ist sehr machtvoll. Besorge dir dafür einen Gegenstand, der schwer genug ist, und lege etwas vor dich auf den Boden, das deinen jeweiligen Elternteil beziehungsweise deine Eltern repräsentiert. Hier hat sich ein einfacher Zettel mit dem oder den jeweiligen Namen bewährt, ein sogenannter Bodenanker.

Halte dann das Gewicht vor dir in den Händen, während du dir vorstellst, dass deine Eltern direkt vor dir stehen und dich liebevoll ansehen. Während du das Gewicht weiter hältst, sprich sinngemäß die Sätze, die im Kasten gegenüber stehen. Das Gewicht überreichst du den Eltern symbolisch mit dem letzten Absatz vor dem »Amen« – es ist hier nicht religiös gemeint, sondern metaphorisch als »heiliger Abschluss« (Alternative: »So sei es.«) –, indem du es auf den Stellvertreterzettel legst. Dabei stellst du dir vor, wie sie es dir abnehmen, dankbar, dass du ihnen die Würde ihres Schicksals nun ebenso gewährst wie zumutest, und legst es dabei auf den Stellvertreterzettel vor dich hin.

Richte dich dann wieder auf und sprich als Abschluss das »Amen«, während du ihnen noch einmal tief in die Augen schaust, um die Übung zu beschließen.

FORMULIERUNGSVORSCHLAG

»Liebe Mama, lieber Papa,

ich gebe euch heute zurück, was euch gehört: eure Probleme, die ich versucht habe, stellvertretend für euch zu tragen. Eure Lasten, die ich euch abzunehmen versucht habe. Ich gebe euch heute zurück, was euch gehört, in aller Liebe und allem Respekt für euch und euren Lebensweg, damit ihr euer Schicksal in Würde tragen könnt, so wie ich das meinige trage. Ich gebe euch euer Eigentum zurück, damit ich ab jetzt frei bin, mein Leben nach meinen eigenen Maßstäben zu leben.

Ich nehme dankbar an, was ihr mir gegeben habt. Es war genug. Den Rest mache ich nun allein, auf dass etwas Gutes daraus wird. Es ist mein Recht, mein Leben nach meinen eigenen Vorstellungen zu leben, denn es ist MEIN Leben.

Ich will und werde mich ab jetzt auf eine neue und freiere Weise erfahren und bisher verschüttete Aspekte von mir leben. Ich bin bereit, mich auf neue Art kennenzulernen. Ich habe in letzter Zeit viel Neues über mich erfahren und bin gespannt darauf, welche schönen Überraschungen ich selbst noch für mich und mein Umfeld bereithalte. Ich freue mich darauf, weiter Neues auszuprobieren. Was gut ist, behalte ich, was nicht gut ist, verwerfe ich und ich probiere wieder anderes, bis ich ganz bei und in mir angekommen bin.

Ich danke euch für alles Gute und das scheinbar Schlechte, denn ich habe Gutes daraus gemacht. Ich werde es genießen, ab jetzt selbst und aus den Tiefen meines Herzens heraus eigenständig Gutes in die Welt zu bringen.

Amen (So sei es)«

NACHWORT

Wenn du diese Zeilen liest und nicht bloß bis ans Ende des Buches vorgesprungen bist, gehörst du zu den wenigen Menschen, die nicht nur über Probleme jammern, sondern wirklich bereit sind, in ihre Hoffnungen auf ein besseres Leben zu investieren. Du bist am Ende dieses Buches angelangt, das gleichzeitig der Beginn eines neuen Kapitels in deinem Leben sein kann. Du hast einiges über das Verhältnis zwischen Eltern und Kindern erfahren und deine Erlebnisse mit deinen Eltern wahrscheinlich in der einen oder anderen Kategorie zumindest zum Teil wiedergefunden. Und wenn du die Übungen im letzten Teil des Buches absolviert hast, befindest du dich bereits aktiv auf dem Weg, eure gemeinsame Vergangenheit zu heilen und Gegenwart und Zukunft freier zu gestalten.

Eine wertvolle Eigenschaft, die dir und allen Beteiligten diesen Weg wesentlich leichter machen wird, ist Mitgefühl. Sowohl für deine Eltern als auch für dich selbst. Um unser Mitgefühl zu stärken, ist es wichtig, uns immer wieder bewusst zu machen, dass alle Wesen leiden. Dieses Leiden verbindet uns, wobei jeder auf seine eigene Weise leidet. Sich das immer wieder ins Bewusstsein zu rücken, macht es deutlich einfacher, dem Verhalten anderer Menschen nicht automatisch böse Absichten zu unterstellen. Selbst dann, wenn ihr Verhalten uns verletzt hat.

Die positiven Auswirkungen, die auf dich warten, wenn du diesem Weg treu bleibst, beziehen sich dabei längst nicht ausschließlich auf die Beziehung zu deinen Eltern. Sie betreffen viele Lebensbereiche wie beispielsweise deine unbewusste Partnerwahl und dein Verhalten in Partnerschaften allgemein und sie prägen sogar deinen Umgang mit deinen eigenen Kindern, selbst dann, wenn du dir eigentlich fest vorgenommen hast, dich ganz anders zu verhalten. Denn auch wenn wir das Verhalten unserer Eltern ablehnen, so können wir doch nicht verhindern, dass wir es unbewusst als Modell für bestimmte Handlungsweisen abspeichern, auf die unser Gehirn in Stresssituationen automatisiert und unbewusst zugreift. Dann stellen wir unter Umständen erschrocken fest, dass wir unseren Kindern gerade genau dasselbe angetan haben wie unsere Eltern damals uns. Du siehst, es lohnt sich, am Ball zu bleiben und tiefer einzusteigen.

Wenn du dir dabei authentische Hilfe und Unterstützung wünschst, findest du viele weitere hilfreiche Informationen auf meiner Internetseite: www.andreas-gauger.de

WIDMUNG

Dieses Buch widme ich meinen Eltern. Der Weg, den wir als Familie gegangen, und der Ort, an dem wir angekommen sind, beweisen, was möglich ist. Um auszudrücken, wofür ich euch alles dankbar bin, würde ein weiteres Buch nicht reichen, denn alles, was ich heute zu geben habe, hat sein Fundament in der Liebe, die ihr mir auf so viele verschiedene Weisen habt zuteilwerden lassen. Auch und vor allem dann, wenn es für andere schwer gewesen wäre, mich zu lieben. Die Beziehung, die wir heute miteinander haben, gehört zum Kostbarsten, was es in meinem Leben gibt.

DANKSAGUNG

Besonders bedanken möchte ich mich bei Petra Bradatsch, meiner persönlichen Ansprechpartnerin beim Verlag Gräfe und Unzer, die nicht lockergelassen hat, bis ich endlich eingewilligt habe, dieses Buch zu schreiben, und die mich während der gesamten Entstehungsphase nicht nur äußerst kompetent, sondern vor allem ausgesprochen herzlich begleitet hat, sowie meiner Lektorin Daniela Weise, die es fabelhaft verstanden hat, dem Manuskript den letzten Schliff zu verleihen, und der ich vor allem für ihre Engelsgeduld mit mir zu Dank verpflichtet bin. Natürlich dürfen hier auch all meine Lehrer, Ausbilder und Vorbilder nicht unerwähnt bleiben, die zu zahlreich sind, um sie hier alle namentlich zu erwähnen. Mein größter Dank gilt jedoch meinen Klienten, die den Mut hatten, sich zu öffnen und sich mir anzuvertrauen, um es doch noch einmal zu probieren, obwohl sie zuvor in vielen Fällen bereits schlechte Erfahrungen gemacht hatten. Ohne euch wäre dieses Buch nicht möglich gewesen.

ZUM WEITERLESEN

Veröffentlichungen von Andreas Gauger

Wie man emotionale Blockaden auflöst, E-Book, 168 Seiten

Wie man die richtigen Entscheidungen trifft, E-Book, 151 Seiten

Selbstwertgefühl. Wie es entsteht und wie Du es stärken kannst, E-Book, 181 Seiten

STÄRKER. Mehr Selbstvertrauen in 7 Tagen, E-Book (96 Seiten) + Workbook (80 Seiten) + alle Lektionen als Audio (MP3, über 5 Stunden)

Alle erschienen im myMONK Verlag, Bezugsadresse: https://www.andreas-gauger.de/shop/

Bücher anderer Autoren

Beaulieu, Danie: *Impact-Techniken für die Psychotherapie*, Carl Auer Verlag

Berne, Eric: *Spiele der Erwachsenen*, Rowohlt Verlag

Berne, Eric: *Was sagen Sie, nachdem Sie »Guten Tag« gesagt haben?* Fischer Taschenbuch Verlag

Bettelheim, Bruno: *Die symbolischen Wunden. Pubertätsriten und der Neid des Mannes,* Fischer Verlag

Bly, Robert: *Eisenhans. Ein Buch über Männer,* Rowohlt Taschenbuch Verlag

Cori, Jasmin Lee: *Das große Trauma-Selbsthilfebuch. Symptome verstehen und zurück ins Leben finden,* Kösel Verlag

de Shazer, Steve: *Wege der erfolgreichen Kurztherapie,* Klett-Cotta Verlag

Deida, David: *Der Weg des wahren Mannes. Ein Leitfaden für Meisterschaft in Beziehungen, Beruf und Sexualität,* J. Kamphausen Mediengruppe

Delis, Dean C.; Phillips, Cassandra: *Ich lieb' dich nicht, wenn du mich liebst. Nähe und Distanz in Liebesbeziehungen,* Ullstein Taschenbuchverlag

Dilts, Robert B.; Hallbom, Tim; Smith, Suzie: *Identität, Glaubenssysteme und Gesundheit. NLP Veränderungsarbeit,* Junfermann Verlag

Eldredge, John: *Der ungezähmte Mann – Auf dem Weg zu einer neuen Männlichkeit,* Brunnen Verlag

Ellis, Albert; MacLaren, Catharine: *Rational-Emotive-Verhaltenstherapie*, Junfermann Verlag

Halpern, Howard M.: *Abschied von den Eltern. Eine Anleitung für Erwachsene, die Beziehung zu den Eltern zu normalisieren,* Iskopress

Harris, Thomas A.: *Ich bin o. k., Du bist o. k.,* Rowohlt Verlag

Kafka, Franz: *Brief an den Vater,* CreateSpace Independent Publishing Platform, 11. Juli 2015

Kast, Verena: *Vater-Töchter Mutter-Söhne. Wege zur eigenen Identität aus Vater- und Mutterkomplexen,* Kreuz Verlag

Levine, Peter A.: *Vom Trauma befreien. Wie Sie seelische und körperliche Blockaden lösen,* Kösel Verlag

McGoldrick, Monica: *Wieder heimkommen: Auf Spurensuche in Familiengeschichten,* Carl Auer Verlag

Mead, Margaret: *Jugend und Sexualität in primitiven Gesellschaften,* 3 Bände, dtv

Mead, Margaret: *Mann und Weib,* Ullstein Taschenbuchverlag

Miller, Alice: *Am Anfang war Erziehung,* Suhrkamp Taschenbuch Verlag

Mitscherlich, Alexander: *Auf dem Weg zur vaterlosen Gesellschaft,* Piper Verlag

Moore, Robert; Gillette, Douglas: *König, Krieger, Magier, Liebhaber. Initiation in das wahre männliche Selbst durch kraftvolle Archetypen,* Aurinia Verlag

Norwood, Robin: *Wenn Frauen zu sehr lieben: Die heimliche Sucht, gebraucht zu werden,* Rowohlt Taschenbuch

Onasch, Klaus; Gast, Ursula: *Trauern mit Leib und Seele. Orientierung bei schmerzlichen Verlusten,* Klett-Cotta Verlag

Peichl, Jochen: *Innere Kritiker, Verfolger und Zerstörer: Ein Praxisbuch für die Arbeit mit Täterintrojekten,* Klett-Cotta Verlag

Penfield, Wilder: Memory Mechanisms, *AMA Archives of Neurology and Psychiatry,* 67/1952, S. 178–198

Rautenberg, Werner; Rogoll, Rüdiger: *Werde, der du werden kannst. Persönlichkeitsentwicklung durch Transaktionsanalyse,* Herder Verlag

Ruppert, Franz: *Trauma, Bindung und Familienstellen. Seelische Verletzungen verstehen und heilen,* Klett-Cotta Verlag

Scherrmann-Gerstetter, Beate; Scherrmann, Manfred: *Das Brave-Tochter-Syndrom … und wie frau sich davon befreit,* Herder Verlag

Schulz v. Thun, Friedemann: *Miteinander reden,* Band 1–3, Rowohlt Verlag

Schützenberger, Anne Ancelin: *Oh, meine Ahnen! Wie das Leben unserer Vorfahren in uns wiederkehrt,* Carl Auer Verlag

Schützenhöfer, Louis: *In aller Liebe – Wie wir unsere Mutter überleben,* Herder Verlag

Schwartz, Richard C.: *Systemische Therapie mit der inneren Familie,* Klett-Cotta Verlag

von Franz, Marie-Louise: *Der ewige Jüngling – Der Puer Aeternus und der kreative Genius im Erwachsenen,* Kösel Verlag

Willi, Jürg: *Die Zweierbeziehung: Spannungsursachen, Störungsmuster, Klärungsprozesse, Lösungsmodelle,* Rowohlt Taschenbuch Verlag

REGISTER

Die Übungen

MEHR ENERGIE, MEHR WOHLBEFINDEN!

ISBN 978-3-8338-7135-1

ISBN 978-3-8338-7114-6

ISBN 978-3-8338-7251-8

ISBN 978-3-8338-7039-2

e Auch als eBook erhältlich.

GU

Mehr von GU auf **www.gu.de** und **facebook.com/gu.verlag**

IMPRESSUM

Projektleitung: Petra Bradatsch / Ariane Hug

Lektorat: Daniela Weise

Korrektorat: Jutta Weikmann

Herstellung: Markus Plötz

Innen- und Umschlaggestaltung: Independent Mediendesign

Umschlagfoto: © Getty Images

Satz: Uhl + Massopust, Aalen

Repro: Repro Ludwig, Zell am See

Druck & Bundung: C. H. Beck, Nördlingen

1. Auflage 2020

ISBN 978-3-8338-7325-6

www.facebook.com/gu.verlag

QUALITÄTS G|U GARANTIE

LIEBE LESERINNEN UND LESER,

wir wollen Ihnen mit diesem Buch Informationen und Anregungen geben, um Ihnen das Leben zu erleichtern oder Sie zu inspirieren, Neues auszuprobieren. Wir achten bei der Erstellung unserer Bücher auf Aktualität und stellen höchste Ansprüche an Inhalt und Gestaltung. Alle Anleitungen und Rezepte werden von unseren Autoren, jeweils Experten auf ihren Gebieten, gewissenhaft erstellt und von unseren Redakteuren/innen mit größter Sorgfalt ausgewählt und geprüft.

Haben wir Ihre Erwartungen erfüllt? Sind Sie mit diesem Buch und seinen Inhalten zufrieden? Haben Sie weitere Fragen zu diesem Thema? Wir freuen uns auf Ihre Rückmeldung, auf Lob, Kritik und Anregungen, damit wir für Sie immer besser werden können. Und wir freuen uns, wenn Sie diesen Titel weiterempfehlen, in Ihrem Freundeskreis oder bei Ihrem online-Kauf.

Sollten wir Ihre Erwartungen so gar nicht erfüllt haben, tauschen wir Ihnen Ihr Buch jederzeit gegen ein gleichwertiges zum gleichen oder ähnlichen Thema um.

KONTAKT

GRÄFE UND UNZER VERLAG
Leserservice
Postfach 86 03 13
81630 München
E-Mail: leserservice@graefe-und-unzer.de
Telefon: 00800 / 72 37 33 33*
Telefax: 00800 / 50 12 05 44*
Mo-Do: 9.00-17.00 Uhr
Fr: 9.00-16.00 Uhr (*gebührenfrei in D,A,CH)

GRÄFE UND UNZER

Ein Unternehmen der
GANSKE VERLAGSGRUPPE